レミニッセンス・セラピー
回想法による高齢者支援

志村ゆず

Yuzu Shimura

Reminiscence Therapy

Treatments for Older Adults

装丁　柴田淳デザイン室

はしがき

　過去を振り返ることは、現在を生きる営みとさほど違いはない。人は、素晴らしい時間と取るに足らない時間と辛い体験の時間とが混在したところで生きているのだろう。過去を振り返るということは、その中のどの時点に焦点を当てているかということになる。

　自然に思い出される記憶というのは、意図的ではないにしても、その人が焦点を当てようとしている心の状態でもある。レミニッセンス・セラピーとは、心理的な焦点にセラピストが何らかの動きをもたらし、心をより整理された状態にしようとする営みである。記憶による辛い苦痛を少しでも和らげ、生じている事柄を本人やそのご家族を含めた関係者などに、あまり辛くないように明らかにし、どのようにその後行動したらよいのかを見極めたり、心の自由や健全さを取り戻すための一つのきっかけを与えようとするのである。

　ある体験の後、何らかの問題を抱えてしまい、生じたことを十分に言語化できないような人がある。それがなぜそのような状態になっているのかということを、レミニッセンス・セラピーでは一連の過程を通じて心理アセスメントを行ったり、問いかけの工夫をしながら探ろうとする。レミニッセンス・セラピーというのは、過去を扱っているようでいて、その人が未来を生きようとする心の強さを探したり取り戻したりする営みでもある。

　「過去のことなど考えても仕方がないではないか」という人もいる。合理的に考え、嫌な体験から距離をおくという対処をする人も確かにいるだろう。過去が整理されないまま抱えた状態が続き、自覚のない苦悩が持続していることもある。何らかのかたちで解消を試みる人も中にはいよう。夢の中からそれが出てきたり、本人が気

づかない状態で自分の行動や感情や考えに影響を及ぼして、苦痛を抱えたままになって心身に不調が出ることもある。

　レミニッセンス・セラピーは、家の片付けとよく似たところがある。片付けをしているとモノに関連したいろいろな記憶が連想される。モノを捨ててスッキリさせたい人は、その記憶と共に生きるよりも、記憶を切り離して距離を置くということを象徴的に行っていることがあろう。モノを大切に扱う人は、ともにある記憶を大切にしその記憶を愛おしむということでもある。

　日本人にとって、この上なく過酷な体験であった戦争からもう77年の時が経過している。この記憶を保存する取り組みがある。一人一人の個人的な戦争体験もある。戦後の復興期には「もはや戦後ではない」という言葉が流布された時期があるようだ。高度成長期に復興を支える多くの人々への励ましの言葉かもしれない。心に痛みを抱える人には酷な励ましとなったであろう。他方で戦争の影は人々が意識しないようなかたちで残された。現代人の心の病や闇である。

　もし私たちが辛い出来事にふたをして生きていくことができるのなら。過去を忘れて生きていくことになったら。はたして輝かしい未来をつくることができるのだろうか。希望だけを見つめ、過去を見ないように前向きに努力しようとした人も多くいよう。そのために蔑ろにした過去もあるのだろう。それは現代の社会の姿によって物語られている。過酷な過去を直視することは、一人ではとてもではないが担いきれないと思う人もあろう。人と人とが肩を寄せ合い、辛い体験を共有し語るという体験が少しずつ失われつつあるのではないか。

　SNSで炎上が生じるのは、人が本音で投げかける言葉に痛み、怒り、悲しみや苦しみが含まれることに対してイライラしたり、耐え難い気持ちをもつ人が多くなってきたためであろう。本音が疎ま

れる時代になっている。嫌な言葉が切り捨てられる社会となっている。この切り捨てが形を変えたものに化け、人々の目に触れない姿での歪んだ攻撃性にすり代わりつつあるのであろう。いじめ、虐待、ハラスメントというのはこのような結果生じることもあるのかもしれない。人々が交流をやめ、切り離した数々の辛い記憶を拾い上げて供養するような専門的な営み、これがレミニッセンス・セラピーである。

レミニッセンス・セラピーには、シンプルレミニッセンス、ライフレビュー、ライフレビュー・セラピーという三つの形体の総称である。シンプルレミニッセンスには、グループ回想法やレミニッセンス・ワークが含まれる。ライフレビューには、訪問で実施される個別のライフレビューやワークショップのような形で実施されるガイド付自伝法が含まれる。ライフレビュー・セラピーとは精神分析療法や認知療法とライフレビューを組み合わせた心理療法である。

フロイト (Freud) が 1904 年にウィーン医師会で精神療法についての講演を行った時には、50 歳以上の人の精神分析は難しいと述べていた。日本でいうと明治時代にあたるこの時代では、50 歳はすでに高齢者だったのである。その後その考えは修正され、高齢者に対しての心理療法には試行錯誤が重ねられてきた。エリクソン (Erikson) は、1950 年に高齢者の「統合感」を述べ、高齢者が過去を振り返ることの重要性について触れた。エリクソンは、心理的にも身体的にも不具合が生じたり、施設に入所するなど、危機的な状況が生じても、自分自身としての全体性や一貫性を保つことが心理的な安定感に繋がり、再び社会への関心を持ち続けることができることを述べた。

1963 年にバトラー (Butler) は、それまで高齢者が過去を振り返ることを老化現象として軽視されてきたことを指摘し、高齢者が人生を振り返る意義について述べた。バトラーは、医療現場での高齢者

への態度などについても「エイジズム」という言葉を使って、高齢者への態度を諫めている。それ以降、膨大なレミニッセンス・セラピーの研究が積み重ねられてきた。

　日本では1991年に老人保健法が改正され、高齢者への訪問サービスや在宅サービスがその後拡充された。高齢者の医療現場の問題に焦点が当たるようになり、それ以降高齢者への支援が社会化され、着目されるようになる。介護保険法が実施されるのは、2000年を待たなくてはならない。1990年代以降に日本では高齢者の支援について医療、社会福祉の場でのさまざまな取り組みが報告されるようになってきた。特に認知症の高齢者の家庭での介護の問題が強調されている時代であり、福祉施設での介護や家庭での介護事業を充実させることに社会の目は向いていたのである。ところが、施設や病院や家庭にいる高齢者は、衣食住以外他の時間何もすることがなかったのである。そうなると、何となく寝たきりの高齢者が増加していくことになる。

　そのような切実な現場の状況の中で、一つの支援の方法として回想法が矢部、野村、黒川らによって紹介された。社会的交流の機会となるその心理社会的支援法は、その後、夥しい研究が積み重ねられ、レミニッセンス・セラピーは今日、国際的にみても一定の評価がなされている。

　本書ではレミニッセンス・セラピーについて、高齢者の心理支援に向き合う全般的な態度、心理アセスメント、全般的知識、その方法、ライフレビュー・セラピー、日常生活の中で自分で行うレミニッセンス・セラピーという章を設定した。この本を手にとってくださった方々がレミニッセンス・セラピーを通じて人生をより良いかたちで切り開いていくことができるよう心から願っています。

2022年　志村ゆず

第1章　高齢者の心理支援に向き合う全般的態度

　高齢者の心理支援に向き合う全般的態度とは、質の高い支援を継続するために不可欠なものである。支援者の態度は高齢者の支援の質を高めるためだけではなく、ご家族や関係者の態度にも影響を与え、結果として支援者のバーンアウトを予防する。

　第1節では、手始めに、高齢者の心理支援の全体像を俯瞰するため、高齢者支援の先進国である米国心理学会のガイドラインを参考にしながら支援者のガイドラインと支援者のコンピテンシーについて述べる。第2節では、高齢者支援の臨床の知による提言と題して、臨床現場に長年携わってきた先人の知恵から学ぶこととした。第3節はエイジズムをテーマに、心理支援を妨げる可能性のある無意識的な差別や偏見やスティグマを意識化する重要性について述べた。第4節では高齢者の伝統的なジェンダー意識を取り上げ、それに対する配慮について一つの考えを述べた。第5節では、レミニッセンスで重要な対象者の歴史的背景を知ることの重要性を示した。第6節では、レミニッセンスの場面で出会う可能性のある障害を持つ高齢者への配慮について述べた。第7節では、心理支援者のバーンアウトや二次的外傷を予防するための支援者支援について紹介した。

第1節　支援者のガイドラインとコンピテンシー

1. 高齢者の心理支援者のためのガイドライン

　高齢者の心理支援にはどのような姿勢が求められるだろうか。高

齢者の心理支援者のためのガイドラインが、米国心理学会(American Psychological Association：APA)から示されている[1]。知識、スキル、経験を重ねる際の適切な教育や訓練を行い、高齢者のための実践の準備性を評価し、結果として実践者を支援するために不可欠なことがガイドラインに記載されている。一つの行動の指針として、高齢者支援の先進国である米国のガイドラインを参考にしながら実践者の態度を考えてみることとした。

このガイドラインはもともとAPAの第12部門の第2区分である「臨床老年心理学部会」およびAPAの第20部門である「成人発達と加齢」に関わる臨床老年心理学者が主な開発メンバーとなった。2003年にAPAに承認された「高齢者のための心理実践者のためのガイドライン」を改訂したものが、2014年にこのようなかたちになっている。ガイドラインは、心理学者に対する特定の場に応じた専門的行動、努力目標、声明、宣言であり、標準的な行動指針である。特定の分野における専門家への留意事項などもここに含まれている。このガイドラインは、連邦政府の政策や州法などにも取り入れられている。ガイドラインは米国での使用のために策定されているが、多文化的な視点についても言及されているのが特徴である。

ガイドラインは高齢者のために心理支援を実施する際の最新の参考文献や参照事項の枠組みを与えるものでもある。その内容は、1.コンピテンシーと態度、2.成人の発達、加齢、加齢に関する全般的知識、3.臨床的課題、4.アセスメント、5.介入、コンサルテーション、その他の高齢者サービスプロバイダー、6.専門的な課題と教育、といった6つ領域に分かれており、それぞれの領域におけるガイドラインが示されている(表1-1-1)。

表1-1-1　高齢者の心理支援のためのガイドライン[2]

１．コンピテンシーと態度

Guideline 1. 自分のコンピテンシーの範囲で高齢者との実践に従事することを推奨する。

Guideline 2. エイジングについての自分自身の態度や信念が、行っている心理アセスメントや心理療法にどのように影響するかを認識し、課題が示されたときにはコンサルテーションやそれに関する教育を受けることを推奨する。

２．成人発達、エイジング、高齢者についての一般的な知識

Guideline 3. エイジングについての理論や研究についての知識を得るように努めなければならない。

Guideline 4. エイジングの過程についての社会的・心理的ダイナミクスについての知見を得るよう努めなければならない。

Guideline 5. エイジングの過程の多様性を理解し、性、人種、民族、社会経済的立場、性的指向性、障害の状況、居住地（都市部か農村部か）といった社会文化的要因が、高齢者の健康や心理的問題にどのようなかたちで影響を及ぼすかについて理解するよう努めなければならない。

Guideline 6. エイジングに関連した生物学的および健康に関連した最新の情報を得るよう努めなければならない。

3. 臨床的課題

Guideline 7. 高齢者の認知的変化についての最新の知識を得るよう努めなければならない。

Guideline 8. 社会的・物理的環境における高齢者の機能的能力を理解するよう努めなければならない。

Guideline 9. 高齢者サービスが提供される場合における高齢者の精神病理とその蔓延状況とその特質について、知識を得るよう努めなければならない。

4. アセスメント

Guideline 10. 高齢者のアセスメントについての多様な方法についての理論、研究、実践についての知識を得るよう努めなければならない。また高齢者にとって、文化的にも精神測定的にも適した尺度についての知識を身につけるよう努めなければならない。

Guideline 11. 高齢者に特有の特徴や生活の文脈に合ったアセスメントの技能に習熟するよう努めなければならない。

Guideline 12. 認知機能の評価を実施したり解釈したりする技能に習熟するよう努めなければならない。

5. 介入、コンサルテーション、他のサービスプロバイダー

Guideline 13. 高齢者のための多様な介入方法についての理論、研究、実践について習熟するよう努めなければならない。特にこの年齢群においての効果的な根拠のある最新の研究を熟知するよう努めなければならない。

Guideline 14. 高齢者の年齢群に介入を行う際に、高齢者や家族のために、その文化に合わせた特定の心理療法や環境調整の技能について習熟するよう努めなければならない。

Guideline 15. 高齢者が直面しやすい特定の場におけるサービスプロバイダーの課題を理解したりその課題に向き合うよう努めなくてはならない。

Guideline 16. 高齢者の予防やヘルスプロモーションに関連した課題を認識しそれに向き合うよう努めなくてはならない。

Guideline 17. 高齢者を支援するためのコンサルテーションを提供す

る際に、関連する課題を理解するよう努めなくてはならない。

Guideline 18. 高齢者の心理支援において、学習の大切さを理解し学習ができるようにし、現場を越えた協働チームと協働することの大切さを理解することを推奨する。

Guideline 19. 高齢者へのサービスが提供される際に伴う特定の倫理的および法律的課題を理解するよう努めなければならない。

6. 専門職の課題と教育

Guideline 20. 関係行政についての知識や州や連邦政府の法律や条例のなかで高齢者のための心理的サービスや高齢者ビジネスのための条項や診療報酬や保険制度などに関連したものについて知るように努めなければならない。

Guideline21. 訓練、スーパービジョン、コンサルテーション、生涯学習を通じて高齢者を支援するための知識、理解、技能の向上にも努めなければならない。

2. 高齢者支援のためのガイドラインとレミニッセンス・セラピー

　「介入、コンサルテーション、他のサービスプロバイダー」という項目の中には Guideline 13 と Guideline 14 が示され、それぞれの解説ではレミニッセンス・セラピーについて言及されている[3]。Guideline 13 では「高齢者の多様な介入方法についての理論、研究、実践に習熟するよう努めなくてはならない。特にこの年齢群においての効果的な根拠のある最新の研究を熟知するよう努めなければならない」とある。この解説として、レミニッセンス・セラピーやライフレビュー・セラピーは、抑うつの治療のための心理療法として有効であることが示されている。ここでは、これまでに他の年齢層

にも行われてきた心理療法（精神力動的心理療法、行動療法、認知療法、対人関係療法、問題解決療法など）を対象者のライフスパンにおける心理および社会的能力に合わせた方法として高齢者のための介入の取り組みの情報を提供すること[4]が示され、高齢者の特定の問題のための心理療法[5]が紹介されている。レミニッセンス・セラピー以外にも行動療法や行動変容の方略、問題解決療法、社会環境修正やそれに関連する介入は、抑うつの治療、行動障害の低減、認知機能障害の高齢者の機能の改善などで有効であることが示されてきた[6]。

また、Guideline 14 では「心理学者は高齢者の年齢群に適した介入や高齢者や家族の文化に合わせた特定の心理療法や環境調整についての技能に習熟するように努めなければならない」と示されている。

ここで言及されている心理的介入には、個人療法、グループ療法、夫婦療法、家族療法などが含まれている。特に高齢者のための介入には、レミニッセンス・セラピーやライフレビューをはじめ、グリーフセラピー、発達的課題に焦点を当てた心理療法、老年期のための行動適応、コミュニケーションに困難をかかえた人々への表現療法、老年期の認知機能を高めるための方法、高齢者、家族、その他の介護者のための心理教育的プログラムがある[7]。

ガイドラインにはこれらの介入を行うための条件や状況について解説されている。心理学的援助のひとつの様式がすべての高齢者に適用されるわけではない。適切な治療や支援方式のうちどの支援を選択するかは、対象者が抱える問題の性質、臨床的目標、差し迫った状況、個人の特性、好み、性別、文化的背景にもよる[8]。さらには、その支援を継続できるかという観点で内容を選択することもある[9]。現実問題として、どのような支援を利用できるかはその高齢者の状況による。例えば、身体的機能にも精神的機能にも問題のない人々には外来の患者として心理療法を実施することができる（例

えば、個人療法、グループ療法、家族療法など）。ところが老年期の多くの障害は、急性の障害というよりも慢性的な障害を有していることが多く再発しやすい。そうなると、高齢クライエントには、心の問題を治療するのみならず症状の管理やリハビリ的な介入をできる範囲で行うこととなる [10]。

　高齢者支援のための特定のスキルの重要性を述べた資料もガイドラインには示されている [11]。世代に特有の多様な課題があり、年齢関連の課題をよく熟知し専門的な介入技術を活用できることが求められることになる [12]。例えば、ある文化的なグループの高齢者の中には精神保健サービスを受けることをある種のスティグマを与えられたかのように感じる人もいる。スティグマに向き合う取り組みや彼らの関心について話し合うことが、実践者の態度としては望ましい。高齢者のために開発されたレミニッセンス・セラピーには、高齢者の生きてきた人生を教え伝えてもらうという要素も含まれることがある。したがって高齢者の振る舞いとしては、文化的に教え伝える伝統のある地域の参加者には違和感がないだろう。レミニッセンス・セラピーは、高齢者が自分の人生の体験を統合するための支持的な心理援助でもある [13] ことは心理学的支援の専門職にはよく知られている。

　身体的な健康問題は高齢者にはよく生じるため、心理的支援として医療上の問題に対応することは課題となる（例えば、疼痛管理、医学的治療に執着しやすくなること）[14]。人生の時間が限られ健康問題や人生の終末に直面する際には、終末プロセスを管理するための心理支援が必要となる [15]。

3. 高齢者の心理支援のためのコンピテンシー

　「高齢者の心理支援者のためのガイドライン」にもとづき、2006

年に老年心理学専門職の訓練プログラムが開催された。この名称が「パイクスピークモデルの老年心理学訓練 (Pikes Peak Model of Training in Geropsychology)」であった。パイクスピークモデル (The Pikes Peak Model: 以下 PPM) は、この研修会をさらに洗練する経過によって開発に至る[16]。2007 年には専門職の質を高めるため「老年心理学の専門職のためのトレーニングプログラム協会 (Council of Professional Geropsychology Training Programs: 以下 CoPGTP)」が設立された。

　CoPGTP は、PPM をより汎用性の高い実践者のための評価尺度として改訂し、2008 年にこれを「パイクスピーク老年心理学の知識と技能評価ツール (Pike Speak Geropsychology Knowledge and Skill Assessment Tool) という名称とした。2013 年には 4 回目の改訂を行い、現在のようなかたちになっている[17]。これは高齢者支援者のコンピテンシーを評価するものであり、学習者と指導者のためのものである。「コンピテンシー」とは、必要とされる技能ではなく、より技能を高めるための教育的な概念でもある。

　このツールは指導者が学習者を評価したり、心理学者が自分自身の知識やスキルを自己評価したりするのに用いることができる。老年心理学の訓練プログラムの指導者は、実施するプログラムに関係のある領域のみを選ぶこともできる。評価者は学習者自身であったり、学習者の職場の監督者であることもある。直接観察、音声、ビデオ録画、セラピーの協力者による評価などを行うこともできる。事例検討を含む通常のスーパービジョンなども含む。自己評価を実施する心理学者と学習者は、このツールを用いて自分の訓練の現状と指導者からの課題をそれぞれの領域で評価する。このツールは学習者の学習経過を評価することもできる。

　学習者はパイクスピークの知識とスキルのコンピテンシーを「初心者」(N)、「中級者」(I)、「上級者」(A)、「熟達者」(P)、「専門家」(E)

といったレベルで評価する[18]。それぞれの項目にある a, b, c とは、知識やスキルのコンピテンシーを具体的に定義するためのものであり、必要がなければ、別々に評価する必要はない。表 1-1-2 には高齢者支援のためのコンピテンシーの全体像を示した。

表 1-1-2　高齢者支援のためのコンピテンシー項目の全体像[19]

Ⅰ．成人発達、加齢、高齢者についての全般的知識

　1．加齢モデル

　2．人口統計学

　3．正常な加齢－生物学的側面、心理的側面、社会的側面

　4．加齢経験の多様性

Ⅱ．専門的な老年心理学の実践の基盤

A. 知識

　1．加齢の神経科学

　2．機能的変化

　3．人間－環境との相互作用と適応

　4．精神病理学・精神障害

　5．医学的疾病

　6．終末期の問題

B. 臨床技術

　1．倫理・法律の確認・分析・運用能力

　2．高齢者の文化的および個人的多様性に向き合う。家族、コミュニティ、システム、様々なことを可能にする高齢者サービスプロバイダーに関する文化的および個人的多様性に向き合う。

　3．チームの重要性の理解

　4．自己洞察の実践

5．効果的で共感的な関わり

6．科学的知識の適用

7．老年心理学の場における適切なビジネスの実践

8．アドボケートやケアのコーディネート

Ⅲ．アセスメント

A. 知識

1．老年心理学のアセスメントの方法

2．アセスメントの限界

3．老年心理学のアセスメントにおける文脈の問題

B. 臨床技術

1．臨床的アセスメントの実施と多様な診断

2．スクリーニング尺度の利用

3．既知の他の評価の参照

4．認知的アセスメントの利用

5．意志決定と機能的能力の評価

6．リスクアセスメント

7．アセスメントとその内容の伝え方

Ⅳ．介入

A. 知識

1．理論、研究、実践

2．健康、病理、薬理学

3．介入時の特殊な状況理解

4．他の高齢者サービスを知る

5．倫理と法律を知る

B. 臨床技術

1．個人、グループ、家族への介入

2．実証的研究、理論、臨床的判断に基づいた基本的介入

3．高齢者のためのエビデンスとして有効な治療の活用

4．高齢者の介入を活用する―高齢者に影響を与える特定の問題に対する効果的で、エビデンスに基づいた介入を行う

5．健康増進のための介入の活用

6．さまざまなケア環境での介入

V．コンサルテーション

A. 知識

1．予防とヘルスプロモーション

2．より多様な対象者と文脈

3．切磋琢磨のための協働

B. 臨床技術

1．老年心理学としてのコンサルテーションを行う

2．訓練を行う

3．多職種の専門職チームに参加する

4．老年心理学の概念化について話をする

5．組織の変化を促す

6．サービス提供者の多様なモデルに参加する

7．他の専門組織や専門職と協働したり連携したりする

8．多様な役割を認識して協議する

　コンピテンシーの評価項目は、大きく5領域に分かれており、「I. 成人発達、エイジング、高齢者の全般的な知識」「II. 老年心理専門職の実践の基盤」「III. アセスメント」「Ⅳ. 介入」「Ⅴ. コンサルテーション」となっている。全体像を理解してもらうために評価項目のみを示す（表 1-1-2）。この5領域の項目について下位項目がある。

例えば、「I. 成人発達、加齢、高齢者の全般的な知識」という領域には、「1. 加齢モデル」「2. 人口統計学」「3. 正常な加齢——生物学的側面、心理的側面、社会的側面」「4. 加齢経験の多様性」という4つの下位項目がある。これらの項目のそれぞれの知識が満たされているかどうかを確認し評価する。

　表1-1-3には「介入（心理支援）」に関するコンピテンシー評価項目[20]を示した。知識として押さえておきたい項目に、「1. 理論、研究、実践」「2. 健康、病理、薬理学」「3. 介入時の特殊な状況理解」「4. 他の高齢者サービスを知る」「5. 倫理と法律の基礎知識」という5項目がある。臨床技術としては「1. 個人、グループ、家族への介入」「2. 実証的研究、理論、臨床的判断にもとづいた基本的介入」「3. 高齢者のためのエビデンスとして有効な治療の活用」「4. 高齢者への介入を実施できる——高齢者に影響を与える特定の課題に対する効果的でエビデンスにもとづいた介入を実施できる」「5. 健康増進のための介入の活用」「6. 多様なケア環境での介入」の6項目である。その具体的な内容は、表1-1-3のa., b., c. ……などの項目を参照されたい。心理学的観点のみならず支援に求められる幅広い知識と技能である。これまでの介入の観点とは医療の場に限定された心理アセスメント・心理療法が多かったのではないか。ここでは高齢者の生活の場に介入が広がる可能性を含み効果的に介入をすすめるという観点が強調されている。また、高齢者の状況に合わせて介入を柔軟に変更していくことなども考えられており、可能性の広がりを感じさせるものである。

表1-1-3　高齢者の介入のためのコンピテンシー評価項目

A. 知識 　1. 理論、研究、実践

　　a. 高齢者のための心理学的介入効果に関するより広い研究結果を知ること（行動的介入、認知的介入、対人関係的介入、力動的介入、家族的介入、環境的介入、心理教育的介入、グループ療法的介入）。

　　b. 高齢者への実践において開発された介入を理解し、生涯発達の理論からどのように開発され、どのように理論と一致しているのかを理解する（例えば、回想法、バリデーションテクニック、問題行動への行動的介入など）。

　　c. 加齢に共通の変化（例えば、感覚の問題［視覚障害や聴覚障害など］、認知障害）、ケア環境（例えば、コミュニティ、病院、ナーシングホーム）、教育および文化的背景に合わせて心理療法の技術を修正することができる。

2．健康、病理、薬理学

　　a. 高齢者の医学的問題、感覚の変化、治療アプローチの影響の複雑性や相互作用を理解する。

　　b. 医療および精神医学的問題に対する薬物治療の影響の可能性を理解する（有害な副作用による症状や精神的状態の理解を含む）。

　　c. 慢性疾患と精神医学的問題の併存した病理や身体的疾患と精神的疾患の両者に向かい合う必要性を理解する。

　　d. 深刻な慢性疾患や精神疾患のある高齢者（例えば、治療よりも症状の軽減や現状の機能の維持）のための現実的な治療目標（高すぎず低すぎない）の設定の重要性を知る。

3．介入時の特殊な状況理解

　　a. 高齢者が感情的な問題について家族や主な介護事業所や宗教関係の助言者と交流する際に、高齢者の多様な嗜好性を理解し

ていること。適切な同意を得ての契約を交わし適切な心理的
ケアが保証されることを確認できる。

b. 多様なケア状況である心理支援による介入を採用するときに、
倫理的問題が顕在化する場合があることを理解する（チーム
アプローチで治療計画を行う場合に個人情報の守秘性の問題
が生じたり、施設サービスでのプライバシーを守秘するには、
情報共有という一面により限界があるということ）。

c. 特定の状況に適した介入を行うこと（高齢者施設のスタッフの
教育や行動に焦点を当てること、長期介護療養施設における
環境的な側面への介入を行うこと）。

4. 他の高齢者サービスを知る

a. 施設を含む委託資源（例えば、デイケア、高齢者住宅）、移動サー
ビス、弁護士の紹介、防犯（セキュリティサービス）、健康サー
ビス、多文化対応サービス、介護サービス、その他の支援サー
ビスを知る。

b. 地域コミュニティ資源（例えば電話やインターネット経由で）
の申し込み方法や手続きを理解する。

c. 申し込み後のフォローアップの仕組みを構築できる。

5. 倫理と法律の基礎知識

a. 高齢者サービスのためのインフォームド・コンセントの手続き
や高齢者がインフォームド・コンセントに参与する能力への
課題を知る。

b. 健康問題や精神的健康上、意志決定が困難となってきた場合の
代理人への指示や役割を知る。

c. 高齢クライエントの守秘に関する権利や守秘義務の限界を知ら
せることができる。

d.　法律や政策の中での高齢者虐待、事前指示（アドバンス・ディ
　　レクティブ）、成年後見制度、後見人、身体拘束、多重関係、
　　守秘義務について理解する。

B. 臨床技術

1．個人、グループ、家族への介入
a. 適切さや多面的問題の領域を考慮に入れた治療目標を優先させ
　 ることができる。
b. より実用的な治療様式を統合できる。
c. エビデンスのある臨床的な介入方法を修正して、慢性的および
　 急性の医学的問題、感覚障害、移動の制限、認知能力、世代
　 的要因、文化的要因、老年期の発達的課題や潜在的なクライ
　 エントとセラピストの年齢差などを調整できる。
d. 高齢クライエントが治療的プロセスを理解できるように支援に
　 必要な心理教育を行うことができる。

2．実証的研究、理論、臨床的判断に基づいた基本的介入
a. 理論的な事例の概念化と、介入方略の選択について関連づけら
　 れる。
b. 特定の高齢クライエントの必要性に合うように多様な方略の統
　 合や適応を記述できる。
c. 介入の効果を測定できる。
d. クライエントの反応に基づいた治療として適合させることがで
　 きる。

3．高齢者のためのエビデンスとして有効な治療を活用する
a. クライエントの診断や特徴に基づいて高齢クライエントのため
　 にエビデンスに基づいた治療を選択できる。

b. 高齢者にとって効果的なエビデンスに基づいた介入方略を選択し実行できる。

c. 介入の効果を測定できる。

d. クライエントの反応に基づいた治療として適合させることができる。

4．高齢者の介入の活用：高齢者に影響を与える特定の問題に対する効果的で、エビデンスに基づいた介入を行う。具体的には以下の内容を含む

a. 認知症のある高齢者（その他の障害や病気を含む）や家族介護者のための介入を行うことができる。

b. 進行性の疾患、死別の過程にいる患者、死別に直面している患者や家族のための介入ができる。

c. 死別後の二次的問題に適応するための介入を行う。

d. 心理療法的介入に回想法やライフレビューを含めることができる。

e. 正常な加齢や医学的および精神的疾患に関する心理教育を患者や家族に行うことができる。

f. 年齢に関連した身体的健康、精神的健康、適応に関する問題についてのグループワーク的介入を行うことができる。

g. 人間関係や性的な側面への年齢的な変化に適応するための介入を行うことができる。

5．健康増進のための介入の活用

a. 身体的健康、精神的健康、行動的健康のなかで、どの側面が心理的介入を通じて改善できるかを判断できる。

b. 多面的な目標設定があるときに向き合うべき健康問題に優先順位をつけることができる。

c. 全体的な精神的健康の治療計画の一部として健康問題に効果的に介入し、高齢者の障害に関連した医学的な問題と精神的な問題の密接な関連を理解することができる。

d. 健康行動に及ぼす介入の影響をモニタリングし、効果を評価できる。

6.　さまざまなケア環境での介入

a. 高齢者に共通の生活環境（例えば、在宅、コミュニティセンター、ナーシングホーム、介護付き住宅、退職者コミュニティ、クリニック、病院、精神病院）での介入ができる。

b. 高齢クライエントの必要性にとって適切なレベル（個人、家族、システム、環境）で介入ができる。

c. 特定の環境や社会的特徴に合わせて介入を修正できる。

4. レミニッセンス・セラピーのコンピテンシー

　表1-1-3の高齢者の支援のコンピテンシー評価項目を参考に、レミニッセンス・セラピーを実践するために必要な内容とは何かを考えた。まず教育や研修では知識を中心とした学習と技能訓練の二つの側面が必要となるだろう。知識を中心とした学習については大学の授業、大学院、研修会の受講、ウェブサイトでの学習などによって実現できるだろう。技能訓練に関しては、実際行われている公認心理師のための心理実習などはごく一部のみが提供されているのが実情であり、レミニッセンス・セラピーの研修が提供される場がこれから少しずつ増えることが望ましい。

１. 高齢者のためのレミニッセンス・セラピーがどのような理論的背景から開発され、その効果について知ることが必要となる。その

ためには最新の研究を調査して読み解く学習、また実際に実践している人が実践をふり返り研究結果を報告するという事例研究や実践研究を実際に行うことを通じた実践研究学習が望ましい。

2．加齢による共通の変化（加齢により生じる感覚の障害［視覚障害や聴覚障害など］や認知障害）や高齢者の生活環境（例えば、医療現場、高齢者福祉施設、コミュニティの場など）のシステムに合わせてレミニッセンス・セラピーの実践を行い継続することができるかということが大切となる。実際高齢者の生活する場を訪問し、どのような生活が展開されているのかということや、多様な高齢者との対話を通じて展開するフィールドを肌感覚で把握することが大切となる。

3．レミニッセンスの参加対象者の教育・文化・歴史的背景に合わせてどのように実践の工夫ができるかということに配慮することが望ましい。そのためには、対象者が生きてきた時代背景、個人的背景が想像できるよう、社会的な学習が不可欠となる。博物館・資料館の利用、映像、図書、小説、雑誌、アーカイブ資料、音楽などからも学ぶことができる。

4．対象者の身体疾患、精神疾患、感覚的側面での障害、薬物などの副作用を初回面接で把握し、心身の状況に合わせて無理のないかたちで実施し、治癒よりも症状の軽減や現状の機能の維持などの無理のない目標を設定する。

5．個人情報の保護への配慮と限界を説明して無理のない枠組みで設定し、契約書を作成し参加の同意をできるだけ本人にしてもらう。本人の判断能力に限界のある場合には、ご家族や成年後見人制度の

後見人などに同意をもらうことが必要となる。

６．地域包括支援センターや高齢者介護サービス、介護保険サービス、それ以外の高齢者のための医療や専門的サービスや生活支援サービス（配食、鍼灸、マッサージ、リフレクソロジーなども含む）を幅広く把握し、本人や関係者が関連した必要性の高いサービスや関連した専門職の人と連携をとるよう努めることが大切である。

７．個別のレミニッセンス・セラピー、グループ回想法、ご家族と一緒に行う回想法、コミュニティでおこなうワークショップ型のものなど、必要性に合わせて柔軟な形式のものに修正し、対象者の要因に合わせて調整し実施を可能にしていくことが求められる。

８．参加者がレミニッセンス・セラピーの効果を知ることができるように、支援に必要な心理教育を行うようにする。これは臨床実践のプロセスを言葉にしたり、対象者に合わせて言葉を選択し説明できる技能が求められる。

９．対象者がレミニッセンス・セラピーを行うことの必要性や、その手続きを説明することができるようにする。説明能力を高めることが求められる。

10．レミニッセンス・セラピーの内容を記録し、介入の効果を測定することができるようにする。本人の個人史を記録した文書を作成し、高齢者のための心理アセスメントを実施でき、効果測定を行い、わかりやすいフィードバックができることが望ましい。

11．クライエントからフィードバックをもらい、それをレミニッセ

ンス・セラピーの計画やその他の手続きに反映できるように工夫する。

12. レミニッセンス・セラピー以外に必要があれば、認知症、死別の悲嘆、PTSD、年齢に関連した心理的問題に関する相談などに対応できることが望ましい。対応が困難な場合には対応できる専門家に委託できる準備ができることでもよいだろう。高齢者に関連した課題でとくに家庭生活や社会生活の中で生じやすい課題を考え、現実的な対応を共に考え、困難な気持ちに共感し寄り添う心理学的支援の力が必要とされる。

13. 日常生活での健康増進のためにできることを身体、精神、行動的な側面において把握し、向き合うべき健康問題に優先順位をつけ実施を推奨できることが望ましい。

14. 高齢者の生活環境（在宅、コミュニティセンター、介護施設、介護付き住宅、クリニック、病院、精神病院、避難所、仮設住宅）に合ったレミニッセンス・セラピーが実施できるように方法を工夫したり柔軟に対応できることが望ましい。

第2節　臨床の知による提言

1. 心理学者による老いの主体的な意味

　「老い」の意味を探ることは大切である。レミニッセンス・セラピーを通じて、高齢者をどこに向かわせようとしているのか、また高齢者が何を求めて語るのかについてセラピストは丹精を込めるということである。高齢者の中には真心から語る人もいれば表面的なことで済ませる人もいる。また、伝えても無駄だろうと語り手が悟れば、聞き手には何も伝わってはこないものである。結局高齢者のことは高齢にならなければわからないのではないか、という誰かが述べた考えがよぎる。世代が同じだから同世代のことがわかるかというと、そうでもないことは多くの人の了解事項であるように思われる。例え身体的な疾患が同じであっても、その人の状況や考え方は多種多様なのである。共通するところはあるにしても、高齢になるにつれて多様性もより著しくなるため、話をより真心を込めて深く聞くことが第一義となる。

　聞き手の態度が語り手に影響を与えることは、逆転移の考え方などでよく知られている。高齢者を肯定化しすぎるのもなんらかの方向性を与えることであり、もしそれが本質とずれていれば、語り手にとっては、本来語りたい内容とは別の方向性が強調され違和感となろう。ここで仮説としての「老い」の意味というものの本質を、断片であっても知ることは聞き手にとって大切なのではないか。高齢者の可能性を考えながら話を深く聞いていくことに、十分ではなくとも少しはつながりをもつ手がかりとなるのではないか。

　そこで、心理学者が老いの意味について提言している内容を紹介してみたい。

　ユング (Jung) は老年期のことについて次のように述べている[1]。

人生の午後は、人生の午前に劣らず意味深い。ただ人生の午後の意味と意図とは、人生の午前のそれとは全く異なるものなのである。人間には二つの目的がある。第一の目的は自然目的であり、子孫を生み、これを養い育てるのがそれで、これに更に金を儲けたり社会的地位をえたりするという仕事が加わる。この目的が達成されると、別の段階が始まる。それは文化目的の段階だ。第一の目標の達成には、自然と教育とが力になってくれるが、第二目標の達成にはわれわれの力になってくれるものはまことにすくなく、皆無だといってもいいのだ。その上、年寄りも若者の如くあるべきだとか、内心もはやそんなことの価値を信じることも出来ないのに、すくなくとも若い者がやるのと同じことをやるべきだというような誤った見栄がはたらくことがしばしばある。だからこそ実に多くの人間にとって、自然段階から文化段階への移行がひどく困難且つ苦労になるのである。
（中略）
だから、重いノイローゼの多くが人生の午後の始まりに現れてくるのも少しも不思議ではない。人生の午後の始まりはいわば第二の思春期あるいは第二の疾風怒涛期であって、この時期が情熱の一切の嵐につきまとわれることも決して稀ではないのだ（「危険な年齢」）。しかしこの年頃に起こってくる数々の問題は、もはや昔の処方では解決されないのである。人生という時計の針は後戻りさせることが出来ない。若い人間が外部に見出し、又、見出さざるをえなかったものを、人生の午後にある人間は、自己の内部に見出さねばならぬのである。

　ユングは、以前に価値ありと考えられていたものの値踏みのし直しが人生の午後への移行には必要となり、若い頃の理想の反対物の価値を悟るということが必要になるという。だからといって、反対物への転化が必要なのではない。その反対物を承認しながら、以前

の諸価値を保持することだという。これは自己自身との葛藤や不和を意味する。人生の午後にいる人は、破産者となるのではなく、ただ枯死していく樹木になるにすぎないという。人生の後半期に入る人は、これまで味わってきた外見的な安定を、不安定・不和・対立する諸確信の状態と交代することを弁えていなければならないのだ。対立問題による不安のため、かたくなな態度にみえることもあるという。

　また、集合的無意識により神話類型的な諸体験が生じるという。高齢者の中には不思議な夢や幻像を報告する人もいる。これらは意識に対する対立のため、すぐにわれわれの世界の中へ運び入れられることができず、意識的現実と無意識的現実を媒介する一つの道が見出されなければならない。

　エリクソン (Erikson) は、老年期の発達を「統合」とし、この時期の心理的危機を「絶望」とした[2]。統合とは人生を丁寧に生きて初めてその段階に到達していくものだという。エリクソンは、統合という心理状態に対する明確な定義がないので、その状態を構成するいくつかの要素を指摘している。まず、秩序を求め意味を探す自我の性向に対する、自我の中に蓄積された確信だという。自分の唯一の人生周期を、そうあらねばならなかったものとして、またどうしても取替えを許されないものとして受け入れることである。積み重ねられた自我の統合が欠如したり失われたりすると、死の恐怖が頭をもたげる。人生を究極のものとして受け入れることができないと、その焦りが絶望となって表現される。

　統合とは、視覚や聴覚や触覚など生きていくのに必要なあらゆる諸感覚を生き生きと働かせて適応の過程に加わることであるという。それは自分の人生を受容することでもある。できないことを受け入れることである。エリクソンとエリクソン[3]は多くの高齢者の中に「不屈」ともいえる何かが存在するが、過去と現在と未来の統

合されたものという意味で「不変的中核」「実存的アイデンティティ」とよぶ。それは自己を超越し世代間のつながりを強調するものでもある。それは人間の限界を受け入れるという意味でもある。高齢者が、年を重ねるごとに「御用済み」となり「途方に暮れ」「寄るべもなくなる」という状態の中で抱く感情として、「侮蔑」というものがあるという。侮蔑とは陰にこもった破壊性に堕する恐れがあるとしている。高齢期の喪失は絶望や侮蔑に陥る可能性があるが、そうしたときに英知による「死そのものに向き合う中での生そのものに対する聡明かつ超然とした関心」や、一貫性や全体性の感覚としての「統合」が必要とされる。エリクソンは統合とは過去をふり返り現在や未来への統合が生じるという [4]。老年期の心の安定は、この統合がある種の方向性となり、自然な高齢者のレミニッセンスやライフレビューは統合に至るための作業だと考えられるようになっていった。

2. 高齢者の語りを聞く意味

　山中は、精神科医として10年間欠かさず週に一回、老人病棟をたずねていた [5]。精神科医療という枠から外に出てフィールドを自由に探索した。老人病院の極めて安定した医療構造のなかで、医師、介護職、看護職という一般的な業務「構造」からフリーな立場での「遊び人」だったと述べている。江戸時代には、「遊び人」のような半端者を内在させることには文化の調整役としての意義もあったという。ユング派分析家のアドルフ・グッケンビュール＝クレイグ博士は、「老賢者」型ばかり見てきたユング派の人々に手痛い一石を投じたという。博士の、呆けることの意味や大切さを説く「老愚者」の側面を、山中は指摘する。両極の報告をつきつけ読者に社会と医療の場における高齢者の真実をいち早く社会に知らせている。認知

症高齢者の話に丁寧に向き合って拾い上げていくことの不可欠さが
20 年前に確信をもって述べられている。

　　老人の心理療法の際、問題となるのは「いかに老い、いかに死を迎
　　えるか」である、と言ってよいが、自らの生涯の前半なり、あるい
　　は後半においても、その途中に、「老い」かつ「死」んでいくことを
　　さまたげるもろもろの要素がある場合、まず、それらの諸問題を解
　　決しないことには、本題に至れない、ということもあるに違いない。
　　そして、その際、老人が「神経症」ないしは「心身症」に悩む場合、
　　いわば「老い、かつ、死んでいく」本来の道をとることなく、永遠
　　の堂々めぐりの中に身をおいてもがいている姿であるともとれるし、
　　心なり、身体なりを、まさに「とりこ」にして、その自然なふるま
　　いをとめた分だけ、「苦痛」の代償を背負わされているかのようにも
　　見えるのである。人生において大切なことは、まさに、ユングの説
　　くごとく、「人生の後半の下り坂をいかに上手に下っていくか」、い
　　かに「老い」や「死」を受け入れていくか、にかかっている、と言っ
　　ても過言ではないだろう（山中 , 1998, pp.128-129）。

　レミニッセンス・セラピー実践者の態度を考えるにあたり、さま
ざまな示唆が与えられるが、積極的に高齢者を敬うという姿勢は、
老いの意味を実践者自らが主体的に見出し、その意味を敬うことに
ほかならないのではないだろうか。老いの主体的な意味を探るとい
うことも大切になろう。日本は高齢化の渦中にあるが、工業化を軸
にした経済成長を遂げ、生産性と効率の原理に社会は支配されてき
た。その傍らで、労働力が減少するという意味で老年者の価値が減
じられていくという。老年の生活空間は奪われ、親しい人々との人
間関係まで破壊されていく。しだいに老年の蔑視・無視によって死
の意味でさえも奪われかねないという厳しい問題提起がある。その

中で見失われた老いの意味について構想された書物が、伊藤らによる「老いの発見」であった[6]。ここには老人が抱える無意味感の苦悩が描かれている。

　例えば、臨床心理学者の河合[7]は高齢者の夫婦関係について関係の有様の現実を描き、「よりかかり」と「とりこみ」という言葉で関係性の幻想を示している。高齢者の肯定的な側面などを取り上げるわけでもなく、「母－息子」モデルとしての夫婦の姿、普遍的な高齢夫婦のあり方がシビアに書かれている。老人を大切にしてゆく形をとりながら老人の自由を奪うことに役立っているという。女性の場合は家庭の中などに自分の世界が連続してあるが、男性にとっては職業から離れてしまうと、家庭の中でイニシアチブが取りにくい。そのことについては高齢になるずっと前に気づき、エネルギーをある程度費やすことが必要だという。高齢者の家庭内の関係性の盲点を意識的に論じたものであり、高齢になっても主体的に生きる意味や高齢者が生きづらさを感じる理由にある観点を与えるものである。夫婦関係の問題は老年期になる前、子どもが巣立ち、夫が定年退職をして二人だけの生活になった頃に表面化しやすい。こうした老年期にたち現れる生きづらさの問題は、その人のレミニッセンス・セラピーの中で語られることもある。心を込めて聞くことで明らかになるものである。

　中井は、「世に棲む老い人」というタイトルの著作で、病院に来る人以外の一般的な高齢者を精神科医という立場から観察し、老いの意味、老いにはいかなる希望をもって対しうるのかという問いに対する答えを探ろうとした[8]。その中で、高齢者の過去への意味を理解することの重要性を述べている。大切なのは、人間が意味を求める存在であり、ことに自分の（もうやりなおせない）人生の意義づけを求める存在であって、したがって語る言葉の内容が不合理であっても、その人が語る内容はその人の人生の意義の象徴であると

述べている。

　また、市井の普通の老婦人と対話を数回重ねた事例が示されている。夫のために切り盛りし障害者を含む子育てをしてきた、とある老母の話であった。老母は、「おばあさんには悪いようにしないから」として財産分与からはずされていたことがわかった。この老母にとっては数千万の金が問題なのではなかった。遺産配分の場は生涯が評価されるかどうかのかけがえのない場であるはずだったのに、そうはならなかったのである。家族からの表裏のないねぎらいと感謝と尊重が必要だった。むしろ、そのことだけがとても重要であったはずなのに、自分の生き様を無意味化されてしまった辛さが語られているのである。

　ここまで述べた高齢者の話には、無意味と打ち捨てられる人生への悲しみが語られている。過去の人生の意味を剥奪されるということは、未来を生きる力を失わせることでもある。楽観的に前向きに生きるということは過去を切り捨てることだと安易に考える人もいるかもしれない。こうしたことは日本の社会では高齢者のみならず全ての世代で生じてきているのではないか。レミニッセンス・セラピーは、単に表面的な話を傾聴するだけではなく、聞いた話が人生の何を象徴しているのか、また生じた出来事だけではなく、話全体を聞きながらその人が語る話の本質、全体の印象などを俯瞰しつつその話がもたらす意味を考えることが大切なのではないか。

3.　支援の場からの具体的な提言

　高齢者の支援への向き合い方としてすでに多くの臨床的な知見がある。1977 年から国立療養所菊池病院[9] の院長をつとめた室伏が熊本の山里で老人精神病棟を開始した 7 年半後のことであった。厚生省老年期脳障害研究班のリーダーとして認知症高齢者の看護に

関する知見をまとめた「痴呆老人の理解とケア」がある[10]。

室伏は、老年痴呆者のケアの原則（20か条）を述べている（表1-2-1）。この原則の中には、高齢者の心の状態の改善に寄与している要素が複数ある。たとえば、「I-4) なじみの仲間の集まりをつくること」については、グループで実施されるレミニッセンス・セラピーではお互いを知り合うきっかけとなる。「I-3) 安心の場（情況）を与えること」「II-6）老人を尊重すること」「II-7) 老人を理解すること」「III-11) 老人のよい点を見出し、よい点で付き合うこと」などは、レミニッセンス・セラピーの聞き手が受容的に傾聴し、肯定的な思い出について語ってもらうことによって実現できることである。「IV-20) 適切な刺激を少しずつでもたえず与えること」では、レミニッセンス・セラピーで用いられる思い出の手がかりとなる音楽や道具や写真、またグループに参加しているメンバーの発言や交流によって五感の感覚や記憶が刺激されたり、発話によって身体への刺激を促進することになる。すなわち、ケアの原則のうち6か条はレミニッセンス・セラピーによって満たすことができるものである。

表 1-2-1　老年痴呆者へのケアの原則（20か条）（室伏 , 1985, p.44）

Ⅰ．老人が生きてゆけるように不安を解消すること
1）急激な変化を避けること
2）老人にとっての頼りの人となること
3）安心の場（情況）を与えること
4）なじみの仲間の集まりをつくること
5）老人を孤独にさせないこと
Ⅱ．老人の言動や心理をよく把握し対処すること

6）老人を尊重すること

7）老人を理解すること

8）老人と年代を同じにすること

9）説得より納得をはかること

10）それぞれの老人の反応様式や行動パターンをよく把握し対処すること

Ⅲ．老人をあたたかくもてなすこと

11）老人のよい点を見いだし、よい点で付き合うこと

12）老人を生活的・情況的に扱うこと

13）老人を蔑視・排除・拒否しないこと

14）老人を窮地に追い込まないこと（叱責・矯正しつづけないこと）

15）老人に対し感情的にならないこと

Ⅳ．老人に自分というものを得させるように（自己意識化）すること

16）老人のペースに合わせること

17）老人と行動をともにすること

18）簡単にパターン化してくり返し教えること

19）老人を寝込ませないこと

20）適切な刺激を少しずつでもたえず与えること

　長年にわたり社会福祉の領域で回想法を紹介し臨床教育に携わってきた野村は、レミニッセンス・セラピーを認知症高齢者のために実施する際の技法を「回想法の技法」、「グループワークの技法」、「認知症高齢者とのコミュニケーション技法」の三領域の主要な要素と

して提案している[11]。とくに認知症高齢者とのコミュニケーション技法について、認知症によって低下した機能を補うという技能や情緒的な交流を促す配慮や工夫を具体的な行動レベルで提案していることは、実践者にとって有用である。失われた認知機能に対しての配慮であったり、ほんのわずかであっても言語的な手がかりでの交流が貴重なものであること、感情的な側面に最大限に配慮することなどである。第三者からみれば、ほんのわずかな非言語の仕掛けにみえるようであるが、当事者にとっては、非常に大きな感情的な交流の第一歩につながるものである。これらのことは認知症高齢者とのコミュニケーション全般にわたる必需な点でもある。

　例えば「記銘力や想起力の低下を補う」という項目には、「短い文章を用い、はっきりと伝達する」ことや「メンバーの話が途切れがちになるときには、話の最後の部分の言葉を繰り返し復唱する。そうすることによって、メンバー自身の思考の継続を助ける」などが提案されている。「判断力や理解力の低下を補う」という項目には、「重複した質問を一回に行わず、一つの内容を伺うときは、一つの質問をする」ことや「開かれた質問で応答が戻ってこないときには、メンバーに適した「はい」「いいえ」で応えられる閉じられた質問に変える」など、現場で見出された認知症高齢者の認知機能に配慮したコミュニケーションの方法が提案されている。「非言語的コミュニケーションを最大限に活用する」という項目には、「話しかける、あるいは応答を待つ位置に十分に配慮する。メンバーにとって適切で安心できる距離や領域は一人ひとり異なる。どのメンバーにとっても安心できる位置に身を置いて話しかける」ことや「メンバーに近づき、目の高さを合わせて、膝や手に軽く触れ、メンバーの集中力が最大限に確保されるような手続きをごく自然に行う」など、具体的な行動レベルで非言語的な技能の重要性が提案されている。

　黒川[12]は、高齢者のための臨床心理士として、またその育成に

関する教育を長年勤めて臨床的知見を著者の経験をもとに詳述した。その中で、よい聞き手の条件を次のように述べている。良き聞き手の条件とは、語り手の傍らにそっと付き添い、言葉の内包する意味を理解しようと努めながらも、先走らず、先入観を持たず話し手のペースを尊重して静かに聞くことである。あれこれ自分の勝手な考えを述べたり、意見を言ったりせずに、語り手の話しを温かい気持ちで無条件の肯定的関心を注ごうとしながら、心をこめて聞く人がいることで、語る本人の心が活性化し、眠っていたこころの力が発揮され、自然治癒力とでもいうべき力が動き出し、自らの心がおさまっていくのである。

　黒川は、高齢者の心を支えるための援助技術に関連して、重要と思われる 5 項目を提案している [13]。それぞれに必要な解説が記されているので、その要点のみ示す（表 1-2-2）。

表 1-2-2　高齢者の心を支えるための援助技術に関連して重要と思われる 5 項目（黒川 , 2008, pp.57-65）

Ⅰ　時間をかけてねばり強く信頼関係をつくる

　高齢者の話を心をこめてよく聴くことである。身体全体を耳にして集中し、高齢者が示す表情の微妙な動きを目で確かめ、高齢者の話をよく聴くよう努めたい。

Ⅱ　これまでに培ってきた歴史、生活、文化を尊重する

　高齢者の歩んできた人生の歴史、生活、文化的背景に関心を持ち、理解することが重要な鍵となる。本人の語りたくないことを無理やりこちらの興味本位で、根ほり葉ほり尋ねることを決してしてはならない。

Ⅲ　これまで築いてきた人々との関係を尊重する

　高齢者がこれまで築いてきた人々との関係や関係のあり方を十分尊重しなければならない。高齢者の対人関係のパターンを理解することも大切な鍵となる。

Ⅳ　柔軟で臨機応変な姿勢をもつ、包み込む「場」の重要性

　座る距離、角度を考慮したり、部屋の温度や光に配慮することも重要なポイントである。季節の花を飾る、音楽をかけるなどの工夫をこらすとよい。

Ⅴ　切り取る「言語」「知識」の重要性

　一人ひとりの言葉の内包する意味をより正確に理解するためには、高齢者の生活の歴史、その人となりを理解しておかなければならない。知的能力や記憶力に障害があって十分に言葉によって意思を伝えることができない高齢者と接する際、ことさらわきまえる必要がある。

　レミニッセンス・セラピーという営みは、その人の個性として自然に高齢者を承認したり丁寧に人の生き方に向き合うことに繋がっている。仮に他者はおろか自分に対してまでも蔑ろにしてきてしまった人にとっては本来の思いや軌跡を掘り起こし、もう一度大切にし直すという営みにもなる。臨床の知とは、臨床家がクライエントに向き合うなかで、その人が抱えている苦悩をどのように感じとれるかに尽きる。心理アセスメントはその助けとなる。しかし一人ひとりの背景には一般化できないような多様な事情があり、高齢になればなるほど、その事情は複雑さを増すことになるのかもしれない。支援に一定の方向を見出すことは困難であるが、「尊厳」をも

ちながら、その人の真実の事情の理解に近づこうとすることが支援
者の役割でもある。

第3節　エイジズム

1. エイジズムと高齢者への態度

　高齢社会に生きる高齢者を一律にとらえ、そこから生じる年齢による差別のことを「エイジズム」と呼ぶ。山口県徳山市に生まれ5歳まで日本に滞在したパルモア (Palmore) は、肯定的エイジズムを含む多くの異なった形態のエイジズムを包括的に考察し、それを減らす様々な方法を論じている[1]。パルモアは、エイジズムとはある年齢集団に対する否定的ないし肯定的偏見もしくは差別と規定している。「エイジズム」という言葉が初めて使われたのは1969年のことで、国立老化研究所 (NIA) の初代所長、バトラー (Butler) によるという[2]。1987年にバトラーは、エイジズムを「高齢者が高齢者であるために彼らに対して抱く体系的なステレオタイプと差別の過程」と規定している。

　高齢期になり直面する最も重要な社会的圧力の一つがエイジズムであり、年齢にもとづいて個人やその集団を傷つけるような信念、態度、社会的制度や行為のことも含む。エイジズムには肯定的と否定的の両極があるとされるが、高齢者は「魅力的」「優しい」とする一方で「耄碌」「気むずかしい」などとみなされるという[3]。

　否定的エイジズムは、社会の人々に影響を与え、高齢者をないがしろにする行動を生じさせやすい。「交通事故を起こしやすい高齢者」などのステレオタイプは限られたメディアの流す映像によってもつくられかねないと感じる。そればかりではなく統計で処理された折り目正しい年齢差の知見でさえ、一人一人の個人差や人生までもを相殺しステレオタイプ化に至ることさえあるかもしれない。統計情報の伝わりやすさという合理性の下で多様性が無視され、紋切り型の知見を提供してしまうという犠牲が生じることもある。情報

を受け取るほうも十分に注意を払う必要がある。

　否定的エイジズムのように高齢者の価値を減じることは、彼らを尊重しなくてもよい理由にすり替わってしまい、人に尊厳を持って接する行為をしない理由となっていたとしたら問題である。人を大切に扱うということは、ある面で社会にゆとりが必要なことでもある。エイジズムが極端なところまでいくと人権が侵害されたり人を傷つけるような言動になったり、ハラスメントの原因にもなりやすいため、留意が不可欠である。エイジズムが原因の迷惑行為が意識化されづらくなってしまうことも起こりかねない。

2．なぜエイジズムは生じるのか

　しかしながら、エイジズムは個人が注意していても人間にとって心理学的に生命の存続に有利に働く心の合理性から生じていることもあり、変容が困難な場合さえある。唐沢[4]はエイジズムに関連が深い「社会的アイデンティティ理論」「恐怖管理理論」「病気回避メカニズム」を取り上げ、エイジズムの存在を解説している。

　社会的アイデンティティ理論[5]では内集団と外集団を区別し、外集団を低く評価して相対的に自分を含めた集団を高く評価することとなる。これをエイジズムにあてはめるなら、若者が高齢者から心的な距離をとり、外集団である高齢者集団を低く評価することで、みずからの肯定的なアイデンティティを維持することがありうる。古谷野ら[6]は、老人イメージは青年期に最も否定的になり、その後加齢変化により肯定的に変化することを示している。高齢者は大学生よりも「老い」を肯定的に捉えていると報告する研究[7]もある。そこで前述の、内集団と外集団を区別するような傾向も説明している。自己肯定感を高めようとする心理的営みの中でエイジズムが生じていることもあるのかもしれない。

一方、高齢者が高齢者集団と自分自身を切り離し、他の高齢者を外集団メンバーであるとみなすことがある。このみなし方は高齢者にとって肯定的な自己認知を維持するという利点につながる。しかし、その一方で、高齢者自身が「自分以外の高齢者」という社会的カテゴリーを外集団化して否定的に評価することにより、結果的に同世代内でエイジズムが生まれる可能性が生じることがある。

　恐怖（存在脅威）管理理論[8]によると、死が避けられないという認識は私たちにとっても脅威であり、「人間が死すべき運命にある」ことを意識する状況下で死の脅威から自己を守るために、みずからが社会の中で価値あるメンバーであるという感覚を維持しようとする。この理論に基づけば、高齢者と死の間には連合関係があるため、若者にとって高齢者との接触は、自分もいずれは死ぬ存在であるという現実を思い出させるものとしての脅威となる。そのような脅威に対処するため、自己を高齢者から遠ざけ脅威を管理しようとすることがエイジズムにつながるという考え方もあるのである。

　病気回避メカニズムによると、病気感染の可能性を回避する行動をとることができる個体は生き残る可能性が高いため、感染症の病気に罹っているかもしれない他者との接触を避ける行動傾向を、私たちは進化の過程で獲得してきたという。加齢は一般に身体的な衰えにつながり病気と認知的に連合しやすく、結果として高齢者への嫌悪や回避が生じることもある[9]。

3. エイジズムによって支援者に生じる可能性のある問題と対策

　ではこのようなエイジズムによって、心理支援者にはどのような問題が生じる可能性があるだろうか。エイジズムによって生じる問題は、高齢者に及ぼす社会的な影響を中心に論じられていることが多い。ここでは主に、レミニッセンス・セラピーを実施するセラピ

ストの行動やその結果として高齢者に及ぼす影響を中心に考え、対策を示しておきたい。

　エイジズムは、レヴィ (Levy)[10] の指摘によれば無意識に形成されるという。私たちの意識を超えたかたちでエイジズムが機能するのだとすると、セラピストが自分でそれに気づくことはまず困難である。セラピストが高齢者の加齢の姿を歪め、ありのままの加齢を受容できないとなると、社会受容 [11] という側面にも影響が生じる。他方、高齢者自身がエイジズムを抱えることがある。そのことは、高齢者自身が自分の加齢の変化を受容することの妨げとなる。そうなると、高齢者自身の加齢に向き合う自己受容を妨げる。結果として、高齢者自身の加齢のステレオタイプに影響を与えることになる。

　セラピストが高齢者の語り手のありのままの話を虚心坦懐に受け止めるのではなく、極端に歪曲した美談にしてしまったり、加齢を否定するような聞き方になってしまう可能性もある。このことから、セラピストはエイジズムが支援者に与える影響を理解し、自らが抱いているエイジズムに気づきできる限り客観視する必要があろう。

　原田 [12] はエイジズムが及ぼす影響についてふれている。その中で近年の動向のひとつとして、カリイら (Cary *et al.*) の研究 [13] をとりあげている。高齢者に対する「敵対的エイジズム (hostile ageism)」に対して、過剰に保護的な態度をとる「慈善的エイジズム (benevolent ageism)」という概念を提示している。この概念は、「助けを求めていなくても、高齢者は常に助けられるべきだ」「話しかけられたことを理解するのに時間がかかることがあるので、高齢者にはゆっくり話すのが良い」といったワーディングで表現されるように「温かいが無能である」高齢者という認知に焦点が当てられている。これらはエイジズムによって示されたセラピスト側の極端な行動に対する懸念を示している。

　病気回避メカニズムによってエイジズムが生じているのであれ

ば、高齢者に接する際に不安、嫌悪、回避を抱える人が少なくないということは先に述べた。そのために支援を回避する行動が生じるかもしれない。エイジズムによる結果かどうかはわからないが、心理的負担感や否定的感情が生じた時にそれが身体的疲労による原因ではない場合、何がその感情を引き起こしているのかをセラピストは自己省察しておく必要がある。

　他方で、エイジズムの態度は支援者自身の健康にも影響を及ぼす可能性があるということも指摘されている。例えば、否定的なエイジズムをセラピストが抱いていたとすれば、自分自身が高齢になったときに今度は自らの「老い」を否定的に考える状況に陥ってしまうという指摘である。エイジングに対する態度の分野で最も興味深い進展を遂げている研究の中に、レヴィ (Levy) の研究[14]がある。レヴィは加齢のステレオタイプを研究し、そのステレオタイプは人々の人生を通じて獲得されるが、無意識に作用するものだという。人びとが老年期になると、これらのステレオタイプはより明らかとなり、ステレオタイプへの何らかのさらされによって否応なく認識させられてしまう。そして、それが心理的、行動的、生理的影響をもたらすことになる。ライフコースを通じて、年齢関連のステレオタイプは、獲得され続けるが問題視もされない。より強固になり、人が年をとる時に人生を理解したり生きることの指針にすり代わることもある。レヴィは、繰り返しになるが、こうしたステレオタイプは全般的に無意識で多くの高齢者が気づかないような認知的枠組みの基礎をなすという[15]。

　獲得されたエイジングに関するステレオタイプは、大きな影響を及ぼす。縦断研究で示されていることは、エイジングに対する肯定的態度と否定的態度の両者が人生の初期に獲得され、それらは高齢になるにつれてよりよい、あるいはより悪い健康への影響を及ぼすことになる[16]。高齢者は生理学的にはストレス反応を示すような

否定的なステレオタイプにさらされることとなる。そして、その反応は生涯を通じて高齢者への否定的なステレオタイプを抱くような場合、高齢者に否定的に及ぼす健康への影響があることについてが説明されている[17]。ネルソン (Nelson) は、エイジズムについて「将来の自己についての恐れに対する偏見」[18] と同様「高齢の自分に対する偏見」[19] というエイジズムに言及している。

　ここでは、エイジズムの存在がレミニッセンス・セラピーのセラピストに及ぼす影響について示した。病気や死への恐れは、多くの災難を乗り越えた人生の語りによって連想されることがある。また、そうでなくても現代社会は感染症や自然災害などが生じ、病気や死というものを身近に感じる人は多いように思われる。

　エイジズムとは病や死へのとらわれの現象であるとも推察される。まずセラピストは自分自身を客観視したり、エイジズムに関する知見をもつ人からのスーパービジョンによって、エイジズムによる行動を指摘してもらうことが大切である。終焉の不安にとらわれず平穏に日常を生きていけるよう、よりよい気分転換や切り替えを支援してもらうことによっても恐れや不安を調整することができる。病気や死の懸念についてとらわれず、そのときそのときを大切に過ごすなど、支援者としての普段からの心の構えについての学習は不可欠となるだろう。

第4節　高齢者のジェンダーへの配慮

　共感的に話を聴く態度が大切であるということは言うまでもない。共感は、ロジャーズ (Rogers) が強調したように心理療法の基本的態度である。成田[1] は共感についてロジャーズの文献を引用して解説している。「それ（共感）は他者の私的な知的世界に潜入し、そこですっかりくつろぐことである。それはその人の中に流れ変容し続けている、その人に感じられている意味、恐れとか憤りとかもろさとか混乱とか、その人が経験しているあらゆるものに刻々と敏感であり続けることである。その人の生の中に一時的に住まい、その中を何の批評もせずにこまやかに動き回り、その人がほとんどといってもよいほどの意識していない意味を感じとることである」というものである。成田は「他者の知的世界に潜入する」とはどのようにして可能なのだろうかという問いとともに、すぐれた実践家や理論家に精神分析的な視点での共感などを解説している。

　共感というのは、その人の体験への深い理解から立ち現れてくるものでもある。背景的な歴史の深い理解と、それを手がかりにした高齢クライエントの人生への理解によってはじめて共感することができるのではないかと考えられる。例えば、その人はいつ頃どこで生まれたどのような性別の人かという基本的な個人情報が、その人への理解の足がかりとなり、関係性を打ち崩さない繊細な問いかけから少しずつ対話が始まるということにもなろう。最初の初診面接などで得られる背景的な情報はあくまで一般論であり仮説でもあるため、実際に話を聞いた時に、全く想定していたものとは異なる姿が立ち現れてくることもある。また、そうした背景的な情報はある種のステレオタイプとなることもあるため、個人差に留意しながら聞くことにもなる。なかには国外で暮らしたり、多文化のなかで生きていたり、時代や社会による影響を受けないで生きてきた人もい

る。社会の影響を受けながらも一人一人は異なる価値観を持つこと
もある。そうした一連の聞き手の仮説と傾聴した時の真実との差と
いうものが理解の手がかりとなることもある。

　これらのことの総合的な聞き方が共感につながっていくのではな
いかと考える。高齢者の背景にある標準的なものの考え方が一つの
手がかりとなる理解の仕方である。APA による高齢者の心理支援
者のための Guideline5（表 1-1-1, p.15）には、「エイジングの過程の
多様性を理解し、性、人種、民族、社会経済的立場、性的指向性、
障害の状況、居住地（例えば、都市部か農村部かなど）といった社
会文化的要因がの高齢者の健康や心理的問題にどのようなかたちで
影響を及ぼすかについて理解するよう努めなければならない」とあ
る[2]。米国は日本よりも民族の多様性があることから、こうした心
の理解はとりわけ重要視される。日本でも、米国ほどではなくても
多様性を常に理解しつつ、いくつかの観点を持っておくことは大切
であろう。第4節では高齢クライエントのジェンダーに関わる観点
を示した。以下では高齢クライエントの人口統計学的理論による全
体像やジェンダーによる価値観の違いや女性のレミニッセンスの特
徴や心理的方向性について示す。

1. 高齢者の全体像

　高齢者（65 歳以上とする）の全体像の基本的な理解としては、
人口学的な観点から男性よりも女性の人数の占める割合が多いとい
うことである。さらには女性の長寿化が特徴でもある。平均寿命か
らみると男性よりも女性の方が長寿ということとなっている。百寿
者の増加も近年目立っている。百歳以上の現在の高齢者数の推移を
みておこう（表 1-4-1）。令和2年には男性が 9475 名であるのに比
べて女性は 70975 名となっている[3]。長寿の人の割合が女性の方が

多いことが分かる。

表 1-4-1　100 歳以上の高齢者数の推移[4]　　　　　　（単位：人）

	総数	男	女
昭和 38 年（'63）	153	20	133
50（'75）	548	102	446
60（'85）	1740	359	1381
平成 7（'95）	6378	1255	5123
17（'05）	25554	3779	21775
27（'15）	61568	7840	53728
令和元（'19）	71274	8464	62810
2（'20）	80450	9475	70975

注 1）各年 9 月現在の人数（海外在留邦人を除く）
　　2）住民基本台帳による都道府県等からの報告数である。

　高齢者を支える家族構成など世帯の様子は、どのようになっているだろうか。日本の世帯総数は、令和元年には 5179 万世帯となっている。65 歳以上の高齢者と暮らす世帯は 2558 万 4 千世帯で、全世帯の 49.4 ％となっている。その中で単独世帯（一人暮らし世帯）は約 737 万世帯、夫婦のみ世帯は約 827 万世帯であり、いずれも子どもと同居しない世帯が増加傾向にある[5]。令和元年には、男性の単独世帯が約 257 万世帯であるのに比べ女性は約 479 万世帯となっており、一人暮らしの者は男女ともに増加傾向にあるが、とりわけ一人暮らしの女性の割合が高い[6]。

　図 1-4-1 に、介護を頼みたい人の割合を示した[7]。55 歳以上の人に介護を頼みたい人について聞いたところ、「配偶者」とした人は男性が 56.9 ％、女性の場合は 19.3 ％となっている。それに対して「ヘルパーなど介護サービスの人」とした人は女性は 39.5 ％と高く、男性の場合は、22.2 ％となっている。「子ども」とした人は、女性は31.7 ％、男性は 12.2 ％となっている。男性は主に妻に介護を頼みた

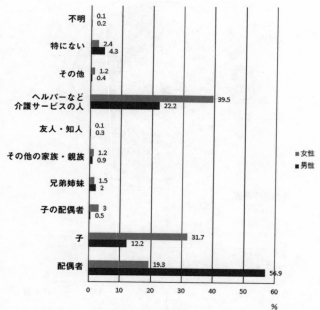

図 1-4-1　介護を頼みたい人の割合（内閣府 ,2021）
資料：内閣府「高齢者の健康に関する調査」（平成 29 年）
（注）調査対象は、全国の 55 歳以上の男女

いと思っており、女性は介護サービスあるいは子どもに任せたいと
考えている。
　図 1-4-2 に、介護を担っている人の主な続柄の割合を示した[8]。
23.8％は配偶者であり、20.7％は子ども、7.5％は子の配偶者である。
その内訳は、男性 35.0％、女性 65.0％となっており、配偶者の介護
を担っている人の大半が女性である。特に女性では、80 歳以上の
人が 12.6％、70 〜 79 歳が 29.4％、60 〜 69 歳が 31.8％、50 〜 59
歳が 20.1％となっている。配偶者を介護している人のうち、60 歳

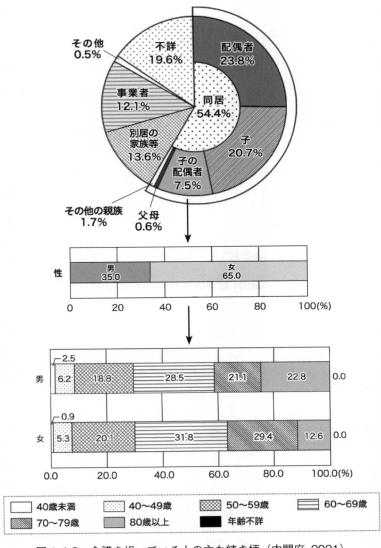

図 1-4-2　介護を担っている人の主な続き柄（内閣府 ,2021）

以上の女性の割合でみると合わせて 73.8％が配偶者を介護している
こととなる。

　女性の高齢者が全般的に多く、夫の介護をしていたり、夫に先立
たれていたり、「お一人様」であるという傾向が高いことが分かる。
こうした全般的な傾向をふまえると、レミニッセンス・セラピーで
出会う対象者の傾向がある程度想定できる。対象となる人がどのよ
うな世帯構成になっているか、家族構成について初回面接で聴くこ
とが大切である。家族内の関係性や、今現在抱えているその人の事
情がわかると、どのようなことが生活の中で不安になりやすいか、
問題を抱えやすいかを予想することができるものである。こうした
ことを理解しておくことは、セラピストの想定として大切である。

2. ジェンダーによる世代の価値観の違い

　女性と男性の生活体験は異なっている。それは、時代がさかのぼ
るほど顕著になっている。「戦中・戦後世代」においては、男女の
役割が明白であった。食料事情が悪い中での家事の担い手は主に女
性であり、母親として子どもを守る役割でもあった。女性は、職業
人としてよりも家庭人として生きるべく教育されている。

　戦後には婦人運動があり 1960 年代まで続いていた。しかしな
がら、女性解放の風潮というよりも生活を少しでも楽にしてもら
いたいという家庭人としての訴えが中心であった。ウーマンリブ
(Women's Liberation movement) と呼ばれる女性解放運動は 1960 年代
後半から 70 年代前半にかけて欧米を中心に展開しており、日本に
も広がっていた。それまでは、学校教育でも男女で異なる内容が教
育されていた。また女性の社会的な活躍も制限されていたため、社
会生活の中で男女の役割の格差が目立っていた時代であった。1962
年には「女子学生亡国論」というものが言われはじめた[9]。男性は

職がなければ人生の落伍者になるほかないにも関わらず、女性が大量に入学されては、学者と社会人の養成を目的とする大学の機能にひびが入る。結婚のための教養を目的にする女に、学科試験の成績が良いというだけで大量に入学されては大学教育が社会に還元されない結果となって、国家のためにもなげかわしいという内容である。ところが、大学の退廃現象としての大学紛争の歴史をみても、大学に女性が多くなったという原因よりも、他の要因で学生の憤懣による反発がこの頃にはあったわけである。

「団塊の世代」においても、家事を毎日担ってきた女性の生活体験と男性の職業生活はかなり異なっている。家事を夫婦で共有するという意識が希薄であったし、主に女性が家事を担っていた。昭和の時代の家事の経験は、丁寧な作業で職業生活や学習を中心に生活する家族の心身の健康や生活のしやすさを隅々から支え、経済を縁の下で支えることができれば幸運だと考える人もいた。

長い歴史上で、家事の評価の低さは著しかった。生活の中のあたり前とされ、社会からあまり大きく着目されず、評価されることも少なかった。「戦中・戦後世代」や「団塊の世代」では、社会の競争にさらされる精神的な困難もなく力仕事でもなく、女ができるたやすい仕事が家事だとされてきたのである。家事に関する負担には真剣に取り合ってももらえないこともあった。感謝されない仕事が家事であるという流れが、都市で働く人々にはあった。こうしたことは、ラジオ、テレビ、雑誌などのマスメディアの発展に伴い社会化されるようになってきた。「戦中・戦後世代」や「団塊の世代」では、高齢女性と高齢男性の語る話は全く異なっているかもしれない。

西尾 [10] は「これまで女性が担ってきた家事や子育てなどの仕事の多くは、社会的業績や金銭のように形になって残らない性質をもつ。滋養のある食事を作ることや空間を整えることは日常に溶け

込んで目立たぬものであるが、自他の生活を健康に維持するために欠かせないものである。また、そのような暮らしの事物は、家庭の中で受け継がれていく性質を持つ」と述べる。氏原[11]は、老いのさまざまな局面について、男の目と女の立場から書き分けた「老年期のこころ」のまえがきのなかで、家事についてふれている。それによると、氏原先生の同僚で奥さんに先立たれた男の先生が、自分の生き方が男性のそれに過ぎなかったと言っていたという。それを一言で表すなら、「連続性、または明日につながる生き方」と表現している。その先生が初めて家事をやってみた時の所感を述べ、「家事をやってみて、それがその時その場限りのものであることに気づきました」という。

　男性の加齢は女性の加齢とは異なる体験であり、女性とは異なる考え方を持っている[12]。男性は若い頃からの社会規範により女性よりも強くあり自己管理することを美徳としてきた。高齢になってもその価値観が継続しているならば、そうあり続けたいという気持ちが、女性よりも強くあるかもしれない。しかしながら、高齢となり、自己管理の力を越えた困難に直面することがある。例えば、定年退職、加齢による衰弱、近親者との死別である。自己管理が困難となる想定外のことに直面することになる。自己管理に最良のことという価値を置いてきた人ならば、他の人に支援を求めることに困難さを抱えることがあるかもしれない。どうにもならないような精神的な問題に対して、他者に支援を求めてはならないという考えが根底にあるのかもしれないという指摘もある[13]。年齢に関わらず、男性は女性よりも心理療法に対して強いスティグマを持っているという指摘もある[14]。

　高齢女性は、心理的な問題を抱えても様々な面でレジリエンスが高く回復が早いことが指摘されている[15]。それは、女性が男性よりも心理療法に対する心理的障壁を感じなかったり、自分の弱さを

引き受けやすい社会的環境があるからかもしれない。他方で高齢女性の方が他者に焦点を当てる傾向が高く、他者と交流する傾向が高いことからもレミニッセンス・セラピーは行いやすい。しかしながら女性は伝統的な性役割にこだわりやすいことがある。それに対して、伝統に従って社会化された期間が長期にわたる高齢男性は治療に専念できなかったり、情動的な表現に困難を覚えることがあるかもしれない [16]。高齢男性には、男性が心理療法と向かい合うことの困難さを説明し、レミニッセンス・セラピーの効果や意義についての説明、無理のない範囲での問いかけや感情への気づきや聞き手とともに共有することの大切さ、無理のない範囲での自己管理の大切さなどについて、より焦点を当てての説明が必要となろう。

　また、高齢女性のなかには長期にわたる家庭への貢献や高齢による社会における尊厳の低下によって、人に大切にされるという経験に長期間、馴染みが薄くなってしまっている人もいる。自分が話をしても良いのかどうかという迷いをもつ人さえいる。こうした高齢女性へのレミニッセンス・セラピーで大切になるのは、セッション中に自分の話をすることに関する抵抗を減じ、自尊感情や自己肯定感を高めることである。また、高齢期の生活で、自律性が失われ依存性が高まっている人には回復を促す際に自律性が必要となるため、自分自身の考えを明確化して維持する工夫などへの配慮が大切となろう。

　こういったジェンダーの違いについて、支援者はよくふまえておく必要がある。セラピストがジェンダーによる差異を理解していないことで、逆転移が生じやすくなり関係性に困難を抱えやすいということがあるかもしれない。他方でジェンダーステレオタイプ（固定化されたジェンダーイメージ）にとらわれることも、セラピスト－クライエント関係に影響を与えることがある。セラピーを担うセラピストは世代間での価値観の違いをよく理解しておくことに加

え、ジェンダーに関連した自分自身の逆転移を含めた関係性をよく見極めておく必要がある。支援がうまくいきそうにない、聞き手として自信がないと考えられるような時に、なぜそうしたことが生じているかについて冷静に自己省察する必要がある。

3. 女性のレミニッセンスの特徴や心理的方向性

　レミニッセンス・セラピーの研究でジェンダーの差に焦点を当てたものは少ない。高齢女性のそれに関わる特性を客観的に指摘した観点を少し紹介しておく。自伝的記憶に関する研究の中にその特徴に言及したものがある。自伝的記憶の研究で扱われる記憶は、関係が丁寧に構築された上でレミニッセンス・セラピーによって引き出される記憶というより実験条件によって環境が一定化され、特定の質問で特徴づけられたものである。そのため、心理療法という枠組みとは異なる状況で調査されたものであるという条件がある。そうしたことを踏まえた上では、女性は男性とは自伝的記憶において異なる特徴がある。まず、社会性、相互交流性、他者との関係性に言及した内容が多くなるということである[17]。すなわち、家族、生活の中で付き合いのある知人とどういった交流をしたか、どのようなお付き合いだったかという話が多くなるというのである。男性よりも女性の方が関係性に焦点を置いているということが、記憶にも反映されているのかもしれない。

　次に、女性は男性よりも情動を伴った記憶が多くなるということである[18]。単に出来事を思い出すのではなく、そこに伴う喜び、怒り、悲しみといった感情をより多く想起しやすく、また社会的な環境からも女性は弱さを表出しやすいため、その弱さの象徴ともなりやすい感情を想起したり語ることにあまり躊躇がないからかもしれない。

ジェンダーの違いを理解することで、語り方にも違いがあるということを理解し、それに応じた聞き方に切り替えることが大切である。例えば女性のレミニッセンスでは、関係性に言及し自分自身の問題になかなか焦点を当てることができない場合には、これからの生き方を考えていく上で自分自身がどのようにしていきたいか、何を解決することが必要かについて考えることに焦点を当てた質問が必要なことがある。また、そのまま耳を傾けることが必要な人もいる。男性のレミニッセンスで、出来事の説明が多くなるような際、生じた気持ちを再現したり言葉にのせることが難しいことがあるかもしれない。どのような感情であったかを聞いて共有したり、その感情がとても大切な観点になる際には考慮に入れながら聞くことが必要である。

　高齢女性のセラピーを担ったセラピストの観点として、老年期女性の心理的特性を女性のレミニッセンスから見出した事例がある。西尾[19]は、個人回想法を70代後半の女性のMに実施して、語り手の自我同一性のインテグリティが促進される内的プロセスを検討した。インテグリティとは「一貫性と全体性の感覚」[20]を意味する。人生の中で重要な存在であった人々を、「あるべきものとして、また必然的に、かけがえのない存在として受容すること」なども含まれている[21]。

　身体面においては女性としての生殖機能は喪失するものの、子どもや子育ての経験の有無にかかわらず、身体における女性性や性愛は、他者とつながり愛情を感じるこころの次元で生きること、すなわち、インテグリティの中におさまることが老年期の女性性の一つのあり方であるという。老年期において、女性はこれまで担ってきた役割の責務を下ろす。個人的役割や社会的役割から離れる過程で、自分は社会や他者から期待される役割にどのように応えてきたのか、自分が相対してきた人にとってどのような存在であったのか

を、あらためて問い直す。その過程は、女性が自身の人生において関わった重要な他者との関係性を心理的次元において受容し生きることともいえる。老年期女性は、最も豊かに女性という存在を理解できる可能性に開かれているという。女性への幻想として美しさ、優しさ、強さ、豊かさ、受身的、忍耐強さといったものをあげているが、女性自身もこうした幻想を内在化し、またそのように振る舞うことがある。しかし、老年期女性は、自らが（もう）美しくないこと、意地悪なこと、弱く頼りたいこと、貧しく生み出せないこと、押しつけがましいこと、すぐに投げ出したくなることを意識的・無意識的に知っている[22]。女性に向けられた幻想を受けながら、自分自身のあるがままの姿に目をそらさず向き合うこと、すなわち個としての全体性への接近ができるか否かという課題にも向かうことになる。老年期の女性性の新しく豊かな体験に耳を傾け、参加された方とセラピストが希望を持ちながら、インテグリティを強いることなく自然に耳を傾ける営みがレミニッセンス・セラピーには求められることだろう。

第 5 節　高齢者の過ごした時代背景の理解

1. コーホートや生育した地域の時代背景[1]

　レミニッセンス・セラピーを実施する際に、考慮に入れるべき重要な要素の一つとしてあげられるのは、対象者の生きてきたコーホートや時代背景の特徴である。各世代には各個人を形成した特有の社会や歴史的状況があり、生涯を通じて心理的価値観に影響を与えている。例えば、明確な世代間の違いがあると考えられるのは「戦中・戦後世代」と「団塊世代」の違いである。では、どのような違いがあるだろうか。ここでは、1920 年代の終わり頃より後に生まれ 1945 年頃（80 歳以降の人々）を生き抜いた人々を「戦中・戦後世代」とし、1945 年から 50 年生まれ（72 歳から 77 歳）を「団塊世代」として検討しておきたい。

　まず「戦中・戦後世代」のコーホートの高齢者の時代背景である。1945 年 8 月 15 日、日本の国土は「焦土」「廃墟」「焼け野原」と呼ばれた。無数の空襲により大都市は焼き尽くされ、多くの人々が亡くなり茫然自失した。生活のすべてを人々は戦争に捧げ、天皇が神格化され、太平洋戦争の勝利を疑わなかった。言論の自由はなく、人命が犠牲となることについてもそれが自然な感覚であったのかもしれない。この世代の教育では軍国主義が唱えられ、学童疎開や学徒動員を経験した人々も多い。食料事情は貧しく、直接的に被災しないまでも、劣悪な衛生環境と食糧事情のため、多くの人が餓死したり、栄養失調や病で亡くなっていった。戦後は一転して天皇は象徴となり、教育は民主主義となり、それによって精神的な呆然自失感、喪失感をもった人も多い。

　一方の「団塊世代」の時代には、「もはや戦後ではない」という言葉が当時流布していった。それは戦争から目を背けようとする痛

ましいスローガンでもあり、他方では戦争という痛みを乗り越えようとする国民への励ましだったのかもしれない。上向きの高度成長期を駆け抜けた世代である。学校教育は、戦後民主主義教育となった。電化製品ブームにより多くの家事労働が合理化された。ラジオ、テレビ、さまざまな雑誌の出版、映画、アニメ、漫画、文芸作品など、戦前には抑圧されていた多くの子ども・若者文化が創出され、物質的には豊かになっていった。消費活動を享受した時代でもある。経済のみならず日本の社会や文化を支えてきた世代でもある。

　こうした世代の違いだけをみても、多面的な時代の差異がある。例えば、共通に理解できる表象や言葉や大衆文化の違いである。「戦中・戦後世代」では、子ども時代は主に戦争が中心であったかもしれない。遊びは国策に反する行為とされることもあり、子どもから子どもらしさが抑圧されていた時代であった。遊ぶことに関して、何らかの理由をつけなければ罪悪感を持つ人も多かったのではないか。疎開などがあり、家族が離散していた状況下で伝統的な遊びは伝承されづらい状況があったかもしれない。「団塊世代」は学校教育が民主主義教育となり、文化が復興してきた時代である。外国文化の導入により、多くの洋楽や外国ものの絵本や文芸作品、絵物語、雑誌、おもちゃ、ファッションなどが和洋折衷し、豊かな子ども・若者文化を作り上げてきた。こうした時代の違いを考えると、子ども時代の思い出の内容は「戦中・戦後世代」と「団塊世代」では全く異なる雰囲気があるといっても良いだろう。

　次に気になる世代の差異として、都市生活者と農村生活者の格差である。それは高度成長期に交通網が発達し、鉄道の利便性や旅行をすることの負担感がかなり減ってきたことによる。「戦中・戦後世代」の農村生活者と都市生活者は、生活や方言の違いがあったり、価値観にも文化的な違いがはっきりみられる。交通網が発達してきた高度成長期は、働くことに専念するあまり、別の地域の文化など

に視野を広げる余裕がなかった世代でもある。「団塊世代」では、各地に小都市が発達しており、また交通網も発達して気軽に旅行に行くことができる環境に青年時代を送っているため、都市生活者と農村生活者の違いや格差がそこまで大きかったわけではない。

　世代の違いは、家族のあり方にも影響を与えていた。「戦中・戦後世代」には農村の大家族制度的な価値観の残骸を引きずっている人もいる。血縁の絆を大切にし続ける人もいれば、それをしがらみとして嫌悪感をもつ人もいる。核家族化が進行し、一人暮らしが当然であるという価値観の人もいる。神事や祭などについての価値観も世代により、また地域によっても異なっている。本質的な世代継承性のある地域で生育した人、戦後の復興生活に疲れ、文化を継承するまでに精神力が追いつかなかった人々、また合理性を追求する多忙な社会の中で、前世代の価値観を非合理性の象徴として拒否してきた人もいる。こうしたことは、共助の感覚を持ち続けようとする人と、個人主義感覚で生きることにした人との違いを生み出したかもしれない。

　多様性を受け入れる観点にも違いがある。今でこそグローバル化した社会の中で、SDGsの観点から多様性の理解が強調されているが、「戦中・戦後世代」の人々にはそうした多様性へ気持ちを向ける余裕はなかった。男女の格差の大きさ、障害者への合理的配慮のことなどを考える余力を、社会が持ち得なかった時代でもある。生き残ることに必死だった「戦中・戦後世代」は、富国強兵的な明治政府のそれが継続し、SDGsの観点などまだない時代でもある。

　男性の家事や料理についての価値観も、「戦中・戦後世代」と「団塊世代」とは全く異なることになる。結婚観も異なる。見合いがあたりまえだった時代では、男女が一緒に歩くことさえ人目をはばかるようなところがあった。「団塊の世代」は、アメリカ流の影響を受けている。恋愛があたりまえの時代である。

　モノへの執着の感覚も全く異なる。戦前から戦後などに幼少期から青年期を過ごした人は、物の乏しい時代を知っている。また、お互いに辛い時代を過ごしているために、貧困であることの情けなさ、辛さの原点を知っている。

　物があたりまえに手に入る時代を生きている人は、「断捨離」や「片づけ」が一つの生活の流行にもなっている。物を捨て、シンプルな生活をすることがスタイリッシュな生き方だとされている。

　他方で捨ててしまいたいという気持ちには、モノから連想され付随する記憶に否定的な感情が伴うという理由もある。物から連想される辛い体験に対する心理的対処である。否定的な記憶には痛みを伴うこともあるため、そうしたものをすべて切り捨てることは心を安定させようという試みでもある。そのように、モノから連想される多様な感情のあり方とそれをどのように扱うかについては、個別性がある。例えば、辛い記憶でさえそれも貴重なものであり、いとおしいと考えるのか、切り捨てることができずその思い出にしがみついて生きているのか、すべて捨てて、忘れて全く別の人生をやり直したいと考えているかでモノの扱いも異なることがある。

　レミニッセンス・セラピーは個人や小グループを対象とするため、参加者の属しているコーホート文化や価値観、歴史的背景を理解することが、その人のあり方を理解するために重要である。聞き手は、語り手の記憶の共通の引き出しになるような思い出の手がかりを用意することがある。本人のアルバムなどを手がかりに私的なレミニッセンス・セラピーを行うこともあれば、小グループによって共有することもある。そのように手がかりを用意するときの配慮として、その人が生育した地域の情報、歴史的背景の情報は関係づくりのために重要となる。聞き手としてもその人の物語に含まれる地名、地域の文化などは、その人の話を理解するための重要な要素となる。同世代のグループの話題がなんとなく共有されて凝集性が

高まることがある。それは、グループレミニッセンスのセラピスト
の技能とは関係のない要素でもある。同じ文化の担い手の聞き手と
して、理解できる共通の記憶の手がかりというわけである。

2. 高齢者のコーホートの特徴と記憶の手がかり

　コーホートの概念は、人口統計学のほか、医学、生物学、心理学、
社会学、政治学などさまざまの分野で用いられているが、心理学で
は1960年代中頃から70年代にかけて、シャイエやバルテス (Shaie
& Baltes)[2] がコーホート分析の理論的基礎を築いた。コーホートと
いう概念は、1940年代以降に人口統計学などの分野で「一定の時
期に人生における同一の重大な出来事を体験した人々」の意味で用
いられるようになった。コーホートの種類には生まれた時期（例：
丙午生まれ）、あるい社会的変動の経験（例：全共闘世代）、ある一
定の共通体験（例：旧姓高校卒業生）などがある[3]。
　「戦中・戦後世代」と「団塊の世代」では、心を深く揺り動かす
レミニッセンスの素材は異なる。「戦中・戦後世代」は「団塊の世代」
をも経験しているため、上の世代は当然、下の世代のことを知って
いることもあるが、おなじような年齢では経験していないため、共
通の経験とはなり得ない。こうした世代間の違いにも留意しながら、
記憶を引き出すための素材について考えてもらいたい。具体的な記
憶の手がかりについては、「第6章第5節　記憶の手がかりとなる
資料の具体例」（p.332 〜 352）を参照されたい。

第6節　障害のある人とレミニッセンス・セラピー

　後期高齢者には、障害があり介護をすでに受けている人も多い。中途障害となり急な介護で社会的孤立を深めている人も少なくはない。適切な配慮により障害のある人がさまざまな交流に参加できれば、生活の質を格段に高めることができ、障害に伴って生じるストレスや抑うつや不安などの二次的な障害を予防することができるかもしれない。

　2016年4月に、障害者差別解消法が施行された[1]。障害者が社会のなかで、自らのもつ可能性を十分に発揮し、共に生きていくことのできる体制づくりが各方面で少しずつ進められている。福祉の専門家や専門職による限られた視点・限定的な支援から、全ての人が理解できる障害者支援という枠組に移り変わりつつある。

　障害とは身体の側面だけではなく、認知症をはじめとした脳機能に関する障害や知的障害、発達障害、精神障害など心理面での障害なども含め多岐に渡る。生活の中で、どのような困難があるかに関する客観的な理解を行うということが前提である。ただし客観的な理解に限定されてしまうと、機能不全の部分のみに焦点が当たってしまい、実際の生活者としての一人の高齢者像とはかけ離れた理解となってしまうこともある。心理支援では機能不全の部分のみに焦点を当てるのではなく、本人の人間性はもとより、本人をとりまく社会的状況も含めて全体的に理解することが必要である。生活するひとりの人間としての可能性と、障害によってどのような困難があり、どのような支援が必要とされるのかについて考えることが大切である。加えて、客観的な支援者としての観点と当事者としての生活意識とを統合し、それを社会的な場面との関連性において理解する視点が不可欠である。

　第6節では、レミニッセンス・セラピーに参加する場面に限定し、

参加する際に参加者の障害をどのように理解しどのような合理的配慮ができるかについて、そのアセスメントや配慮を示した。

1．障害に関しての事前のアセスメントと調整

　申込書や関連書類に、障害についての客観的な理解と配慮に関する項目を掲載しておくとよいだろう。その時に、どのような配慮を提供できるかについて参加者に説明できるとよいだろう。心理療法やレクリエーションなどの活動に参加できない人でも、できる限り社会参加を実現できる一つの手がかりとしてレミニッセンス・セラピーが果たす役割は大きい。

　障害がある人が参加する際には、障害をサポートする人材の人数や配置によって、レミニッセンス・セラピーを実施する規模が決まる。例えば、サポートできるスタッフがセラピスト以外にいない場合には、個別セラピーで１対１のような形で行うこととなる。事前にセラピストが参加者の障害の理解と合理的配慮の準備ができていることが望ましい。できれば、障害が少し重いと考えられる人にいくつかの配慮を行うような時には、個別でのセラピーあるいは、配慮の数だけスタッフの人数が準備されていることが、実際には配慮が行き届くということになる。

　人数の多いグループでのセラピーを行う際には、本人の障害の状態が参加者に開示され、同じグループの参加者から支援の協力を得ることがあることを、本人や家族に事前に了承を得ておくことが必要になるかもしれない。本人が希望すればプライバシーに配慮した個別セラピーか、開示と障害への合理的配慮を前提としたグループへの参加を選ぶことができ、事前にどのような参加を希望するかを尋ねておくことが望ましい。グループの人数が多い場合には、ボランティアの人数を多めに依頼するなどの手配も必要となろう。

　また、すでに開始したレミニッセンス・セラピーで、事前に申し出がなされていなかった障害についての配慮事項にセッションの場面で突如直面することもある。申し出がされていても、実際の場で別の障害についての配慮の必要性が出てきたりすることもある。そのような時には、わかった時点で心理アセスメントなどを行い、本人に許可を得た上で、セッションがその人にとってよりよくなるように工夫をしたり、日常生活にとって役立つ申し送りをご家族に行うことも必要となろう。高齢者の心身の状況を知るための資料には、以下のようなものがある。

（1）日常生活自立度判定基準

　介護保険制度の要介護認定の一次判定や介護認定審査会における審査判定でこの指標[2]が用いられている。障害高齢者用を表 1-6-1 に、認知症高齢者用を表 1-6-2 に示す。

表 1-6-1　日常生活自立度判定基準（障害高齢者用）

生活自立	ランク J	何らかの障害等を有するが、日常生活はほぼ自立しており独力で外出する。
		(1)公共機関等を利用して外出する。(2)隣近所へなら外出する。
準寝たきり	ランク A	屋内での生活はおおむね自立しているが、介助なしには外出しない。
		(1)介助により外出し、日中はほどんどベットから離れて生活する。
		(2)外出の頻度が少なく、日中も寝たり起きたりの生活をしている。

寝たきり	ランク B	屋内での生活は何らかの介助を要し、日中もベット上での生活が主体であるが座位を保つ
		(1)車いすに移乗し、食事、排泄はベットから離れて行う。
		(2)介助により車いすに移乗する。
	ランク C	一日中ベット上で過ごし、排泄、食事、着替において介助を要する。
		(1)自力で寝返りをうつ
		(2)自力では寝返りもうたない。

表 1-6-2　日常生活自立度判定基準（認知症高齢者用）

ランク 1	何らかの認知症を有するが、日常生活は家庭内および社会的にほぼ自立している
ランク 2	日常生活に支障をきたすような症状・行動や意志疎通の困難さが多少みられても、誰かが注意していれば自立できる
ランク 2a	家庭外で上記2の状態がみられる
ランク 2b	家庭内でも上記2の状態がみられる
ランク 3	日常生活に支障をきたすような症状・行動や意思疎通の困難さがときどきみられ、介護を必要とする。
ランク 3a	日中を中心として上記3の状態がみられる
ランク 3b	夜間を中心として上記3の状態がみられる
ランク 4	日常生活に支障をきたすような症状・行動や意志疎通の困難さが頻繁にみられ、常に介護を必要とする。
ランク M	著しい精神症状や問題行動あるいは重篤な身体疾患がみられ、専門医療を必要とする

　障害高齢者用では、「寝たきり」から「生活が自立している」までを評価している。生活が自立していると、ランクJとなり、寝たきりの状態に近づくにつれて、ランクA, B, Cの3段階で評価する（Aが比較的自立度が高い）。認知症高齢者用では、家庭内や社会生活でほぼ自立している場合はランク1となり、困難さがみられる度合いによってランク2〜4となる。

（2）介護保険被保険者証（以下介護保険証と表記する）

　65歳以上の第1号被保険者全員に交付される。65歳未満の第□号被保険者の場合でも、特定16疾病により要支援・要介護認定を受けた場合は、介護保険証が交付されている。生活する上で介護サポートが必要と感じた人やその家族は、市区町村の窓口で要介護認定の申請をしている。軽度な「要支援1・2」と、支援がより多く必要となる「要介護1〜5」に分かれている。

（3）医学的診断基準に基づいた診断書や意見書

　高齢者は何らかの病気や障害を有していることが多い。診断名が書かれている診断書やレミニッセンス・セラピーに参加するに際しての意見書（例えば、服薬しているお薬の影響で眠気が出てしまうことがある、など）をもらっておくとよいだろう。申し込み時に提出してもらうことで、セッション内でどのように配慮することができるか、事前に準備をすることができる。

（4）身体障害者手帳

　身体障害は、症状によって大きく5種類に分類されている。「視覚障害」、「聴覚または平衡機能の障害」、「音声機能・言語機能またはそしゃく機能の障害」、「肢体不自由」、「内部障害（心臓機能障害や腎臓機能障害など）」である。1級から7級までの等級があり、

1級が最も重く、7級に近づくほど軽度となっている。6級から1
級まで手帳が交付される。

（5）精神障害者保健福祉手帳

　精神障害者の自立と社会参加の促進のため、手帳取得によって多
様な支援を受けることができる。初診日から6ヶ月以上経過してい
ることが必要となる。等級は3級から1級まであり、1級が最も重
く、3級が最も軽度である。

（6）それ以外の専門職の所見

　臨床心理士、公認心理師、介護支援専門員、障害に対応した専門
職などの方で、レミニッセンス・セラピーに参加する上での障害に
応じた配慮事項などを書いてもらえるとよいだろう。当事者の方か
ら意見をもらうことも不可欠である。関連する障害別にその分野に
詳しいと考えられる専門職に所見をもらうことも大切となろう。

（7）障害に関するアセスメント

　申し込み時に、障害の有無や重症度は、医学的診断書や障害者手
帳で確認することができる。また、これまで受けたことがある心理
アセスメントの結果があれば、提出を依頼する。
　例えば「言語障害」には、高次脳機能障害や認知症などの脳機
能の障害が関わることがある。言語障害の全体像をつかむための
STAD (Screening Test for Aphasia and Dysarthria)[3] や高次脳機能障
害の概要を把握するための認知関連行動アセスメント CBA[4] や
レーヴン色彩マトリックス検査 (RCPM：Raven's Colored Progressive
Materices)[5] を行って把握することができる。言語障害の原因とし
て認知症が疑われる場合には、改訂長谷川式簡易知能評価スケール
(HDS-R)[6] や精神状態短時間検査改訂日本版 (MMSE-J)[7] などの認

知症のスクリーニング検査を実施する。

「発達障害」や「精神障害」に関わる場合には、関連のアセスメントを行う。詳細は「第2章第5節　認知機能のアセスメント」（p.120 〜 125）を参照されたい。

（8）服薬の情報

服薬をしている人が高齢者には多い。心身の機能低下は、精神症状や脳機能の衰えが影響していることもあれば、内服薬の影響によって生じることもある。服薬の説明書やお薬手帳などが参考になることがある。漢方薬やサプリメントを使用している場合も教えてもらっておくとよい。

（9）家族からの情報

参加者がセラピーで語ることの背景を理解するために、現在どのような心理的状態にあるのかについて把握することも大切である。家族があれば、家族から日常生活に関わる内容を伺うことができるかもしれない。家族や本人の許可を得てから、担当のケアマネージャーの方から現在受けている介護サービスの際の情報を提供してもらうことも大切である。そうした場合は当然、守秘情報に対する厳密な管理も必要となる。

2．視覚障害のある人への配慮

（1）視覚障害[8]

65才以上の人で矯正視力が0.5未満の人は、約10万人とされている[9]。WHO(2001)の定義では視覚障害は、視覚器の健康状態の変化に伴う①視力、視野、光覚、色覚、眼球運動、調節、両眼視など視機能の障害、②歩行と移動、学習、コミュニケーション、セル

フケアなどの活動の制限、③社会生活における参加の制約、のある状態の総称であり、これらの状態は背景因子である環境因子と個人因子との関連で変化しうる。

　視覚障害には、視力障害、光覚障害、色覚障害、視野狭窄、屈折異常などがある。全盲の場合と弱視の場合とがある。身体障害者手帳を取得している人も多く、障害の程度に応じて1級から6級まで区分されている。軽度、中度、重度視覚障害者と呼ばれることもある。

　視覚表象の有無による観点として、先天性や後天性という分類がある。3～5歳以前に失明した場合には、視覚表象が残っていないと考えられているが、視覚表象がない場合には、視覚以外の感覚にもとづいて外界の認知が行われることによって、概念や行動・動作、思考、情緒的反応などが形作られてきたことになる。一方後天性の場合、多くの人は視覚表象を有していると考えられるが、視覚以外で感じた対象物の知覚像を視覚像に変換し、視覚的・空間的な存在として理解することができ、さらに失明以前の経験を総合したり組み合わせたりして、視覚像を作ることができる。

　白内障、緑内障、加齢黄斑変性などによって視覚機能が低下している人が高齢者には多い。中には先天性の障害があり、点字の読み書き、白杖（折りたたみ式、スライド式、直杖がある）による歩行、日常生活道具など見えない日常生活の取り組みに対して十分に馴染みのある人もいる。他方で高齢になって初めて視覚の機能が低下した人もいる。脳梗塞によって半側空無視が生じたり、糖尿病による網膜症になることもある。高齢になってから見えない、見えづらい生活に適応することが求められるというご苦労がある。他にも身体疾患が重複していることもあり、支援は不可欠である。

　レミニッセンス・セラピーでは、高齢者の参加機会を増やし、他者と対話をしたり、自分の経験について語る機会を参加者に提供できる。セラピーの際に、視覚以外の五感を刺激する多様な手がかり

を提示するなどの工夫もできる。開始や終了時の音楽、音楽鑑賞、歌を唄うこと、懐かしい味（干し柿や伝統のお菓子など）を賞味すること、懐かしい道具や物に触れてもらうこと、草花の香りを楽しむことなどである。記憶の再生を促すのに、他の感覚を十分に活性化してもらう機会になるだろう。視覚障害のある高齢者にとっては視覚的に表現された情報が制限される。重篤度にもよるが、以下の内容について配慮することができるかもしれない。

（2）視覚障害のある人のための配慮 [10]

会場や座席位置までの移動

　事前に道順を丁寧に知らせたり、移動時間など十分な時間を確保してもらう。移動の自立度、認知症の有無、障害の状況によって送迎の手配が必要なことがある。移動に慣れている人もいるが、最初の数回は丁寧に案内したほうがよい。案内者は最初に声をかけて右腕を貸し、少し前を歩くようにしたり、速度を合わせたりする。階段や段差のあるところでは、その都度声かけをすることが望ましい。小さな段差であっても転倒につながりやすいので注意する。自動車で来場した際には屋根やドアに手を触れ安全に乗り降りできるように補助する。会場内の椅子は背のあるものが望ましく、背の部分やテーブルに手を触れてもらう。和室の時には座布団の位置や座る向きなどを知らせる。

同伴者の待合場所の指定と介助者の参加

　視覚障害のある高齢者には、ガイドヘルパーやホームヘルパーなどの介助者やご家族と同伴して来場することがある。その際に終了時までの待合場所を用意するとよい。介助者やご家族がグループに参加する際、他の方の話も共有することになるため、プライバシー

に配慮しなくてはならない。事前にグループの際には何人くらいの人が参加しているかという案内や、個人情報について参加者には基本的に守秘してもらうなどのルールの設定が大切となる。

文字媒体の認識

　視覚障害の等級があり、少し見える人から全盲の人までと範囲は広い。配布資料があれば、大きめで明瞭な文字で書かれていることが弱視の人には必要となる。資料は事前に拡大して配布する。代読が必要な人には、ゆっくり、明瞭に読む。また、代筆が必要な時には丁寧に書く。その際には個人情報にも留意する。

　印刷された文字をテキストデータに変換して事前に配布できるとよい。画面読み上げソフトで音声によって認識したりや画面拡大などで弱視の方であれば拡大文字で読むことができるかもしれない。

点字利用者

　表示は配布物を点訳しておくことが大切となる。セラピーの実施者が点字を活用できれば交流が広がる。文字をテキストデータにして点字利用者に配布することで、点訳することがたやすくなる。

質問や声かけ

　スタッフが席をはずすとき、また席についた時に「本日は〇人いらっしゃいますね」とか「テーブルに〇〇が置いてありますね」など、その場の状況をできるだけ詳細に言葉で説明できるとよい。プライバシーに配慮し、声の大きさに留意することが望ましい。写真や映像などを用いるときには、「男の子、メンコをたくさん抱えている」「駄菓子屋の写真、たくさんのお菓子が並んでいる」というように写真や映像の状況をできるだけ丁寧に説明できるとよい。

会場内のレイアウトの案内

　会場内の全体のレイアウトを最初に案内する。洗面所、非常口の経路の連絡なども忘れないようにする。洗面所は、便座やトイレットペーパー、水を流すレバーなどの位置などは一度一緒に行って案内するとよい。

スタッフの挨拶

　視覚に障害のある人は声だけで誰なのかを判断することが難しいことがある。「こんにちは○○さん、本日のグループを担当する○○です」などのように、相手の名前も呼び自分の名前も伝えるとよいだろう。

関連の専門職

　視覚障害を専門とする大学教員、特別支援学校教諭（視覚障害）、弱視特別支援学級教諭、盲学校教諭、視力障害センター、視力障害者福祉センター、盲児施設、点字図書館職員、市役所福祉課担当者、医師（神経内科、精神科、眼科）、社会福祉士、精神保健福祉士

関連団体

　全国盲老人福祉施設連絡協議会、サピエ図書館、社会福祉法人日本視覚障害者団体連合、NPO法人 視覚障害者支援協会ひかりの森、日本盲人社会福祉施設協議会、公益財団法人アイメイト協会、国立障害者リハビリテーションセンター、社会福祉法人 名古屋市総合リハビリテーション事業団

3．聴覚障害のある人のための配慮

（1）高齢者の聴覚障害 [11]

　聴覚障害とは、聴覚経路（耳介、外耳道、中耳、内耳、聴神経、大脳の聴覚領）に病や損傷が生じて、聴覚に異常が生じた状態である。聴覚の異常には、聴覚鈍麻、聴覚過敏、聴野障害、音方向感障害、錯聴、複聴、耳鳴りなどがある。高齢者で問題になるのは、聴覚鈍麻すなわち聴力の低下である。

　65 歳以上で聴覚・言語障害という項目で身体障害者手帳を所持している人は、約 27 万人（平成 28 年度）であり [12]、高齢者人口からの割合でいうと約 0.78 ％である。他方で手帳を所持していないレベルの難聴者はかなり多いと考えられる。

　補聴器などの装具の費用が全額補助されるのは身体障害者手帳の取得が前提となる。表 1-6-3 は身体障害者手帳の交付基準である。表 1-6-4 には WHO の分類を示した。WHO の分類では身体障害者福祉手帳の等級よりもより細かく段階が設定されている。手帳所持者は WHO の障害の重症度でいうと「最重度」か「重度」の極めて深刻な人と同等の基準である。「準重度」「中等度」「軽度」までの聴覚障害では手帳は交付されないが、実際は日常生活での対話にかなりの支障があると考えられる。

　人と交流するという行為そのものは心身の健康や脳機能の活性化にとって不可欠なことであり、こうした面に支障が出てくる「準重度」、「中等度」、「軽度」の聴覚障害であっても当然、配慮や支援がなされることが望ましい。

表 1-6-3　身体障害者福祉法での障害者手帳の交付基準

2 級：両耳が全く聞こえない（両耳の聴力レベル 100dB 以上）

3級：耳元でなければ大声で聞き取れない（両耳の聴力 90dB 以上、100dB 未満）

4級：耳元でなければ普通の話し言葉が聞き取れない（両耳の聴力 80dB 以上、90dB 未満）

6級：40cm 以上離れると普通の話しことばが聞き取れない（両耳の聴力 70dB 以上、80dB 未満）

表 1-6-4　WHO の聴覚障害の重症度の分類

最重度：叫び声でも聞こえにくい、耳元 30cm の近さで大声でなんとか聞き取れるという程度の聞こえ方である。視覚活用の配慮が必要である (91dB 以上)。

重度：普通の会話ではほとんど聞こえず、大声でようやく聞こえる程度で、視覚活用と聴覚活用を同時に活用した配慮が必要である (71 ～ 90dB)。

準重度：補聴器を装着しないと普通の会話はほとんど聞き取ることができず、大勢での話し合いの中での聞き取りは困難である。早期からの補聴器の利用と言語指導を受けていた人はかなり明瞭に発音ができる (56 ～ 70dB)。

中等度：静かなところでの声は聞こえるが、相手が複数になると聞き取りが難しくなる。補聴器が必要な場合と必要のない場合とがある (41 ～ 55dB)。

軽度：ささやき声や小さな話し声が聞き取りにくく、騒音のある状況では聞き取りに困難があるが、普通の会話にはあまり不自由しない (26 ～ 40dB)。

難聴の人は、自分で気づいて家族や自治体や補聴器の機器販売店

に相談することになる。自分で相談するとなると、聞こえが保たれているうちに先々を予測してのことになる。聴覚障害が原因でご家族と関係が途切れ、対話がなくなってしまったという高齢者もかなりいると聞く。独居の人などは、相談できる相手が不在のため相談できずに孤立しているような人もいるかもしれない。中等度以上の難聴者では、対話がかなり制限されることとなる。聴覚障害によってさまざまな困難を抱えることが多い。難聴について自分で相談するには、ある程度の聴力や人との信頼関係が不可欠となる。日常的にこれまで行っていた対話による活動は、日常的な認知機能の保持のため重要な要素となるので、レミニッセンス・セラピーに難聴の人が参加することはその後の生活の質を高めるのに不可欠である。

　難聴の人の中には、ずっと以前から聴覚障害があったという人もいる。手話教育が否定された戦前から戦後の聴覚障害者の教育では、口話が推奨されてきた。手話や指文字が口話と併用して教育に取り入れられるようになってきたのは、1968 年の栃木聾学校の報告による [13]。つまり現在高齢の聴覚障害の人のなかで、手話で会話をすることに慣れている人は非常にわずかであるということも知っておかなくてはならない [14]。

　言語の獲得以前の障害か、それ以降の障害かということがその後の言語獲得に重要な意味をもつという [15]。早期の聴覚障害は、成長過程の言語獲得に大きな支障が生じることがある。3 歳以降の受障であれば、日本語の獲得に対する重篤な障害を免れることはできると考えられている。ところが、それ以降の障害でも障害の程度やコミュニケーションの困難さによって多くの生きづらさを抱えながら生きてきた人が多数いる。聴覚障害の状態には、当然個別性がある。対話についていけない困難さが伴い、あきらめの気持ちから無力感を感じる人も多い。もちろん、困難さを一律にとらえることはできない。高齢者で難聴になった人は手話から取り残され、困難さ

の中で生きている人が多い。ご家族は難聴者の本人に代わって対話の中心となり、本人が考えたり選択したり決定したりすることを代わりに行ってしまうこともあるので配慮が大切である。

（2）聴覚障害のある人への配慮

聴覚能力のアセスメント

　聴覚障害の有無を早期発見し対応を行うには、できるだけ早い時期に聴覚能力評価と補聴器や人工内耳などの装用が必須である。聴覚能力には、聴力（音の聞こえの力）と聴能（語音を聞き分ける力）の観点がある。聴力検査には、純音聴力検査、語音聴力検査などがある。純音聴力検査では、難聴の部位、種類、程度や型などの実態の把握ができる。その値が、社会適応の推定、補聴器の調整、福祉的な支援の目安として用いられる。語音能力検査では、言葉が正しく聞き取れるかを推定する音声の聞き取り能力を測定する語音聴取閾値 (dB) と単音節を用いて語音をどれだけ正確に聞き取れるかを測定する語音明瞭度＝語音弁別能（%）がある。音が単に聞こえるかではなく、日常のコミュニケーションの中で、どのようにことばが聞こえているかを把握することが大切である。

聴覚補償

　医療技術の発展により、重度の難聴者にも補聴器の装用が可能となってきた。補聴器も高性能化し、個人の聞こえの特徴や補聴器を使用する場所の音環境に合わせて特性を変えるなどの技術が開発されてきている。

　これまで、聴覚障害のある人に対して難聴をいかに補助するかという観点が強調されてきた。障害があっても全人的な育成を支援する視点が弱かったとの指摘がある。人が言葉を獲得していく上で必

要なことは、聴覚以外の感覚（視覚や触覚など）の助けを借りて、言葉の存在に気づき、獲得できるような環境を整え、その人なりに脳機能を維持できるようにすることである。補聴器を装用することと平行して、筆談、絵カード、身振りや手話・指文字などの視覚的モードを活用し対話の中でコミュニケーションを補助する工夫ができるかもしれない。コミュニケーションのあり方を工夫し自立的な一人の人間として心身の健康の維持を行い人生の最後まで支援できることが望ましい。

座席位置の配慮

　個別のレミニッセンス・セラピーでは、机に向かって参加者と平行に座り、耳に音声が届きやすい距離で話をするなどの工夫ができるかもしれない。グループの場合には人数を2〜3名とし、リーダーあるいは補助者の近くに座るなどの工夫ができるかもしれない。

話し方

　口の動きを明確に見えるようにし、ゆっくりと話をする。少し低音で話をすることを心がけるとよいだろう。大きな声を発すればよいというわけではなく、口をはっきりと開けての発話や声の明瞭さが大切となる。

配布資料

　その日の質問内容を事前にシナリオ化して、配布資料で配布し、液晶プロジェクターによりその文字を指し示しながら進行するなどの工夫ができる。

字幕を入れる

　写真や映像などを印刷したり、タブレットで配布して閲覧しても

らうような際に文字での補足をいれたり、質問を文字化したりすることができる。

音声認識ソフトを利用した文字による支援

スマートフォンの「メモ帳」などのアプリにも、入力画面のマイクのボタンを押すことによって話をした音声を文字化する機能がある。他にも「こえとら」「UDトーク」「Google音声文字変換」（2022年4月現在）などのアプリケーションがある。

補聴器

補聴器には耳かけ形、耳穴形等がある。利用者の聴覚の状態や利用環境によってどのような機器がよいかを選択し、きめ細かく調整する。マイクロフォンに入力された音を増幅し、機器によって音を中耳へ送る。雑音やハウリングを抑える機能がついている。いずれにしても本人に合う補聴器を選び調整するには、専門家の経験による調整が大切になる。

見た目は補聴器と同じ形体の、「集音器」「音声増幅器」といった新聞の通信販売の広告などでよく見かける機器がある。補聴器という名称が使用できるのは、メーカーが厚生労働省に申請し、そこから正式に医療機器として認定された製品のみである。補聴器は、使用する人に合わせて調整することが前提となっている。

スピーカーや補聴援助システム

音声の明瞭度を高めるための話者側の改善というものも必要である。「卓上型対話支援システムコミューン」なども難聴者の聞こえづらい音の明瞭度を高めるための話者側の調整機器の代表例である。補聴援助システムとは、「マイクロフォンのついた送信機」と「受信機」から構成されるシステムで、話者の声を送信機から受信機に

明瞭な声で送り、話者の声を聞き取りやすくするシステムのことである。

筆談ボード

　何度でも書いたり消したりできるホワイトボードのような筆談ボードがある。単にスケッチブックとサインペンがあるだけでもよい。充電式で電子化されたものもあれば、スマホやタブレットなどのアプリで「筆談パット」がある。「指さしシート」などもある。なかにはこうした補助器具を用いても交流が困難な人もいる。レミニッセンス・セラピーの質問を事前に書いておいてもよい。

指文字や手話教室の開催とお誘い

　指文字や手話が互いに利用できるとよいだろう。相手の手話をしっかり見たり、手話でじっくり話をしたりすることは、伝わる喜びや自分の中にある言葉を探す営みとして大切である。最初は指文字から初め、手話教室を開催したり、映像での学習会を開催してはどうだろう。またはセラピスト自らの自己学習のために、手話の映像などを参加者と一緒に視聴し、ともに学ぶのもよいだろう。

補助者の手配

　聞こえを補助して耳元で明瞭に伝達したり、筆談を用いたり、音声を文字化する機器を操作する「補助者」を手配できるとよい。補助者には、配布資料を配布してもらったり、音声がよく聞こえるように環境調整をしてもらう。守秘義務にも注意を払うことを補助者には伝えておくとよいだろう。

要約筆記

　要約筆記とは、話の内容を要約して紙に書いたりパソコンで打ち

出すなどして、難聴者の情報保障をすることである。難聴者を含む
グループや個別の対話には、対話内容を要約してスクリーン上に示
す要約筆記者がいるとよいだろう。手書きでもよいが、パソコンな
どでのタイピングがある程度できる人を依頼してみてはどうか。身
体障害者手帳所有者の場合は、市町村などで派遣を依頼できること
もある。

手話通訳士

手話通訳は音声情報をリアルタイムに伝えてくれるため、有効性
が高い。利用者が手話についての知識を身につけている必要がある。
身体障害者手帳（聴覚・言語機能又は音声機能）の交付を受けてい
る人は、手話通訳者派遣制度を無料で利用することもできる。

遠隔情報支援

別の場所にいる支援者に通信回線を通じて対話の音声を送信し、
支援者はその音声を聴いて文字におこし、その文字情報を利用者の
スマホや端末で受信する。現在は Zoom などでの支援も行われてい
る。

関連の専門職

聴覚障害学を専門とする大学教員、特別支援学校(聴覚障害)教諭、
難聴学級教諭、言語聴覚士、社会福祉専門職（社会福祉士・精神保
健福祉士・ろうあ者相談員・聴覚障害関連福祉施設の職員）、手話
通訳士、医師（耳鼻咽頭科）

関連団体

日本補聴機器販売店協会、聴覚言語障害者更生施設、日本遠隔コ
ミュニケーション支援協会(NCK)、日本聴覚障害学生高等教育支援

ネットワーク（PEPNET-Japan）、かながわ障害者 IT 支援ネットワーク、公益財団法人テクノエイド協会、社会福祉法人　聴力障害者情報文化センター

4．音声・言語障害のある人のための配慮

（1）高齢者の言語障害

　一般的に人が話をするときは、言いたいことを頭で考え、それを単語や文に置き換え、語を構成する音に置き換えている。この一連の流れを、一瞬のうちに行う。空気中に音声を表出するという行為は、身体の各器官を正常に動かすことができ、口腔で歯や歯茎、舌、口蓋などの器官を正常に動かすことができる能力が必要となる。こうした流れの一部に何らかの支障をきたしている場合を、音声・言語障害と呼ぶ。音声・言語障害には、食べることや飲み込むことの障害である「摂食・嚥下障害」も含まれる。音声・言語障害には、「高次機能障害・認知症」「言語発達障害」「発声・発語障害」の３つの領域がある [16]。

高次脳機能障害・認知症

　脳血管障害の後遺症として言語障害が生じる。失語症全国実態調査報告によれば、失語症の原因疾患のうち全体の 90％が脳血管障害である [17]。また、認知症の原因疾患は、アルツハイマー病、血管性認知症、レビー小体型認知症、前頭側頭葉変性症など様々ではあるが、脳の病変によって記憶障害、行動障害などの多様な症状に伴って失語が生じる。それぞれ脳の障害の部位によって失語の種類が異なる。代表的なものを以下にあげる。ブローカ (Broca) 領野という部位が障害されると主に発話が障害され、人の話はよく理解で

きるが、自分で思ったことを話すことが困難となる。ウェルニッケ
(Wernicke) 領野が障害されると、人の話をあまり理解できなくなる
が、言葉は比較的出てくる。全失語といって、理解することも話を
することも困難になる人もいる。

　人の言語活動には、聞く・話す・読む・書くといった4つの様式
があるが、一般的に失語症はすべての様式が障害される[18]。失語
症の経過と予後は、原因疾患に大きく左右される。失語症の原因の
ほとんどを占める脳血管障害では、一般に発症当初が症状が最も重
く、1～数ヶ月の急性期が続き、その後症状が安定する[19]。言語
機能の障害とともに失行や失認が出ることもある。これまでできて
いたことができなくなるという苦痛は計り知れず、大きな無力感を
生じる。こうしたことを理解しつつ、支援や配慮を行うことが望ま
しい。

言語発達障害

　もともと言語発達障害のある人が、加齢を積み重ねてはじめてレ
ミニッセンス・セラピーに出会うこともある。日常のコミュニケー
ションがあまり好きでなかったという人もいる。またコミュニケー
ションをとらなくても済む職業に就いていた人も中にはいるかもし
れない。知的障害、脳性マヒ、自閉スペクトラム症が原因で交流が
難しい人もいる。グレーゾーンのため、周囲が受け入れる力があり
問題とならなかった人々もいる。これまで支援を受けてきた人もい
れば、支援されなくても、十分な支援環境が周囲に存在していた人
もいる。時間の経過でそうした環境が失われたり、支援者が不在に
なった人もいる。発達障害という言葉そのものも、比較的近年の言
葉である。言語発達障害の人のための支援策は、1980年以降に行
われ始めたものが多いため、コミュニケーションの技術を持たない
まま高齢を迎えた人もいる。

発声・発語障害

　構音障害、吃音、音声障害などが含まれる。高齢者では、脳血管障害発症後の運動性構音障害がある。これは運動性の麻痺を伴う発音の障害で、発音が不明瞭になるという困難がある。なかには発達期からの構音障害がある人もおり、早期に構音訓練を受けていた人もいる。

　吃音とは、「私」というところを「わ、わ、わ」と最初の音を繰り返したり、引き伸ばしたり、つまらせたりするというのが主症状である。高齢者では幼少期の吃音が慢性化している人もいる。なかには吃音が不安や自己肯定感の低さにつながっている人もいる。また学校での指導による失敗経験のある人もいる。対話では吃音を気にせず話をしてもらうとよい。勝手にわかったふりをするのではなく、わかるまで何度もきいた方がよい。

　音声障害とは、声がかすれたりする障害である。声帯に異常があったり全身の病気によって生じることがある。配慮については言語聴覚士に相談することがよい場合もある。

身体障害者手帳

　身体障害者手帳は、言語機能の障害として一定以上の障害がある場合には申請することが可能である。等級には3級と4級があり、表1-6-5のような判断基準が規定されている。

表1-6-5　言語障害に関する身体障害者手帳交付判断基準

> 　3級:「音声機能又は言語機能の喪失」:音声を全く発することができないか、発声しても言語機能を喪失したものをいう。なお、その「喪失」には、先天性のものも含まれる。具体的な例は次のとおりである。

> a 音声機能喪失：無喉頭、喉頭部外傷による喪失、発声筋麻痺
>   による音声機能喪失
> b 言語機能喪失：ろうあ、聴あ、失語症
>
> 4級：「音声機能又は言語機能の著しい障害」：音声又は言語機能
> の障害のため、音声、言語のみを用いて意思を疎通することが困
> 難なものをいう。具体的な例は次のとおりである。
>   a 咽頭の障害又は形態異常によるもの
>   b 構音器官の障害又は形態異常によるもの（唇顎口蓋裂の後遺
>   症によるものを含む）
>   c 中枢性疾患によるもの

（2）言語障害の心理アセスメント

　言語障害のスクリーニング検査として、言語流暢性課題 (Verbal Fluency)[20] や STAD (Screening Test for Ahasia and Dysarthria)[21] があげられる。言語流暢性課題では言語障害の有無やおおまかな言語症状を把握することができる。STAD では「失語症」や「運動障害性構音障害」の有無などの言語障害の概要の把握の他、その他の高次機能障害（注意・集中力、見当識、半側空間無視、構成障害、記憶障害）などを把握し重症度も査定することができる。コミュニケーションの表出や理解のレベルなどをみて、レミニッセンス・セラピーに参加可能かどうかについて検討することができる。この検査の後、SLTA 標準失語症検査 (SLTA) や WAB 失語症検査（日本語版）、トークンテスト（Token Test）、実用コミュニケーション能力検査 (CADL)などで詳細に検査したりすることで、配慮の方法をより詳細に考えることができる。

自閉スペクトラム症が原因疾患となっているような場合には、新版 K 式発達検査、田中ビネー知能検査、日本版ウェクスラー成人知能検査第 4 版 (WAIS-IV)、レーヴン色彩マトリックス検査 (Raven's Colored Progressive Matrices:RCPM) 検査などを備えておくとよい。認知症によって失語症が生じている場合には、改訂長谷川式簡易知能評価スケール (HDS-R) や Mini-Mental State Examination 日本版 (MMSE-J) などのスクリーニング検査、ADAS 日本語版、臨床的認知症尺度 (CDR)、FAST、などの多彩な検査がある。詳細は「第 2 章第 5 節　認知機能のアセスメント」(p.120 ～ 125) を参照されたい。

（3）言語障害のある人への配慮 [22)]

　失語症が何によって生じているか、その原因疾患や重症度によって配慮の方法は異なる。そのため可能な限りののアセスメントを行い、可能なコミュニケーションの手段を選ぶことが望ましい。言語障害はコミュニケーションを行う状況によっても異なる。例えば、緊張した場面では全く話すことができなかった人でも、打ち解けた場面では十分な交流が可能となるかもしれない。どのような原因疾患があるのかを把握し、障害の種類や重症度やリハビリテーションの進行に応じて無理のない柔軟な配慮が選択できるとよいだろう。レミニッセンス・セラピーに参加することで、本人の人生への意欲が高まると同時に生活の質の改善につながり、たとえ障害があったとしても生き生きとした人生を送るきっかけとなるだろう。

聞き手の姿勢

　発話をゆっくりと待ち、すべての内容を丁寧に聞くことが大切である。回答を急がず、話し始めるのを待つという姿勢である。本人が伝えたいことをできるだけ受け取り、その時にはわからない内容

もメモをしておき、後日本人や家族にたずねることができると、より詳細に本人の話しを理解することができる。訓練や学習の場ではないため、言い間違いをしても、さりげなく正すようにし、執拗に指摘したりしないようにする。また、本人が把握できる長さの言葉がけに配慮し、短い言葉で繰り返し伝えることも大切である。

個別から開始し徐々にグループへ

　できれば1対1の静かな環境から簡単な対話を開始し個別のレミニッセンス・セラピーを行う。本人が希望すれば参加人数の少ない小グループのセッションから参加してもらうとよいだろう。

リハビリテーション

　言語障害の支援の代表的なものとして、言語機能訓練があげられる。訓練は日常生活で必要性の高い課題から行うことになっている。言語聴覚士のアドバイスをもらいながら、個別セラピーに参加してもらうことで生活の質を高めることができるかもしれない。

発話以外のコミュニケーション

　手話、ジェスチャーの利用、筆談ボード、音声化アプリなどを用いて対話を補助することができるかもしれない。

筆談ボード

　何度でも書いたり消したりができるホワイトボード、あるいは単なるスケッチブックとサインペンでもよい。充電式の電子機器化されたものもあれば、スマホやタブレットのアプリで「筆談パット」なるものもある。「指さしシート」という指さしでコミュニケーションができるものもある。しかしながら、音の操作が困難となる障害のある人は言葉を50音に変換することができないため、50音表が

全く役に立たないことがある。こうした場合には、漢字や絵の方が役に立つ場合もある。なんらかの補助器具を利用してもらうことで交流が可能となるのであれば、それらの方法を少しずつ試しながら、交流経験を重ねるとよいだろう。文字を書くことができる人には、セッションで投げかける質問を事前に渡しておき、準備してもらってもよいだろう。

VOCA (Voice Output Communication Aid: 音声出力型コミュニケーションエイド)

　言語に障害があって交流が困難な人が使用する支援機器である。50 音の文字キーを押してメッセージを作成し合成音声により発生するタイプ（例　ボイスキャリーペチャラ、トーキングエイド）や、音声をあらかじめ録音しておき再生するタイプ（例　スーパートーカー、スピークイージー）がある。

AAC （Augumentative and Alternative Communication: 拡大代替コミュニケーション）

　絵カードやジェスチャー、手話など、音声言語以外のコミュニケーション手法を例としてあげることができる。VOCA のようなテクノロジーを利用した会話補助装置や PC やスマホなどのアプリケーションなどもある。

関連の専門職

　言語聴覚士、言語障害通級指導教室教諭、社会福祉士、看護師、介護福祉士、理学療法士、作業療法士、医師（脳神経外科、精神科）

関連団体

　NPO 法人あなたの声、NPO 法人日本失語症協議会、NPO 法人

失語症デイ振興会、日本障害者リハビリテーション協会　情報センター、AJU自立の家

5. 肢体不自由の人のための配慮

（1）高齢者の肢体不自由

　肢体不自由とは、病気やけがなどにより、上肢・下肢・体幹の機能の一部、または全部に障害があるために、「立つ」「座る」「歩く」「食事」「着替え」「物の持ち運び」「字を書く」など、日常生活での動作が困難になった状態[23]である。高齢者の肢体不自由者の大半は、中途障害であるといわれている。その原因は、脳出血、脳梗塞、くも膜下出血などの脳血管障害である。身体の左半身の麻痺が生じている場合は、大脳の右半球を損傷していることが原因である。その場合には、失行、失認、半側空間無視などの機能障害が生じていることがある。身体の右半身に麻痺が生じている場合は、大脳の左半球を損傷していることが原因となる。その場合には失語症を生じることもある。加齢による骨粗しょう症や変形性膝関節症などの骨間接疾患などが原因で、日常生活動作や歩行に障害が出てくることがある。リウマチ性の疾患によっても、身体の痛みが原因となり運動や行動が制限されることがある。

　脊椎損傷によって肢体不自由になる場合もある。損傷を受けたところから下側に麻痺が生じる。頸椎損傷では首から下が、胸椎の損傷の場合には胸から下が、腰椎の損傷だと腰から下が麻痺となる。麻痺とは脳からの指令が身体に伝わらないこと、また麻痺した部位の感覚が脳に伝わらないことを意味する。

（2）肢体不自由者への配慮 [24)]

介助者との確認
　介助者にレミニッセンス・セラピーを行っている場所への送迎の依頼をしておく。介護タクシーや自家用車で来場する場合には、駐車場の場所やそこからの経路を確認しておく。電車やバスなどの公共交通機関で移動する際には、バリアのない経路を確認しておく。エレベーターやスロープの位置、入口のドアを確認しておく。会場までの道のりも確認しておく。会場に最も近いバリアフリーのトイレや、介助者のための待合室の用意をしておくとよい。毎回の開始時間と終了時間なども確認しておく。代筆して書類を書いて貰う必要があるときにはその許可をもらうか、家族や介助者に来てもらえるよう伝える。

座席や空間の配慮
　車椅子利用でも出入りしやすい位置や十分な空間を確保できるとよいだろう。車いすのまま参加する場合には、座席が決まったらしっかりとストッパーをかけておく。体温調節が困難な人もいる。室温はちょうどよいかどうか確認をするようにする。高さ調節のできる机があるとよいだろう。

資料を事前に提示する
　レミニッセンス・セラピーの質問内容を事前に送付しておいたり、PDF ファイルなどで提示しておく。当日は書類を開いたりめくったりの負担が少なくなるように、プロジェクターやタブレットで、進行に合わせてスクリーンに提示する。

操作の制約や移動の制約への配慮

　レミニッセンス・セラピーへの参加時には次のような操作上、移動上の制約があるかもしれない。ドアの開閉、紙をめくる、服の着脱、お茶やお菓子を食べる。事前に想定される支援の必要性などを聞いておくとよいだろう。

補助者の配置

　グループの場合には、全体の流れの中で、本人が操作上、移動上の制約がある場合には補助者を配置しておくとよい。すでに何回かのグループを行っている場合で補助が簡易なものであれば、参加者の中で介助のボランティアのお願いをするのもよいだろう。

関連の専門職

　特別支援学校（肢体不自由）教諭、介護福祉士、理学療法士、作業療法士、言語聴覚士、医師（整形外科・脳神経外科）

関連団体

　日本車椅子レクダンス協会、国立障害者リハビリテーションセンター、国立職業リハビリテーションセンター、全国バリアフリー旅行情報、一般社団法人　バリアフリー旅行ネットワーク、AJU 自立の家

第7節　セラピストの心理的課題

　セラピストとして人生の物語の伴走者として存在するということは、その人の辛い人生の話を心をこめて継続的に聞くということでもある。レミニッセンス・セラピーの継続が困難になるような様々な心理的課題が、聞き手には生じる。セラピスト自身で対応が必須となる代表的な心理的な課題として、「逆転移」「共感疲労と二次的トラウマ」の2つを取り上げる。また、レミニッセンス・セラピーを実施する際のセラピストの側の対策についても示しておく。これは専門職、非専門職にかかわらず気にとめておいたほうがよいことでもある。

1．逆転移（countertransference）

（1）逆転移とは何か

　転移／逆転移は精神療法のアルファでありオメガである[1)]。この言葉で推し量れるように、語り手・聞き手関係についての無意識的な側面に意識をむけるということは、その心理療法を継続させ、クライエントの治癒を促すために多くの心理療法家にとって不可欠な課題である。逆転移についての言及は、フロイト (Freud) に始まる。成田[2)] によると、逆転移を無意識の層に属する治療上の抵抗として概念化し、その抵抗の克服のために自己分析の重要性が指摘されている。また、心理療法家の逆転移の典型として、患者の恋愛感情に対して治療者が生じさせる逆転移を戒めている論考が多い。成田によると、フロイトは「逆転移」という言葉を用いることなしに、技法論文のいくつかの箇所で、患者の心的な影響あるいは転移に対する治療者の反応や連想こそ最も重要な治療の手段であると述べ、治療者はそれゆえに平等に漂う注意を保ち、患者のこころを映し出

す鏡のような役割を果たさなければならないと説く。

　転移現象は、子どもの時の重要な人物（多くは両親）に向けていた感情をセラピストに向けることだと伝統的に言われてきた。逆転移とは、セラピストがクライエントに転移を起こし、クライエントへの面接に様々な問題をきたしてしまうことを一般的にいう。

　松木[3]は、ハイマンによる逆転移の定義を現在の精神分析でほぼ共有されている定義であるとし、次のように紹介している。

　　逆転移とは、分析的な治療関係において治療者のこころに湧き上がってくる感情や思考すべてを指している。しかし、この感情には、治療者の無意識の病的な転移から生じてきている逆転移（病的な逆転移）とクライエントからのコミュニケーションに連動している逆転移とがある。すなわち、後者のひとつは、治療者の健康で正常な反応として生じてきている感情（正常な逆転移）であり、もうひとつは、クライエントから治療者に投影／排出されてきたことで治療者が味わっている感情である（松木, 2020）。

　おそらく逆転移は、分析的治療のみならずあらゆる心理療法で取り扱うことが必要な概念なのではないかと考えられ、このことについて気づいておくことが、継続して支援を行うことにつながっていくのではないだろうか。

（2）架空事例1　臨床心理士　32歳　女性

　高齢男性77歳がクライエント。娘との関係がうまくいかなかったことを語っている。娘と同世代のセラピストは、これまでの人生で父親との関係に問題を抱えている。話を聞くうちに、臨床心理士は父親の気持ちにより添うように共感的に耳を傾けていく。父親の強権的だと思われる（現実はどうかわからない）娘への態度に対し

て、怒りが整理されないまま強めに表出されてしまい、「それは父親としての十分な役割を果たしておらず、そこになんらかの問題があるのではないでしょうか」という皮肉混じりの言い方をしてしまう。この問題は、クライエントの現実と臨床心理士が抱える父親像が異なるにも関わらず、父親とクライエントの像の混合がセラピストの側に生じている。臨床心理士の人生経験の中にある無意識の葛藤によって、より真実に近づこうとするクライエントの開示が妨げられてしまい、クライエントが行おうとしている娘との関係性をひもとくことや高齢クライエントの心の葛藤の解決よりも、逆転移で生じた心理士の感情を抑えることに終始してしまったのである。

この場合の逆転移とは、セラピストの反応だけが問題なのではなく、その世代の女性心理士に対して、高齢クライエントがセラピストを自分の娘として投影し、高齢クライエントのあらゆる態度、発言、感情というものをセラピストが娘として受け取り、それに反応しているものと考えることができる。

（３）逆転移への対応

では、逆転移で生じるような感情への対応はどのようにすればよいのだろうか。中立性を保ち冷静にふるまうことが大切なのだろうか。まずは、自分の営みを記録することからはじめてみてはどうだろうか。また、レミニッセンス・セラピーで聞き手に生じた感情についても深く振り返り、なぜ、この語り手との関係のなかでこのような感情が生じることになったかについて、よく考えることが大切となろう。ただし、この振り返りは自分自身の無意識やクライエントの無意識を対象にするので、セラピストがみえない部分を考えることになる。一度は記録を他の臨床心理士にみてもらうなど、スーパービジョンが不可欠となろう。レミニッセンス・セラピーで問題になるのは、多くの過去の人間関係とのつながりである。過去に欠

如したものへの新たな経験をする[4]ことが治癒につながるという。

2．共感疲労と二次的トラウマ

（1）共感疲労と二次的トラウマ

　支援者の対人援助技能として備えている共感能力によって、支援者（援助者）に共感反応がもたらされ、それが支援者の精神的疲労となってしまうことがある。共感によってストレスを感じ、消耗してPTSDと類似の症状が生じることである。それが共感疲労（Compassion Fatigue: 以下CF）である。CFの概念はジョインソン（Joinson）[5]によってはじめて報告され、救急病棟でのストレスで疲弊する看護師の症状が記述されている。

　二次的トラウマ (Secondary Traumatic Stress：以下STS) とは、クライエントや被支援者の傷つきを目撃したり、傾聴したりすることで生じる「支援者の傷つき」である。ソロモン (Solomon)[6] は、戦場から家に帰還した兵士の妻が夫から受けた間接的なトラウマの影響を報告した。STSは、フィグリィ (Figley)[7] によって概念化されているが、被災や被害に合った人への貴重な援助を実践すると同時に、その人との関わりを通じて間接的に心的外傷を受ける可能性がある[8]ことが指摘されている。STSとは、トラウマを受けた人あるいは苦しんでいる人を支える、支えようとすることにより生じるストレス[9]をさす。CFとSTSの明確な違いは、CFはSTSの結果生じるものである。他方で、CFとSTSは類似の現象であるとも指摘されている。

（2）共感疲労のレジリエンスモデル

　共感疲労のレジリエンスモデル (Compassion Fatigue Resilience Model: 以下CFRM)[10] では、理論的論文によって共感疲労のレジリ

エンスをもたらす要素や、STS を緩衝する 12 の要素の説明がなされている。これらの要素に気づくことはレジリエンスを高めたり、共感疲労を回避するために必要なストレスマネジメントである。

図 1-7-1 に共感疲労のレジリエンスモデルを示した。まずレミニッセンス・ワークのセラピストが対人技能として必要とされる「共感能力」と「共感的関心」を伴って、参加者の人生の「辛い物語への曝露」として丁寧に話を聞く。その結果として共感反応が生じる。「共感能力」や「共感的関心」は、聞き手の技能として不可欠とされるものである。

他方で「二次的トラウマ」を高める要素として、家庭内で頻繁に受けた辛い体験を聞くなどの「辛い物語への持続的曝露」があったり、聞き手としての仕事以外の用事が多かったり、育児や介護といった「その他の生活上の要請」により気分転換に要する時間をとることができないことで、STS に陥りやすくなってしまう。また、セラピストの過去に未解消の「トラウマ記憶」があることは、STS にたやすく陥る一つの要因になる。できるだけ「持続的曝露」から気持ちを切り替えるということが大切である。トラウマの話を聞く場から避難したり、リセットするための儀式的行為（ヨガやスポーツや趣味）を行う工夫が必要となる。また、その他の仕事に関する要請についても、できるだけストレスとならないようなかたちで行うことが大切である。

STS の緩衝となる要素もある。「セルフケア」を十分に行ったり [11]、話を聞いた後で感情から「距離を置く」ことができるように、リセットしたり気分転換を行う。他方でレミニッセンス・セラピーによって参加者が満足感を持っているという実感をセラピストが抱くことができるという側面も大切である。「共感満足」という状態は、STS を和らげる要素の一つである。セラピストはピア・グループや事例検討会などを通じて守秘義務が守られた中で話を聞いても

らい、エンパワメントされ「ソーシャルサポート」を受けるという工夫である。こうした「ソーシャルサポート」を受けているという実感は、STS を予防したり緩衝したりする要素となる。

（3）架空事例2　ボランティアの聞き手　30歳

　語り手は、災害時の惨状を語り始めた。セラピストはできるだけ丁寧に寄り添い辛い話を聞こうとするが、すぐに辛くなる。クライエントも辛いことがあった直後らしく混乱していることもあり、何を語っているのか話についていけなくなる。一旦「別の話をしましょう」と逃れる。傾聴の講習会で聞いたようにやろうとするが、心をこめて聞くことはできず表面上の返答をしている。語り手の話がセラピストに入ってこなくなり、レミニッセンス・セラピーにどのような意味があるのかわからないような気がしてしまう。心をこめて聞いてもらっている感じがしないから、レミニッセンス・セラピーに何の意味があるのかということをクライエントが疑問に感じ始めたという。セラピストの方はというと、聞いた話を記録しようとしても思い出すことができないことが増えている。話を聞いていると辛くなるが、なぜそのように辛くなるのかわからず、まったく別のたわいのない話をするなど話をそらしてしまうことになる。

　セラピストには共感疲労が継続的にあり、病気の家族と最近、死別している。レミニッセンス・セラピーのセッションとセッションの期間を長めにとる（2週間あける、など）間をあけ、セラピストの共感疲労や喪失についての回復を促しながら様子をみて、一度セラピストとしての営みを振り返る必要があるかもしれない。

（4）レミニッセンスの聞き手としての共感疲労への心理的対処

　レミニッセンス・セラピーの聞き手を専門職として行うなかで、相手の辛い人生の話を聞くという営みが必ずある。人生の語りには

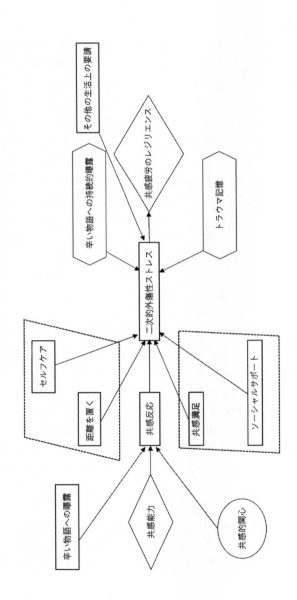

図 1-7-1　共感疲労のレジリエンスモデル

トラウマ記憶の断片が多く含まれている。語り手の心の痛み、怒り、悲しみ、喪失感などの強い感情が物語に伴って出現するということが頻繁にある。被災した話、家族の死、戦争体験、警察とのかかわり、家出、家族の離婚、別離、いじめ、虐待や暴力、被害、病気といったトラウマ体験である。語られるのは肯定的な記憶ばかりではない。共感疲労の予防や対処を講じながら話を聞くことが大切となろう。

　以下には予防や対処法としてのセルフケア、物語から距離を置くこと、共感満足を高めること、ソーシャルサポート、セルフ・コンパッションについて示した。

セルフケア

　セルフケアに、特別なことが必要なわけではない。セラピストとしての営みを行うということは、健康的な生活を日常生活に取り入れるということである。それはルーチン化したりリスト化したりしておくこと回復の備えになる。例えば最低限次のようなことである。
　・毎日決まった時間に起きる
　・バランスのとれた食事を規則正しくとる
　・十分な身体運動を行う
　・自然の中で過ごす時間をとる
　・十分な睡眠をとる
　・太陽の光を浴びる
　・できるだけ決まった時間に寝る

物語から一度距離を置くということ

　対象者の話を共感的に聞くことの継続は、STSを引き起こすきっかけとなる。とくに頻度の高いプログラムのレミニッセンス・セラピーでは、対象者との話から距離をとる時間がとれず、共感疲労を

生じやすい。辛い体験の多い話を聞く時は、できればセッションの間隔をあけ、セラピストが対象者の物語から距離をとり気分転換をできる限りとれるよう工夫する。また、話を聞く時間であるが、辛い話が持続する場合には、45分間に1回は休憩をとるなど、自分自身に対するケアはセラピストの技能を発揮するために大切なことである。辛い体験への曝露が頻繁に生じるような際には、距離を置く工夫は頻繁に行った方が望ましい。話を聞く場所は自宅から距離のある場所で行い、私的空間とセラピーの空間を明確に区別して生活する工夫は不可欠である。私的空間と業務空間に移動する距離、通勤の時間があることは、気持ちを転換するためにも必要なことである。セラピストとしての業務が終わり私的な時間へ入るときに、なんらかの気分転換を促すような活動（ウオーキング、瞑想、ティータイム、庭仕事など）を行うとよいだろう。

共感満足を高めること

　セラピストの臨床技能をできるだけ高めておくことは重要である。聞き手として語り手に十分な支援ができたという満足感を得ることは「共感満足」（Compassion Satisfaction: 以下 CS）と呼ばれ、高い CS は STS を無効にしたりバーンアウトを予防することができることが示されている[12]。CS とは世界を変えることができるという実感を感じ、幸せや感謝を感じることである。そのためにはスーパービジョンを受けたり、熟練者から技能に関する研修を受けたり、レミニッセンス・セラピーの経験を積み重ね、対処能力を高めることが必要である。

ソーシャルサポート

　互いにケアを提供し合い、ストレスを低減し合うことができる対人関係がある環境は、STS を予防できる場である。そうでない環境

では、多くのセラピストがストレスを抱えてしまうことがある。また、家族や友人、知人との質のよい関係形成も日常から大切になる。サポーティブで思いやりのある人々との交流は、健康的で肯定的な認知的スキーマを育むが、そうでない環境では否定的な認知的スキーマを形成してしまいやすいことも指摘されている[13]。ソーシャルサポートを十分に受けることができる環境にセラピストは身を置くことは不可欠となろう。レミニッセンス・セラピーを行っている人のグループをつくり、事例検討会を行ったり、学習会を開催するのもよいだろう。スーパービジョンを受け、臨床技術を見直すことも大切である。

セルフ・コンパッション

　セルフ・コンパッションには3つの要素がある。自分に優しくすること、他者とのつながりを感じ共通の人間性を認識すること、マインドフルネスとして自分の体験をバランスよく体験し続けることである[14]。シャピロら (Shapiro *et al.*) によると、セルフ・コンパッションの訓練を受けているケア提供者は、共感疲労を発症することが少ないということ[15]が示されている。またセルフ・コンパッションはCSにつながることが示唆されている[16]。セルフ・コンパッションの実践によって、休暇をとり、睡眠時間を増やし、十分な食事をとるなど、具体的なセルフケアに取り組むことができるようになるという。

コラム：祖母の話

　1980 年代。筆者の祖母は 70 歳代だったと思うが、親不在の折に母親の代わりに年に何回か、京都と埼玉県を往復し、子どもたちだ

けで過ごしていた家の掃除や買い物、家事と育児を数年間、担って
くれたことがある。小学校を出た後で長く金沢や京都で女中をして
いた祖母は行儀などのしつけに厳しかったが、お米の炊き方や茶わ
ん洗い、掃除などのあらゆる家事を教えてもらい、生活を成り立た
せていくことを小学生のときに教えてもらった。そのおかげで家事
は子どもの頃から生活の一部となった。祖母が歩く速さが遅いこと、
朝が早いこと、寝る時間が早いこと、耳が遠いことなどがわかり、
高齢者の特徴のすべてをこの祖母との交流や対話のなかで小学生の
ころに教えてもらったことになる。また、戦争の話も聞き、疎開の
途中で空襲にあったことや食料難のこと、戦争の恐ろしさも教えて
もらったのである。

第2章 レミニッセンス・セラピーのための心理アセスメント

第1節 臨床面接の意義

　レミニッセンス・セラピーを実施する際には、セラピーの流れとして、プログラムの事前と事後に心理アセスメントを実施することが望ましい。対象者の全体像を総合的に把握するためのアセスメントは、個別的な状況に合わせたテーラーメイドのレミニッセンス・セラピーを計画し実施するために大切なことである。テーラーメイドのセラピーとは、セッションの頻度、セッションの時間、参加者の負担感、家族の支援にできるだけ気を配るということである。

　高齢者用に開発された心理テストの種類はそれほど多くはなく、若年者用として開発されたテストを高齢者用として用いるものが多い。高齢世代を標準としたアセスメントがすぐに正確な解釈につながり診断に直結するわけではない[1]。そのため、高齢者としての標準的なテスト得点がどこに置かれるかはデータの蓄積が待たれるところでもある。アセスメント実施の際には、テストバッテリーを組んだり慎重な判断が求められる。

　生活史を丁寧に聞くことは大切であり、人生に生じたライフイベントは抑うつ症状に関連があるかもしれない。手術を行った場合には、医学的治療で用いられた薬物の後遺症、あるいは診断による悲観的な衝撃による抑うつ反応、あるいは先々の心配を見越しての抑うつ症状が生じることがある。抑うつの前に身近な人との死別体験などがなかったかについても、丁寧に聞いておきたい。悲嘆反応として抑うつときわめて近い症状が生じることもある。表 2-1-1 には、

表 2-1-1　悲嘆反応としての抑うつ症状（APA, 2013）

　重大な喪失（例：親しい者との死別、経済的破綻、災害による損失、重篤な医学的疾患・障害）への反応は基準 A に記載したような強い悲しみ、喪失の反芻、不眠、食欲不振、体重減少を含むことがあり、抑うつエピソードに類似している場合がある。これらの症状は、喪失に際し生じることは理解可能で、適切なものであるかもしれないが、重大な喪失に対する正常な反応に加えて、抑うつエピソードの存在も入念に検討すべきである。その決定には、喪失についてどのように苦痛を表現するかという点に関して、各個人の生活史や文化的規範に基づいて、臨床的な判断を実行することが不可欠である。

　悲嘆を抑うつエピソードから鑑別する際には、悲嘆では主要な感情が空虚感と喪失感であるのに対して、抑うつエピソードでは持続的な抑うつ気分、および幸福や喜びを期待する能力の喪失であることを考慮することが有用である。悲嘆における不快気分は、数日〜数週間にわたる経過の中で弱まりながらも、いわゆる「悲嘆の苦痛」（pangs of grief）として、波のように繰り返し生じる傾向がある。その悲嘆の波は、故人についての考えまたは故人を思い出させるものと関連する傾向がある。抑うつエピソードにおける抑うつ気分はより持続的であり、特定の考えや関心事に結びついていない。悲嘆による苦痛には肯定的な情動やユーモアが伴っていることもあるが、それは、抑うつエピソードに特徴的である広範な不幸やみじめさには普通はみられない特徴である。悲嘆に関連する思考内容は、一般的には、故人についての考えや思い出への没頭を特徴としており、抑うつエピソードにおける自己批判的または悲観的な反復想起とは異なる。悲嘆では自己評価は一般的に保たれているのに対して、抑うつエピソードでは無価値観と自己嫌悪が一般的である。悲嘆において自己批判的な思考が存在する場合、それは典型的には故人ときちんと向き合ってこなかったという思いを伴っている（例：頻繁に会いに行かなかった、どれほど愛していたかを伝えなかった）。遺された者が死や死ぬことについて考える場合、一般的には故人に焦点が当てられ、故人と「結びつく」ことに関する考えであり、一方、抑うつエピソードにおける死についての考えは、無価値感や生きるに値しないという考えのため、または抑うつの苦痛に耐えきれないために、自分の命を終わらせることに焦点が当てられている。

悲嘆反応としての抑うつ症状の診断基準 (DSM-5) を示した[2]。

　環境や人間関係のような社会的な要因がどのような状況にあるかについても、丁寧に話を聞きたいところである。家族関係、介護状況、友人関係である。本人のみならず家族（配偶者や子ども）や介護者に話を聞くことも必要である。できれば生活状況の中で高齢者を直接みておくことも大切となろう。抑うつから回復するために備えておきたい前むきな資源なども把握しておくことが望ましい。第2章では、高齢者の抑うつ症状に焦点を絞り、どのように心理アセスメントを考え、どんな実施方法や留意点があるかについて示した。

　面接による心理アセスメントは、抑うつを正確に診断するために不可欠である。一般的に高齢者の見立てを短時間で行うということは難しい。高齢者には複雑な病歴があり、薬物を服用していることもあって、内科的な疾患の治療中の人も多い。薬物による副作用は、身体的のみならず心理的にも影響を及ぼすことがある。身体愁訴を伴っていたり、実際に身体疾患を合併していることもある。こうした事情から臨床面接は幅広い観点で行われ、現在治療中の身体疾患や服用している薬物情報なども、可能な限りは詳細に聞いておくことが必要となる。

　他方で人々は、生きてきた時代背景から影響を受けることがある。言葉で抑うつ症状を表現することに馴染みがなかったり、心理アセスメントそのものに慣れていなかったりすることもある。臨床心理士の資格認定が開始されたのは 1988 年であり、心理アセスメントという営みは、当時はほとんど知られていなかった。そこからいまや 34 年が経過しており、少しずつ知られてはきているものの、臨床心理士のいない学校生活や社会生活を多くの高齢者は送ってきたことになる。心理アセスメントとは、今でも高齢者には広くは知られていない営みであるかもしれない。

　心理臨床面接では、事前にどのような観点で何を把握しようとし

ているのかを対象者に丁寧に説明することは不可欠である。心理テストの質問項目には、関係性に影響を与えそうなものや人に誤解を与えるかもしれないような項目もある。シナリオどおりに聞くのではなく、問い方について吟味が必要なテストもある。

　また、抑うつ症状を有する高齢者は疲労感が高く、ご家族による促しによる場合には、面接への動機づけが低いこともある。丁寧なガイダンスが必要になり、負担感をできる限り減らす配慮が大切となろう。1回の面接時間はできるだけ短時間におさめたほうがいいだろう。回答内容だけではなく、その表情、醸し出す雰囲気、ふるまいすべてにその人の情報がある。不明瞭な回答が与えられるときでも、それはそれで重要な観点が含まれることもあり、回答内容を後日吟味するといったことも重要である。そうなると丁寧な記録が大切となる。その人の生活の場である地域コミュニティでは、近年社会情勢が厳しくなっており、詐欺や不正な商法による被害も増えている。抑うつ症状をもつことが精神的弱さを示すことになり、症状がたとえあったとしても、信頼関係が構築されたとしても、防犯上の観点からよほどのことでないと表明がなされないこともあると理解する必要がある。もしこうした表明がなされる場合には、情報の守秘を厳守することについての丁寧な説明が必要となる。

第2節　多面的方式アセスメント

　多面的方式アセスメントでは、面接法や観察法としての自己報告や他者報告が推奨される。認知障害のある高齢者では、こうした多面的方式のアセスメントが不可欠である。主に抑うつ症状のアセスメントをとりあげ、自己報告、他者報告、直接観察について紹介する。

（1）自己報告

　面接で対象者から話を聞くときにふだんよく行われている方法である。臨床面接では、多様な質問項目を用いて精神症状や認知機能などについて多方面から情報を収集する。セラピストは自分自身のノンバーバルな面、質問の内容、言葉の使い方などのあらゆる状況が高齢者に影響を与える可能性があることをふまえておく必要がある。そのため、高齢者にかかわるセラピストは自分自身のふるまいを省察し吟味しておく必要があろう。自己報告とは、クライエントが自分のことを認識していること、言葉にできること、などが関わるものである。また、社会性のある人は、表面を取り繕い真実を語らないこともあるかもしれない。高齢者は他の世代の人びとよりも様々な質問に答えることに用心深くなっていることもある。特に症状などについては答えたがらないこともある。可能であればクライエント本人からの自己報告だけではなく、以下に挙げる他の方法でのアセスメントを併用したほうがよいこともある。

（2）他者報告（配偶者、介護者、子ども）

　他者報告とは、配偶者、介護者、子どもなど身近な人に対象者のことについて情報収集することをいう。他者報告には、長所と短所がある。一般的には他者報告の経験が少ない人は、的確な情報を寄せることができないという面がある。離れて暮らしている人が他者

報告する場合は、一定期間持続した対象者の行動について潜在化したものも顕在化したものも両者とも知り得ないということがある。他者報告の利点は、クライエント本人も気づいていないようなその人特有の多様で豊かな情報が得られるということである。認知機能障害のある高齢者について十分には得ることができない情報を、他者報告によって補うことができる。同じ情報でも自己報告と他者報告とでは、信頼性と妥当性や正確さについてそれぞれに問題がある。例えば介護者が高齢者のことを報告する場合などでは、介護者の抑うつ症状や負担感のレベルによって、被介護者である高齢者のADLの報告は異なることがある[1]という。報告者の状況についてよくみておくことが大切となろう。

（3）直接観察

　高齢者の身体的、医学的、心理社会機能の情報に左右されないような直接観察は重要な情報源となる。高齢者が玄関に出てきた時、起床時、挨拶の時などの様子が観察できれば、なんらかのその人の心理的および身体的機能について仮説を立てることができるだろう。その人の動きの早さ、話し方、アイコンタクトの頻度、肌や髪の手入れの行き届き方、その他多くの外見的特徴が心理的機能の仮説の手がかりとなる。「家から出ることはあるか」「趣味の活動を常に何かおこなっているか」「長い間寝床にとどまっていないか」など、家族が確実に観察できる行動は重要である。直接観察は、認知機能に障害のある高齢者や面接に非協力的な人をアセスメントするのに役立つことがある。入院病棟や介護現場などの長期療養施設において、状況が許せば、観察者を訓練することによって病院や介護現場のスタッフ、あるいは在宅で家族に高齢者の行動を記録することはさほど難しくはない。「抑うつ症状について観察してください」というよりも、「外出しなかった日を記録しておいてください」と

いうように特定の行動に限定して報告してもらうとよいだろう。

第3節　適応機能のアセスメント

　適応機能とは、基本的日常生活活動 (Activities of Daily Living：以下 ADL) などの側面であり、食事、着替え、入浴、歩行などの日常な基本的行為の能力をさす。また、より複雑な作業は手段的日常生活活動 (Instrumental Activities of Daily Living：以下 IADL) と呼ばれ、電話の利用、買い物、食事の準備、金銭管理などの家事が含まれる。多くの医学的および心理的障害や身体的障害の影響でこれらの ADL が低くなる可能性がある（例えば、うつ病、認知症、糖尿病、パーキンソン病、慢性閉塞性肺疾患）。高齢者の抑うつと ADL には関連性がある。

　抑うつによって ADL が低くなることを述べたが、その影響によって認知と行動が損なわれ、より障害が進行してしまうというモデルが示されている[1]。また、認知機能の低下の過程で生じる抑うつは ADL の低下のリスクとなる[2]。他方で、ADL や IADL の低下によって抑うつが生じるという報告もある[3]。また、移動や着替えなどの障害は特に抑うつと関連性がある[4]。さらに、ADL の支援が開始されてから抑うつが悪化することもある。ケアの受け入れや ADL の喪失が、さらに抑うつ症状を悪化させることもある[5]。

　ADL、IADL のアセスメントは、抑うつを把握する際に不可欠である。レミニッセンス・セラピーの参加においては、家族から概要を聞き、一人で参加する可否、介助者やご家族介助を受けながらの参加の可否、どのような種類の介助が必要であるかを検討することができる。ADL を簡単に測定するものとしては Barthel Index[6] や FIM（Functional Independence Measure：機能的自立度評価）[7] が広く使われている。また、IADL を簡便に把握できる尺度として、老研式活動能力指標[8]、ADL と IADL と認知機能を簡便に把握できる尺度として DACS-8[9] がある。より詳細に IADL を把握するもの

としては、手段的日常生活動作尺度[10] などがある。

第4節　身体的健康のアセスメント

　高齢者の抑うつ症状と身体との関連性においては、身体疾患との関連性、薬物の副作用、せん妄、の三点に注意が必要である。以下、それぞれについての観点を示した。

（1）身体疾患との関連性

　抑うつ症状なのか身体疾患の症状なのか、判別が難しいことがある。うつ症状と身体疾患は影響し合っている[1]。例えば、甲状腺機能低下症は初期にはうつ症状として現れることがある。そのためうつ病と間違われやすい[2]。甲状腺機能の低下の症状は、うつ病や認知症の症状と似ていることもある。こうした場合には甲状腺機能の治療によって、うつ症状が改善することがある。その他の医学的な疾患（アルツハイマー病、心疾患、パーキンソン病、クッシング病、心筋梗塞と心不全、大腿骨部骨折、慢性閉塞性疾患）と同時に抑うつ症状が存在していたり、抑うつの結果として多くの身体疾患が生じることもある[3]。また、更年期ではエストロゲンレベルの低下がうつ症状の発症に関連があることが示唆され[4]、抑うつは更年期障害を重症化させる一つの要因となる[5]。抑うつが現れる前や今現在、身体疾患があるか、どのような種類のものがあるかを聞き取ることは重要である。また、医療機関を受診することを勧め、身体疾患の種類を受診後に聞いておく必要があろう。抑うつと関連性のある身体疾患[6]を表 2-4-1 に示した。

（2）薬物の副作用

　高齢者が薬物を服用していることが多いことも注目に値する。65歳以上の高齢者で3種類以上の薬剤を調剤されている人は 56.1％、75 歳以上では 65.8％ と高い割合である（令和 2 年社会医療診療行

為別統計の概況、厚生労働省）。多剤服用の中でも害をなすものはポリファーマシーと呼ばれ、6種類以上になると薬物有害事象の発生頻度が高くなる。適正な薬剤使用の指針などもある[7]。人の身体は薬物動態（吸収、分布、代謝、排泄）による作用と薬力学（薬物の身体の対象に対する薬効）による作用に従って、身体の構造や生理学的側面が変化する。これらの変化は、高齢者の薬物に対する過敏さを増加させ、副作用となって現れることがある。アセスメントで留意しておく点は、薬剤の副作用として抑うつが生じていないかどうかという点である。例えば、コルチコルステロイドは、体内の炎症を軽減したり鎮痛剤としても使用されたりするが、長期間の使用による副作用として高血圧、白内障、抑うつ症状やその他の症状が出ることがある。そのほか、抑うつ症状を引き起こす薬物の例[8]を表2-4-2に示した。お薬手帳や常用しているサプリメント、漢方薬などについても聞いておくのがよいだろう。

（3）せん妄との鑑別

　せん妄の中で、活動量の低下や無気力といった低活動性せん妄がDSM-5[9]に挙げられている。こうした状態は、脱水、低栄養状態、脳血管障害、薬物の抗コリン作用や身体疾患の治療薬によって呈しやすい[10]。せん妄は突然発症し、時間経過とともに変動するという。幻覚や妄想や興奮などが出現する過活動型せん妄というのが一般的ではある。他方でうつ症状と類似の低活動性せん妄があり、せん妄に対応することによりうつ状態の改善につながる。表2-4-3にはせん妄の診断基準[11]を示した。

表 2-4-1 抑うつ症状を引き起こす身体疾患	表 2-4-2 抑うつ症状を引き起こす主な薬物
内分泌系	**降圧剤**
甲状腺機能亢進症	β遮断薬
クッシング病	メチルドーパ
カルシウム過剰血症	レセルピン
低栄養	塩酸クロニジン
悪性貧血	ニフェジピン
器質性脳疾患	ジゴシキン
脳血管疾患	**ステロイド**
脳腫瘍	**鎮痛剤**
パーキンソン病	オピオイド
アルツハイマー病 / 脳血管性痴呆	インドメタシン
多発性硬化症	**抗パーキンソン病薬**
全身性エリマトーデス	レボドパ
潜伏がん	アマンタジン
膵臓がん	テトラベナジン
肺がん	**向精神病薬**
慢性感染症	抗精神病薬
神経梅毒	ベンゾジアゼピン系
ブルセラ症	**その他**
神経嚢虫症	サルファ薬
慢性疲労症候群	アルコール
HIV	インターフェロン

表 2-4-3　せん妄の診断基準（APA, 2013）

A. 注意の障害（すなわち、注意の方向づけ、集中、維持、転換する能力の低下）および意識の障害（環境に対する見当識の低下）

B. その障害は短期間の間に出現し（通常数時間〜数日）、もととなる注意および意識水準からの変化を示し、さらに1日の経過中で重症度が変動する傾向がある

C. さらに認知の障害を伴う（例：記憶欠損、失見当識、言語、視空間認知、知覚）

D. 基準 A および C に示す障害は、他の既存の、確定した、または進行中の神経認知障害ではうまく説明されないし、昏睡のような覚醒水準の著しい低下という状況下で起こるものではない

E. 病歴、身体診察、臨床検査所見から、その障害が他の医学的疾患、物質中毒または離脱（すなわち、乱用薬物や医療品によるもの）、または毒物への暴露、または複数の病因による直接的な生理学的結果により引き起こされたという証拠がある

第5節 認知機能のアセスメント

　抑うつ症状のある高齢者は認知機能の障害が重複していることがある。認知機能の障害の結果としての抑うつ症状なのか、抑うつ症状によって認知機能に影響が及んだのか、判別が困難なことが多い。認知機能の障害によって日常生活に必要な活動が妨げられ、抑うつ状態に陥るといったようなこともある。具体的な支援を考えるためにも、うつ症状のみが生じているのか、認知症が合併しているのかを判断することが大切である。

　DSM-5 によるうつ病の診断基準[1] を表 2-5-1 に示した。

表 2-5-1　うつ病の診断基準（APA, 2013）

A. 以下の症状のうち5つ（またはそれ以上）が同じ2週間の間に存在し、病前の機能からの変化を起こしている。これらの症状のうち少なくとも一つは（1）抑うつ気分、または（2）興味または喜びの喪失である。

（1）その人自身の言葉（例：悲しみ、空虚感、または絶望を感じる）か、他者の観察（例：涙を流しているように見える）によって示される、ほとんど一日中、ほとんど毎日の抑うつ気分

（2）ほとんど一日中、ほとんど毎日の、すべて、またはほとんどすべての活動における興味または喜びの著しい減退（その人の説明、または他者の観察によって示される）

（3）食事療法をしていないのに、有意の体重減少、または体重増加（例：1ヵ月で体重の5%以上の変化）、またはほとんど毎日の食欲の減退または増加

（4）ほとんど毎日の不眠または過眠

表 2-5-1　うつ病の診断基準（続き）（APA, 2013）

---

(5) ほとんど毎日の精神運動焦燥または制止（他者によって観察可能で、ただ単に落ち着きがないとか、のろくなったという主観的間隔ではないもの

(6) ほとんど毎日の疲労感、または気力の減退

(7) ほとんど毎日の無価値感、または過剰であるか不適切な罪責感（妄想的であることもある。単に自分をとがめること、または病気になったことに対する罪悪感ではない）

(8) 思考力や集中力の減退、または決断困難がほとんど毎日認められる（その人の自身の説明による、または他者によって観察される）

(9) 死についての反復思考（死の恐怖だけではない）、特別な計画はないが反復的な自殺念慮、または自殺企図、または自殺するためのはっきりとした計画

B. その症状は、臨床的に意味のある苦痛、または社会的、職業的、または他の重要な領域における機能の障害を引き起こしている。

C. そのエピソードは物質の生理学的作用、または他の医学的疾患によるものではない。

D. 抑うつエピソードは、統合失調感情障害、統合失調症、統合失調症様障害、妄想性障害、または他の特定および特定不能の統合失調症スペクトラム障害および他の精神病性障害によってはうまく説明されない

E. 躁病エピソード、または軽躁病エピソードが存在したことがない。

「(8) 思考力や集中力の減退、または決断困難がほとんど毎日認められる」[2]とあり、認知機能の減衰が示されている。うつ病は、

仮性認知症（痴呆）と呼ばれる認知症に似た様相を呈することがわかっている[3]。認知症と酷似しているので、認知症と間違われやすい。症状の改善によって認知機能も改善することがわかっている。高齢期のうつ病には、身体愁訴、不安・焦燥、貧困妄想・心理妄想、自殺率の高さ、不眠などが全面に出て、抑うつ気分が目立たないという特徴があることが示されている[4]。高齢期のうつ病では実行機能が損なわれるという報告もあり、抑うつの改善によって実行機能も回復する[5]。

他方で、認知症もありうつ症状が合併しているという人も多い。認知症の診断基準[6]を表 2-5-2 に、軽度認知症の診断基準[7]を表 2-5-3 に示した。

表 2-5-2　認知症の診断基準（APA, 2013）

A. 1 つ以上の認知領域（複雑性注意、実行機能、学習および記憶、言語、知覚 − 運動、社会的認知）において、以前の行為水準から有意な認知の低下があるという証拠が以下に基づいている：

　(1)本人、本人をよく知る情報提供者、または臨床家による、有意な認知機能の低下があったという懸念、および

　(2)標準化された神経心理学的検査によって、それがなければ他の定量化された臨床的評価によって記録された、実質的な認知行為の障害

B. 毎日の活動において、認知欠損が自立を阻害する（すなわち、最低限、請求書を支払う、内服薬を管理するなどの、複雑な手段的日常生活動作に援助を必要とする）。

C. その認知欠損は、せん妄の状況でのみ起こるものではない。

D. その認知欠損は、他の精神疾患によってうまく説明されない（例：うつ病、統合失調症）。

表 2-5-3　軽度認知障害の診断基準 (APA, 2013)

A. 1つ以上の認知領域（複雑性注意、実行機能、学習および記憶、言語、知覚−運動、社会的認知）において、以前の行為水準から軽度の認知の低下があるという証拠が以下に基づいている。

　(1)本人、本人をよく知る情報提供者、または臨床家による、軽度の認知機能の低下があったという懸念、および

　(2)可能であれば標準化された神経心理学的検査に記録された、それがなければ他の定量化された臨床的評価によって実証された認知行為の軽度の障害

B. 毎日の活動において、認知欠損が自立を阻害しない（すなわち、請求書を支払う、内服薬を管理するなどの複雑な手段的日常生活動作は保たれるが、以前より大きな努力、代償的方略、または工夫が必要であるかもしれない）。

C. その認知欠損は、せん妄の状況でのみ起こるものではない。

D. その認知欠損は、他の精神疾患によってうまく説明されない（例：うつ病、統合失調症）

　認知症の前駆症状として抑うつ症状がみられることは多く、認知症の発病初期の認知機能の低下に対する反応として抑うつになることも考えられる[8]。認知症の人で抑うつ状態に陥っている人は、アルツハイマー病で約 0 〜 30%、血管性認知症で 19 〜 45%、レビー小体型認知症では約 20 〜 30%に至るという報告がある[9]。認知症の人の 40%にうつ状態がみられるという報告もある[10]。また、軽度認知障害 (Mild Cognitive Impairment: 以下 MCI) では抑うつ症状との関連のある人や抑うつ症状を伴う MCI の人が認知症に移行する報告も多数ある[11]。

認知症に伴う抑うつ症状は、症状そのものは比較的軽度で、注意力や想起能力の減退とともに全般的に運動のテンポが落ち、自発的に自己の状態を説明することが少なく、言語表現も少なく単純になるなど認知障害の影響がより強く現れる[12]。昔の記憶は比較的よく保たれているが短期記憶の障害が目立つ[13]といった認知症に抑うつが伴う人の特徴が示されている。

　認知機能検査の実施は、抑うつ症状のある高齢者にとっては不可欠である。介護保険手帳などに記載されている「要介護度」をきくことで、大まかな認知症の重症度が推定されることがある。しかしながら、状況によって高齢者の心理状況は著しく変化することもあり、やはり改めて最新の検査の結果を把握することが大切となる。

　面談初期で抑うつ症状か認知症かを判別しづらい高齢者のアセスメントには、最低限、認知機能検査の長所や短所をふまえた上で実施することが大切である。一つの検査を用いるより認知症の症状を詳しく正確にとらえられることから、検査を組み合わせたバッテリーによって行うことが多い[14]。また実施者の知識と技能や検査の目的別にスクリーニング検査、認知検査、神経心理学的検査の3類型に分類して検査を比較した報告もある[15]。認知機能のアセスメントは目的別に選定し実施することが望ましい。

　認知機能のスクリーニング検査には、対象者の負担感が少ない長谷川式簡易知能評価スケール (HDS)[16]、改訂長谷川式簡易知能評価スケール (HDS-R)[17]、精神状態短時間検査改訂日本版 (Mini Mental State Examination-Japanese：MMSE-J)[18]、N式精神機能検査 (NDS)[19]などが使われている。軽度認知障害の弁別力が高い検査として、MoCA-J (Montreal Cognitive Assessment)[20]、アルツハイマー型認知症が想定される人のスクリーニング検査として CDT(Clock Drawing Test：時計描画検査)[21] や Mini-Cog[22]、ADAS-Cog-J (Alzheimer's Disease Assessment Scale-cognitive subscale: アルツハイマー病アセス

メント・スケール)[23) がある。

　脳の機能的な側面をより詳細に検討するための検査として、前頭葉検査・バッテリー (Frontal Assessment Battery：FAB)[24) などがある。RCPM (Raven's Coloured Progressive Matrices：レーヴン色彩マトリックス検査)[25)、コース立体組み合わせテスト (Kohs Block Design Test)[26)、ST (Stroop Test: ストループ・テスト)[27)、VFT (Verbal Fluency Test: 言語流暢性検査)[28)、RBANS (Repeatable Battery for Assessment Neuropsychological Status：神経心理状態反復バッテリー)[29) などがある。

　より専門的に支援の方法を検討する場合には、詳細な知的機能検査を行うことがある。WAIS-IV (Wechsler Adult Intelligence Scale-Fourth Edition：日本版ウェクスラー成人知能検査第 4 版)[30)、WMS-R (Wechsler Memory Scale-Revised：日本版ウェクスラー記憶検査法)[31)、WCST(Wisconsin card sorting test: ウィスコンシン・カード・分類検査)[32) などがある。

第6節　抑うつに関するアセスメント

（1）自己記入式尺度

S-WHO-5-J（WHO-5 精神健康状態簡易版）

　世界保健機関 (WHO) により開発された S-WHO-5-J[1] は、早期予防の観点から、大規模な地域サンプルを対象とした調査によって地域在住高齢者の精神的健康を評価し、精神疾患を有する人や今後疾患に移行するリスクがある人をスクリーニングする目的で開発された簡便な精神的健康測定尺度である。最近 2 週間における気分状態を尋ねる 5 項目を、「いつもそうだった = 3」「そういう時が多かった = 2」「そういう時は少なかった = 1」「全くなかった = 0」の 4 件法で評価する。得点範囲は 0 点から 15 点であり、得点が高いほど精神的健康状態が良好であることを示している。「1. 明るく、楽しい気分で過ごした」「2. 落ち着いたリラックスした気分で過ごした」「3. 意欲的で活動的に過ごした」「4. ぐっすりと休め、気持ちよくめざめた」「5. 日常生活の中に、興味のあることがたくさんあった」の 5 項目を尋ねる。項目が少なく簡便であるため、対象者に負担をかけることなく簡単なスクリーニングで用いることができる。

SRQ-DII（Self Rating Questionnaire for Depression Second Edition：東邦大式抑うつ尺度）

　SRQ-DII[2] は、うつ病をスクリーニングするために作成された質問紙である。仮面うつ病にもよくみられる症状である睡眠障害、呼吸困難、便通異常、体重減少、疲労感、倦怠感などを含み、うつ病の診断基準にも基づいて項目が工夫されている。質問項目は 15 項目と少なく、回答に際しての負担が少ないことや、うつ病に付随する「身体がだるく疲れ易いですか」といったような身体症状につい

ての項目が含まれることが特徴である。また、検査用紙にうつ病、うつ状態、depression などの文字が記載されていないなど、回答者が気分症状に抵抗感を抱きにくいような配慮がされている。質問項目ごとに「いいえ＝1」「時々＝2」「しばしば＝3」「常に＝4」のいずれかに○を記入してもらう。逆転項目も含まれている。カットオフ値は 35 点であり、合計得点が 35 点以上である場合にうつ病である可能性を疑うものである。感度と特異度のバランスを考えて設定した値であり、絶対的なものではないと付記されている。

BDI-II（Beck Depression Inventory-II：ベック抑うつ評価尺度）

　BDI-II[3] は、21 項目から構成される自己記入式質問紙である。1996 年に Beck らによって DSM-IV の診断基準に沿って開発され、2003 年に小嶋・古川による日本語版が出版されている。その日を含む 2 週間の抑うつに関する 21 項目を、4 段階の Guttman Scale で回答してもらう。悲しさ、悲観、過去の失敗、喜びの喪失、罪悪感などの抑うつ症状に関する項目がある。例えば、「悲しさ」であれば、「わたしは気が滅入っていない＝0」「しばしば気が滅入る＝1」「いつも気が滅入っている＝2」「とても気が滅入ってつらくて耐えがたい＝3」と得点を与える。最後に合計得点を算出する。最低得点は 0 点、最高得点は 63 点である。得点により重症度の目安が示されている。0-13 点は「極軽症」、14-19 点は「軽症」、20-28 点は「中等症」、29-63 点は「重症」とされている。BDI-II を高齢者に実施する際の留意点について言及された報告もある。4 件法の Guttman Scale による判定は、認知機能に障害のある高齢者にとって判断することが困難である可能性[4] や「性欲」の項目に無回答になる確率が高くなること[5] が指摘されている。

PHQ-9 日本語版（Patient Health Questionnaire-9）

　米国でプライマリ医が短時間で精神疾患を診断・評価するためのシステムである。もともと8種類の疾患の診断・評価ができるPRIME-MD (Primary Care Evaluation of Mental Disorders) が、Spitzerら[6]によって開発されている。実施時間の短縮化のために、自己記入式として Patient Health Questionnaire (PHQ) が開発された。このなかから大うつ病の内容の9つの質問項目を抽出したものが PHQ-9[7]である。また、身体症状にかかわる身体表現性モジュール13項目と、うつ病性障害モジュールの2項目から構成される PHQ-15 がある。「こころとからだの質問票」[8]として日本ファイザー社から発行されている。また、身体疾患患者のうつ病・うつ状態をアセスメントするコンピュータープログラム[9]もある。DSM-5 ではうつ病性障害の症状レベルの重症度を測定する評価尺度として推奨されている。「物事にたいしてほとんど興味がない、または楽しめない」などのうつ病に関する9つの項目について、1週間のうちの症状の頻度を「全くない＝0」「数日＝1」「半分以上＝2」「ほとんど毎日＝3」として、最低得点0点、最高得点27点として算出する。重症度のレベルは0～4点は「うつ症状なし」、5～9点は「軽度」、10～14点は「中等度」、15～19点は「中等度～重度」、20～27点は「重度」の症状レベルであるとそれぞれ評価する。

SDS（Self-Rating Depression Scale: 自己評価式抑うつ性尺度）[10]

　1965年に Zung によって20項目から構成される SDS が開発された。この尺度は抑うつ状態の重症度や治療効果の判定を目的として作成されている。日本語版は福田・小林 (1973) によって開発され、信頼性と妥当性が検討されている。「次の質問を読んで現在あなたの状態にもっともよくあてはまると思われる欄に○をつけてください」という指示がある。「気が沈んで憂うつだ」「泣いたり泣きたく

なる」などの抑うつ状態像を示す項目に、「ないかたまに＝1」「ときどき＝2」「かなりのあいだ＝3」「ほとんどいつも＝4」の4件法で回答してもらう。逆転項目が10項目含まれている。合計得点を算出して評価する。最低得点は20点、最高得点は80点として算出する。重症度判定は23〜47点は「正常」、39〜59点は「神経症」、53〜67点は「うつ病」と評価する。現在の状態を聞くという点では高齢者にとっては負担感が少なく治療効果の判定などに使われてきた。

CES-D（The Center for Epidemiologic Studies Depression Scale：うつ病［抑うつ状態］自己評価尺度） [11]

CES-D は、一般人における「うつ病」のスクリーニングテストとして、1977年に Radloff により開発された自己評価式の尺度である。1995年に島悟らによって日本版が作製された。項目数は20項目と少なく簡便に使用できる。CES-D は本来自己評価用に作製されものであるが、高齢者や視覚障害の人に対しては、面接者が項目を読み上げて評価することもできる。「この1週間の、あなたのからだや心の状態についてお聞きいたします」とまず教示する。気分、不眠、食欲低下などを含む20項目の抑うつ症状を表現している項目についての頻度が尋ねられる。「もしこの1週間で全くないか、あったとしても1日も続かない場合＝0」「週のうち1〜2日＝1」「週のうち3〜4日＝2」「週のうち5日以上＝3」の4件法で回答してもらう。逆転項目も含まれている。20項目の総得点を算出して評価する。得点範囲は0点から60点であり、得点が高いほど抑うつ状態が重いと評価する。5項目以上無回答項目があれば、評価対象としない。カットオフポイントは16点である。

リッカート型 (Likert-type) の評価尺度は、高齢者にとって評価しやすく判断のしやすさという点で負担感が少ないといえる。他方で、

過去1週間を思い出して評価するという教示は、認知機能に障害のある高齢者にとって評価が困難なことがある[12]。カットオフポイントの16点は、高齢者にとっては得点が低すぎないかという指摘[13]がある。カットオフポイントを診断用の目安とせず、治療効果などに用いるなど用途を工夫することが望ましい。

QIDS-SR（The Quick Inventory of Depressive Symptomatology-Self Report: 自己記入式簡易抑うつ尺度）[14]

　Rush *et al.* によって2003年に開発された16項目の自己記入式うつ病評価尺度である。約7分程度で実施でき、対象者の負担が少ない。過去1週間の間の状態について、①抑うつ気分、②集中困難、③自責感、④自殺念慮、⑤興味と喜びの消失、⑥エネルギーの低下／易疲労感、⑦睡眠障害（入眠困難、中途覚醒、早朝覚醒、過眠）、⑧食欲/体重の増加または減少、⑨精神運動性興奮または緩慢について9種類16問について、0～3点で評価する。点数が高いほうが重症度が高いと評価される。合計点は0～27点である。カットオフポイントは6/7点となっている。DSM-IVの大うつ病エピソードの診断基準の9項目に一致した項目を有している。

（2）面接方式のアセスメント

SIGH-D（Structured Interview Guide for Hamilton Depression Rating Scale: ハミルトンうつ評価尺度のための構造化面接ガイド）

　HAM-D（Hamiltons' Rating Scale for Depression: ハミルトンうつ病評価尺度）は、うつ病と診断された患者の重症度を測定する目的で、1960年にHamiltonによって開発された。臨床研究や実践の場で広く活用されている代表的なうつ病評価尺度である。その評価尺度の重症度評価は、各評価者の臨床的な直感に負うところがあ

り、HAM-D の合計得点の信頼性に問題が指摘されることがあった。Williams は 1988 年に HAM-D の構造化面接ガイドである SIGH-D (Structured Interview Guide for Hamilton Depression Rating Scale) を作成し、中根によって 2004 年に日本語版が出版された[15]。「各項目の最初の質問は記載されたとおりに正確に問うこと」と注意書きがされている。1 週間の状態について尋ねられ、先週以降精神状態がどのようであったかを問われ、各質問項目に進む。Hamilton による最新の解説では、HAM-D の活用には一定の訓練演習を受けることが推奨されている。SIGH-D の面接の質問項目[16]にはうつ病に関する 17 項目（抑うつ気分、仕事と活動、生殖器症状、身体症状、消化器系、体重減少、睡眠障害、罪業感、自殺、精神的不安、身体的不安、心気症、病識．精神運動抑制、精神運動興奮）と、追加の 4 項目（日内変動、現実感喪失、妄想症状、強迫症状）を尋ねる 21 項目で聞く場合とがある。

MADRS-J（Montgomery Åsberg Depression Rating Scale）

MADRS は、Åsberg *et al*, (1978) によって開発された。主観的精神病理症状を評価する 40 項目と客観的精神病理症状を評価する 25 項目から構成される 65 項目の包括的精神病理学評価尺度[17]（Comprehensive Psychopathological Rating Scale: 以下 CPRS）のなかで、うつ状態を評価するための 10 項目によって構成された尺度である。CPRS は、統合失調症、うつ病、強迫性障害、認知症といった精神疾患の治療中に変化する可能性がある精神病理学的諸症状を評価する目的として開発されている。

MADRS は「抗うつ薬治療に鋭敏な新しいうつ病評価尺度」として公表された。この尺度は、精神症状を中心とし身体症状の影響を極力除外した抑うつ症状と無快感症 (anhedonia) の評価を重視しているのが特徴である。評価項目は、「外見に表出される悲しみ」「言

葉で表現された悲しみ」「内的緊張」「睡眠減少」「食欲減退」「集中
困難」「制止」「感情を持てないこと」「悲観的思考」「自殺思考」の
10 項目となる。各項目の重症度は「なし、正常 = 0 点」から「最
重度 = 6 点」の 7 段階評価である。MADR は、上島[18] が日本語版
の作成を行っている。構造化面接ガイドは、Takahasi *et al.*[19] によっ
て作成されている。自己記入式質問票として MADR-D は、面接式
の尺度の客観的評価項目である「外見に表出される悲しみ」を除外
し主に主観的陳述にもとづいて評価を行う 9 項目について稲田[20]
によって 2013 年に翻訳されている。

**GDS-S-J（Geriatric Depression Scale-Short Version-Japanese：高齢
者用うつ尺度短縮版）**

　GDS-S-J は、15 項目から構成されている。原版の GDS は世界各
国で広く使用されている。原版の 30 項目版には短縮版として 15 項
目版と 4 項目版があり、いずれも自己記入式である。日本語版は
2008 年に杉下らによって面接方式で標準化されている[21]。検査の
施行方法は面接形式と自己記入方式がある。面接方式では面接者が
まず「今日を含め過去 1 週間の間に、あなたがどう思ったかに基づ
いて「はい」か「いいえ」で答えてください」と説明し、質問項目
を一つずつ対象者に言って聞かせる。回答を聞いて面接者は記録す
る。主に 1 対 1 で実施される。カットオフポイントを 6/7 とし、6
点以上を「うつ」を示唆する得点とした。この尺度の利点は、身体
症状に関する項目は含まれておらず、純粋にうつ症状を査定しよう
としている面がある。また各項目に対し、「はい」「いいえ」の 2 件
法で回答してもらうことで回答者の負担を軽減している点である。

CAS（Clinical Assessment for Spontaneity：標準意欲評価法）
　他覚的、自覚的（主観的）、行動観察的な観点からの評価を統合

して、意欲の低下や自発性欠乏のレベルの評価を可能な限り定量的に行うことを目的にした評価法[22]である。本検査は、「意欲評価法」と称しているが、かなり広義における「自発性の障害」を対象にした検査である。CASでは、意欲の低下を測定する検査である。面接による意欲評価スケールでは、対象との直接的な面接を通して観察を行い、それに基づいて意欲状態が評価される。チェック項目では、表情、視線（アイコンタクト）、仕草、身だしなみ、会話、話題に対する関心、反応の仕方、気力、自らの状況についての理解、周囲のできごとに対する関心、将来に対する希望などである。質問紙法による意欲評価スケールでは、自ら意欲に関する質問紙を自己記入式で記入することにより行われる。すなわち「主観的」な意欲評価テスト（質問紙法、基本的に自記式）である。興味の喪失（認知面）、情緒障害や感情平板化などの情動の喪失（情動面）、エネルギーの喪失（行動面）などに関連する33項目がある。回答は「よくある」「少しある」「あまりない」「ない」で答える。日常生活行動の意欲評価スケールでは、評価者は対象者の意欲状態を日常生活の行動項目を観察して評価する。「食事をする」「排泄の一連の動作をする」「洗面・歯磨きをする」「衣服の着脱をする」などの16項目である。自由時間の日常行動観察では、自由時間の日常行動を観察することにより、意欲の水準を記録する。

第7節　それ以外の補足的なアセスメント

　抑うつ症状以外に気になる側面があれば、補足的に心理アセスメントをおこなう。例えば、高齢になってはじめて、成人の発達障害が生活上の問題になる人もいる。コミュニケーションを具体化したり、図式化したりするなどの工夫が必要となる。簡易な成人の発達の検査を行うことでセラピーが実施しやすくなることもある。

　PTSD に関わる症状がある人の中には、過去を語ることの困難さの自覚を十分に感知できない人もいる。そのためレミニッセンス・セラピーが侵襲的になることがある。初回面接のときに、関係を慎重に構築しながら丁寧に話を聞き、「過去の思い出のなかで思い出せない部分などはありますか」「語るのが辛いような体験をされたことがありますか」「過去のことが急に思い出されて辛くなるといったことはありますか」といった基本的で最低限の質問は用意しておくとよい。精神障害があったり、PTSD などで語る際の苦痛が高い場合には、レミニッセンス・セラピーを慎重に開始する必要があるだろう。語ることでの苦痛を予測できずに身体症状などが出るような可能性もあるため、その際にはレミニッセンス・セラピーではなく、動作法や音楽療法やマインドフルネスのような言葉での表現を控えた心理療法など、別の選択肢を推奨することが望ましい。

　PTSD や ASD（急性ストレス障害）などが疑われる際には、簡易なスクリーニング検査を必要に応じて行うと良いだろう。IES-R (Impact of Event Scale-Revised)改訂出来事インパクト尺度日本語版）[1] や PDS-4（Posttraumatic Diagnostic Scale DSM-IV 版）[2] は、診療や支援や調査目的であれば日本トラウマティックストレス学会の HP から無料で使用できる。

第8節　心理アセスメントの留意点

（1）基本的情報を聞く

　レミニッセンス・セラピーの前に、基本的状況や生活史を丁寧に聞いておく。氏名と現住所、電話番号、緊急連絡先と家族の氏名や連絡のつきやすい時間帯などを申し込み段階で聞いておく。自記式の申し込み書を書いてもらうが、詳細は健康保険証や介護保険証、障害者手帳やお薬手帳などで確認する。出身地、家族構成、教育歴、職業歴、現在の家族状況、経済的状況、生活状況、趣味、社会的活動、好きな娯楽などを聞いておく。また、こうした要素が高齢者の現在の感情、認知、行動的な側面にどのように影響を及ぼしているかを振り返っておくとよい。それに基づいて追加の検査のバッテリーなどを考えておく。

（2）関係性への配慮

　レミニッセンス・セラピーの申し込みの時の初回面接はラポール（セラピスト－クライエント間の相互の信頼関係）を形成するため、基本的な関係を構築しつつ面接を行うことが望ましい。ラポールの形成のために心がけることとしては、支援の専門家としての品位を保つこと、記録用紙や時計などに目をやりすぎないこと[1]などが指摘されている。被検査者という立場は不安を感じることが多いため、待合室などでの待ち時間ができるだけ短くなるよう配慮する。また、丁寧な態度、穏やかな口調、尊敬をこめた言い方で、早すぎずに明瞭に話して伝えることも大切である。ノンバーバルな側面が高齢のクライエントの不安を高めることも忘れずに配慮する[2]。また、抑うつ症状のある高齢者は認知機能が低下していることもあり、そこにはワーキングメモリーや集中力の減弱なども含まれている。伝える内容を書いた用紙、液晶画面などでの補足、繰り返して、明瞭に

伝えることも必要である。他方で、抑うつ症状のあるクライエント
はこうした配慮に対しても敏感になっている場合があり、自己批判
や自己否定感が生じる[3]ことがある。できるかぎり自然なかたちで
行うことが大切となろう。

（3）インフォームド・コンセント
　レミニッセンス・セラピーの目的を説明しつつ、そのための心理
アセスメントを含めた面接をおこなうことを事前に伝える。心理ア
セスメントについては不安を抱くクライエントが少なくないので、
その目的と限界について説明することが重要である[4]。レミニッセ
ンス・セラピーでは、これまで生きてきた人生を振り返ってもら
い、それを整理することによって感情を調整し、心理的安定を目指
すというセラピーの目的や、見込まれる効果を伝える。心理アセス
メントは、レミニッセンス・セラピーをどのように行うことができ
るかについて、また参加する本人がどのような状況や心理的状態に
あるかについて支援者が知り、最適な方法を検討するために一定の
時間をとって行われるものであり、協力をお願いしたいということ
を伝える。クライエントがそういう条件ならテストを受けたくない
といった時には、それに従う。テストを受けるかどうかの最終決定
権はクライエントにある[5]。
　秘密保持が原則になっているので、聞いた話についての秘密が保
持されること、他方で例外事項[6]についても伝える。

（4）実施の留意点
　実施時間が長時間にならないように留意する。抑うつや認知症を
有する高齢者にとっては疲労につながりやすいため、様子をみなが
ら休憩を挟むとよいだろう。1回にかかる時間が1時間以上になる
ようであれば、数回に分けて行うなどの工夫が必要となる。

　ワーキングメモリーの脆弱性がある人には、液晶画面や別途用紙などに質問項目や選択肢のみが書かれたものを示すことができれば、回答がたやすくなることもある。番号で回答してもらうところでは、「この中から一つ選んでください」や「このように回答してください」といった回答例などを提示して示すとよいだろう。

（5）報告書の書き方

　心理アセスメント面接では、その後のレミニッセンス・セラピーに参加するにあたり、感情状態や認知機能の側面について実施し、肯定的な側面も含めて本人や家族にフィードバックすることになる。その際には肯定的な側面を中心に報告することが望ましい。

　抑うつ症状のある高齢者のアセスメントは、レミニッセンス・セラピーのセラピストだけではなく、とりまく関係者に必要な情報を伝えられることが望ましい。家族介護者、主治医、訪問看護師、介護福祉士、介護支援専門員、民政委員などの多職種の方に提供することで、クライエントをとりまく人々がその人を理解しやすくなり、対応の仕方を工夫することができるようになる。その結果として、クライエントをとりまく全体的な社会的環境調整が行われ、クライエントの心理的状況が安定するように配慮できることが望ましい。理解されやすい報告書とは、それぞれの職種の人の立場から理解しやすいかたちで、専門的な観点も入れながら記載されたものである。そのためには、なんらかのかたちで関わる多職種の方から必要とされる情報を教えてもらうとよいだろう。

（6）心理アセスメントをいつ行うか

　セラピー開始前の心理アセスメントは、セラピーの方針を決めるために行う。セッションの内容によってもアセスメント的な見立てがなされることがある。一応の目標を初期にクライエントとともに

話し合っておき、その目標が果たせたとセラピストが感じられ、クライエントからも同意があったところで一応の終結とみなす。その終結の目安として心理アセスメントを行うこともある。例えば、認知症という器質的な疾患があったとしても、家庭環境における全体的な生活の質が整えられ、周囲との対人関係が安定し、心理的な安定がもたらされたところで終了となったり、フォローアップとして、1か月に一回来てもらい様子を聞かせてもらうといったより軽い社会的支援に切り替えていく。フォローアップ時に心理アセスメントを行うこともある。

コラム：介護認定のためのアセスメントと心理アセスメントとの違いとその説明

　介護認定の際に用いられる要介護度を認定するためのアセスメントには、多方面から高齢者が地域で生活するうえでの課題を把握するための項目が設定されている。主に、介護支援専門員（ケアマネージャー）が実施し、介護保険制度に基づいた支援法が提供されるものである。その支援法は「ケアマネジメント」と呼ばれている。1997年当時の厚生省の老人保健福祉審議会は、「高齢者自身がサービスを選択することを基本に専門家が連携して身近な地域で高齢者及びその家族を支援する仕組み」を基本的な考え方として、高齢者の生活課題をアセスメントし、「社会資源を活用しながら住み慣れた地域で生活ができるように支援する」ということなっている。生活を継続するための支援としての多面的なアセスメントは「課題分析」と呼ばれている。地域にある社会資源のなかで提供できる支援を本人が利用し、生活上の問題を介護支援専門員の支援を受けながら改

善するための多面的なアセスメントである。「課題分析」は、主に本人と社会資源を結ぶために介護保険制度の文脈で活用されるものである。在宅で生活する高齢者については、心理的支援を行う上で必要な「気づき」を、介護支援専門員への連絡事項として本人やご家族から渡しておいてもらうことが望ましい。

　「課題分析」には、厚生労働省が示す「適切な方法」で実施することが原則で、課題分析標準項目23項目が備えられている様式で、ケアマネジメントのアセスメントは実施されている。「日本介護福祉士会アセスメント方式」「日本訪問看護振興財団方式」「居宅サービス計画（全社協方式）」「包括的自立支援プログラム（三団体ケアプラン策定研究会方式）「ケアマネジメント実践記録様式（日本社会福祉士会方式）」「インターライ方式」「OCMAシート方式」などの様式がある。

　「課題分析」は、基本情報（生活状況のほか、被保険者情報、現在利用しているサービスの状況、日常生活の自立度、主訴、介護認定の状況）や課題分析（身体的健康、ADL、IADL、認知機能、コミュニケーション機能、社会支援などの）領域での評価がある。

　「課題分析」のなかにも気分を尋ねる項目がある様式もあるが、かなり簡便な項目であるため、「課題分析」の内容を介護支援専門員と共有するよりも心理支援者としての立場で、抑うつ症状についてのアセスメントを行う、という説明が高齢者や家族には必要となる。ケアマネジメントのアセスメントと心理アセスメントの目的が異なること、心理学的支援のためには心理アセスメントが必要であることを、高齢者やその家族に丁寧に説明できるとよいだろう。心理アセスメントは、現状、時々刻々の変化、課題分析とは質問内容が異なり支援する側面が異なることなどを丁寧に伝えてからアセスメントを実施することが大切となろう。

第3章　レミニッセンス・セラピーの全体像

第1節　レミニッセンス・セラピー以前

1. 高齢者の心理療法に関する初期の心理学的見解

　1904年にフロイト (Freud)[1] は精神分析療法についてウィーン医学会で、高齢者に関することに言及している。それは次のような内容だった。

> 精神分析的治療を適用しうる患者を選ぶうえで年齢に関しては、五十歳に近いかそれを超えた人間においては、一方で心的事象の可能性に欠ける場合が多い——年輩者はもはや教育可能ではない——ことと、加えて治療でこなすべき材料が治療期間を予測しがたいまで引き延ばすため、考慮すべき要素となります。治療年齢を引き下げることに関しては、あくまでも個別に規定していくべきです。思春期を迎える前の若者は、しばしば影響を与えるのにきわめて適しています（フロイト，1904）。

　50歳に近い人あるいはそれ以上の高齢者の自我や知性は、洞察を含むような精神分析を行うには限界があるのではないかということであった。さらに高齢者は心理療法で扱うべき素材が多数にわたるため、治療期間が無制限になるということであった。ところが、その考えは素材が多すぎて分析がうまくいかないのではないかと読み替えられ、その後真剣に議論されずに今日に至っている[2]。

　「教育可能ではない」という言葉であるが、今日あらためて見直してみよう。フロイトは主に神経症患者に精神分析を行っており、

治療の対象となる事例を中心に報告している。周知のように健康な成人や高齢者に、現代のような大規模調査を行い、全体的傾向から考察しているわけではない。精神分析の患者の傾向として、精神科医としての臨床的知見を科学者の視点から率直に述べたものである。おそらく当時の高齢患者には、器質的な疾患である認知症や高次脳機能障害のある患者が多く含まれていたのではないだろうか。となると、脳機能に障害のある人の特性として学習の限界があるとの言及は、ある意味正しかったのかもしれない。

　他方でソーンダイク (Thorndike) らは、1928 年に「成人の学習」(Adult Learning) を著し[3]、成人は学習できるということを科学的に述べている。この研究成果は、のちの成人や高齢者の学習能力研究の草分けとなっている[4]。障害の有無に関わらず、高齢者全般の学習の可能性を述べたものであった。

　フロイトは精神分析の対象を幼少期の体験に焦点化していたことから、後年高齢者に対しての精神分析療法への関心が薄れていった時期がある可能性を否定できない。その後高齢者に関する心理療法への観点に修正が加えられ、高齢者に対して、精神分析療法、修正精神分析的療法、短期的精神分析療法、グループアプローチ、ソーシャルワーク的アプローチ、などがおこなわれている[5]。初期の文献レビュー[6]には、当時の心理療法の考えが丁寧に考察されている。そこには①統制された研究の必要性、②障害のある高齢者への心理療法の研究の不足、③高齢者が自己分析することへの慎重さ、④高齢者の心理療法の目標は何かという問いなどであった。

　1950 年にエリクソン (Erikson) は発達段階について述べており[7]、老年期の心理的発達課題として「自我の統合」をあげ、発達的危機として「絶望」を示した。人生周期をそうあらねばならなかったもの、取り替えを許されないものとして受け入れることが自我の統合であり、それが欠如したり失われたりすると、やり直しのきかない

人生に絶望するという。1997 年の晩年の著書[8]では、自我の統合について、エリクソン自身がその年齢に到達したことによる説得力も加わった。その内容は、誰もが心理的条件が整えられれば統合を目指して過去を振り返ることになるというものだ。

　統合の意味は、最も単純に言えば、一貫性と全体性の感覚である。この感覚は、三つの体制化過程全てにおける連鎖の喪失にあらわれるような終局的状況下で、最大の危機にさらされる。身体的過程 (Soma) においては、種々の身体組織や血管や筋肉系を結び付ける活性的相互交渉の全体的弱体化、精神的過程 (Psyche) においては、過去及び現在の経験における記憶の一貫性の漸進的喪失、エトスにおいては、生殖的相互交渉における有効な機能の急激かつ完全な喪失の危険である。このように見てくると、この段階で必要とされるものは、「成全性」(integrality)、つまりものごと全体を一つにまとめておく傾向であると言うことができよう。事実老年期に見られる、過去を振り返ってそれを神話化する傾向の中には、潜在的な絶望感への防衛としての擬似統合という意味を認めることができる（もっともこのような防衛的目的への転換は、図式の対角線上に記された同調特性全てに見られることは言うまでもない）。しかし我々は、人間の潜在的能力は好条件下にあれば、それまでの発達段階での統合的経験が実を結ぶように、多かれ少なかれ自然に働くことを考慮に入れておかなければならない。(エリクソン & エリクソン，1997 p.85)[9]

　自我の統合とはエリクソンの示した老年期の心理的適応状態である。また、老年期のもつ豊かな可能性も示した。たとえ絶望ぎみになって人生に嫌気がさしていたとしても、セラピストが高齢者の状態を受容することで、そうした人生を本人が受け入れていくことを

自然なかたちで促すことができるのかもしれない。

　老年期の一つの理想的な境地、すなわち統合に到達するには、過去と現在の一貫性を自然に確認していくことだという。これは意図的に過去に目をむけるというよりも、自然にそうなるということである。最晩年にどのような精神状態になったとしても自分が自分であるということを感じ人に身を任せるため、残存するものが統合性なのかもしれない。

第2節　レミニッセンス・セラピーの黎明

　高齢者の心理療法の初期のプログラムには、1929 年にサンフランシスコ高齢者カウンセリングセンターを設立したマーティン (Martin) による「マーティン法」というものがある[1]。パーソナリティのアセスメントと心理療法を組み合わせて独自に行っていたものである。この方法の理論的枠組みは明確ではなかったが、高齢者の初期の心理療法として、心理療法家に影響を与えている。これには子どもの頃の記憶から現在までのライフヒストリーをクライエントから傾聴するという手続きが含まれていた。

　1960 年代は、米国では人種差別などの公民権運動や性差別の問題に関する社会運動が活発化していた時代である。1963 年にバトラー (Butler) は、高齢者が過去を語ること（ライフレビュー）の意義を述べており[2]、その中で高齢者とのかかわりの態度への諫めが強調されている。その後この論文は、多くの医療分野・福祉分野における高齢者への支援に影響を与えることになった。1963 年のライフレビューに関する概念の前に、高齢者の心理療法において重要だとされる先駆的な論文がある。それは、1960 年に出された同じ著者[3]による、精神科病棟での高齢者入院患者むけの集中プログラムの報告である。この論文にバトラーの臨床的な考察が述べられている。当時の高齢者への心理療法の適用の範囲や限界についても触れている。精神科病棟内では、医療的保護観察的な介護の雰囲気が育成されてしまうことへの懸念も示されていた。まず、この実践の中では、病院のスタッフメンバーと高齢者との関係性がプログラムを通じて変化する可能性が報告されている。また、心理療法はそれがおこなわれる文脈においてのみ進展するということも示唆している。高齢者に合わせた心理療法の理論や、技術の変更の推奨、心理療法への家族の参加の必要性などが示されている。逆転移、文化

的態度、その両者がセラピーには必要であるという。高齢者臨床の研究上の問いのようなものが形成され、それが高齢者の「ライフレビュー」の重要性につながっていくと感じられる論考である。

第3節　医療や福祉の場で昔語りを聞くことの気づきとその
　　重要性

　1963年に日本で老人福祉法が制定され、1990年に老人福祉法八
法が改正されている。1991年には老人保健法が改正され、高齢者
への訪問サービスが開始された。1994年に新ゴールドプランが成
立し、在宅サービスが拡充された。1990年代は、2000年の介護保
険法の実施を前にして医療や福祉にかかわる専門職の制度が整備さ
れていった時代でもある。そうしたなか、高齢者の心理学的支援に
向かう兆しのような論考がある。

　1987年に中井[1]は、高齢者の過去のたどり直しの意味を理解す
ることの重要さを述べている。人間は意味を求める存在であり、こ
とに自分の（もうやりなおせない）人生の意義づけを求める存在で
あって、たとえ語る言葉の内容が不合理であっても、その人が語る
内容はすなわち、その人の人生の意義の象徴であるという。

　同じ年ソーシャルワーカーの観点から、「思い出話」（レミニッ
センス）の意味を考察したものがある。山本[2]は、1960年代から
1980年代までのレミニッセンスに関わる援助の視点を考察した。
思い出話は高齢者を老人ホームの生活になじませていくだけではな
く、その人自身の生きてきた歴史、生き方、生きる拠り所などを含
めたトータルなプロセスであり、生活を創造していく援助であると
述べている。高齢者の支援の問題について施設に入所する高齢者の
アイデンティティの喪失をとりあげ、「思い出話」は本人の内的な
側面や対人的な側面の支援に役立つことが述べられている。

　1989年には大和[3]が1960年から1980年代のレミニッセンスの
研究をレビューしており、回想と関連のある諸要因について検討し
ている。この報告では、回想に関する調査に明確な要因分析がおこ
なわれてはいないことが指摘されている。何について回想するのか、

どのようなタイプの高齢者が回想に適しているのかという問いなどが提起されている。レミニッセンス・セラピーが必ずしもすべての人に効果があるというわけではなく、適した人とそうでない人がいるのではないかということが示唆されている。

1991年の「老いのソウロロギー（魂学）」の中で山中[4]は、「人は、現代ドイツの児童文学作家ミヒャエル・エンデ描くところの「モモ」に出てくる女の子、モモちゃんではないが、ただ「聞く耳」をひたすら傾け、その相手一人ひとりの尊厳を大切にする、という基本的姿勢をもって接するだけで、必ずと言っていいほど、人生の中で、キラリと光るその人なりに垣間見た断面を、語ったり、示してくれたりするものである (p.44)」と語る。山中が目にした当時の病院で、老年科病棟における高齢者の生活に関わるすべての援助者への大切な助言でもある。

眞砂[5]は、1994年に当時の病院の高齢者の状況を報告している。「一般病院の医師の話によると、高齢者の退院を家族に告げると、家では介護ができないので、もう少し入院させてほしいと頼まれるそうです。入院の場合、三ヵ月で医療費の切り替えがあり、病院の経営面からいっても三ヵ月以上高齢者を入院させておくことは利益に繋がりません。病院と家族の押し問答が続く中、当の高齢者は一日中ベットで、誰とも話をしない生活を余儀なくされます。老人同士話をすることも少なく、ただ寝たままに時が流れて行きます。このような状態のまま長期間経てば、身体の寝たきり状態に加えて、心までが寝たきりになってしまいます。そのことに気づきながらも現場ではどうしようもない状況が続いています」。

病院や施設で暮らす認知症などの障害を患った高齢者に、なんらかの心のこもった交流をという切実な状況のなかで進化してきた方法が必要とされた時代である。洞察や気づきは心理療法の重要な鍵概念ではあるが、脳機能に障害をもつ人にとっては制限のある営み

かもしれない（おそらくそのまま心理療法を実施するような人は、訓練を積んでいる心理療法家にはいないだろう）。認知機能に障害のある人のために心理療法をアレンジすることが大切だろうと考えられる。それに対して、レミニッセンス・セラピーは残された記憶の断片を自己表出することそのものにも目的があるため、わずかであっても心の活性化がもたらされるのではないかといった期待がある。

　1990年代前半までは、高齢者に対する具体的な心理支援に関する報告は少なかった。そのため病院や福祉施設では、重症化した精神疾患の高齢者に対する見解や教育的な内容が十分ではない状況で試行錯誤を実施せざるをえなかったのではないだろうか。1998年、鑪監修の「精神分析的心理療法の手引き」に「人生の統合期の課題と技法」として示された一つの章がある[6]。そのなかで高齢者の心理療法は、「まだ心理臨床家による経験の蓄積が少なく、試行錯誤の段階にある」(p.159) としながらも、面接者がライフレビューを強いることは、クライエントの防衛を早急に突き崩し、かえって高齢者には負担となるというリスク面を示している。そのため、自然に生じたライフレビューを糸口としながら話をすることの必要性が補足されている。

　医療現場や福祉施設利用の高齢者が無為な時間を過ごし、フレイル（身体的機能や認知機能の低下が見られる状態）や認知症の病状の悪化をもたらすような状況が、長いことそのままにされていた。他者と自分についての話をするという関係性のはじまりが、その人自身の統合性を再確認し、他者によって語りかけられることで社会のなかの一員として承認されることにつながるだけでもという切実な願いがあっただろう。多くの研究者や実践家によって、ライフレビューの臨床的な意味を見いだそうとする試みが少しずつ積み重ねられていた。

2000 年の第 1 回痴呆ケア学会（現在は認知症ケア学会に改名）で設立された認知症ケア学会で、長谷川和夫が、これからはpersonhood（人間性）の尊重こそが重要だと主張した。それはすでに長谷川先生が「パーソンセンタードケア」という話を知っていたことを意味する。2002 年には認知症介護研究・研修大府センターの水野裕によって、パーソンセンタードケアの考えにもとづいた DCM(Dementia Care Mapping) の研修が開始されていた。また、2005 年にトム・キットウッド (Tom Kitwood) の「認知症のパーソンセンタードケア」という書籍[7] が発売された。この本ではこれまでの社会の認知症に対する対応の問題点をとりあげている。重度の認知症があっても脳の病気にのみ焦点を当てるのではなく、その人との関係性に注目し、病気の部分のみに目を奪われることなく、その人の人間性を考えるというものである。健康な人にとって、人間性を考えることはたやすい。しかし、障害のある人や病のある人に対して治療中心に営みをおこなう場合、見失われやすいのが人間性でもある。

　認知障害などの脳の障害に伴う BPSD (Behavioral and Psychological Symptoms of Dementia) を狭くとらえてしまうと、その人が「人間」として扱われなくなってしまうことがあるという。例えば、不安のなかで安らぎを必要としていても与えなかったり、その人の社会的な役割を与えなかったりする。デイサービスなどでもその人ができる活動や安心できる仲間を提供しない。認知症の入居者に対して効果的な心理的ケアができるよう職員間のスキルを高めようとしないなどである。なぜ BPSD が生じているのかが共感的に検討されず、根本原因まで追究されることはなかった。その結果、苦悩のなかにいる人を孤立させるようなことになり、必要な支援を介護者が受けなくなることもあるという。

　こうした「パーソンセンタードケア」は、心理支援の専門家であ

れば当然わかっているようでいて、具体的な行動に移せずやりすごしてしまいがちなものである。パーソンセンタードケアは、2000年以降の高齢者支援に大きな影響を与えてきた。

第4節　高齢者が回想する意味や可能性のリサーチ

　回想の意味や可能性を探索する目的の研究は 1970 年頃から開始され、実践領域の回想法の効果が展開される 1980 年代以前から活発になり、現在でも進行している。

　その内容は主に、(1) 質問紙調査や面接調査で回想量と心理的適応との関連性を検討した研究、(2) 回想を類型化し適応との関連性を検討しようとした研究がある。研究の代表的なものを表に示した（表 3-4-1）[1]～[16]。回想には多機能があり、機能の個人差と心理的状態に関連性があるのではないかと考えられていた。

1. 回想の頻度や量と適応との関連性

　回想量と心理的適応との関連性では、肯定的感情との関連性[17]、自我調整機能との関連性[18]、現在の社会的活動や過去についての不満足感との関連性[3]、現在満足度の低さや主観的幸福感の低さとの関連性[19][20] などが示されている。これらのことから回想は、自我機能、過去や現在の満足度、主観的幸福感を調整するための目的で回想が行われているのではないかと仮定された。心の状態を適応に向かわせようというという一つの試みと考えられていた。その考えが後の研究へと発展していく。

2. 回想の類型化

　回想を類型化し適応との関連性を質的に検討しようとしたものには、以下のような研究がある。回想は深刻な人生の変化を経験した高齢者の適応的な特徴で、人生満足度が低い時期に振り返ろうとするものだとする考え[21]があり、研究者の観点から「単純回想」「物

表 3-4-1　高齢者の回想の意味や機能の研究

著者（年代）	対象者	研究法	回想の意味
McMahon & Rhudick (1964)[1]	地域在住退役軍人25名	面接調査	うつ状態や知的側面の低下とは関連はない
Lewis (1971)[2]	65歳以上の地域在住高齢者24名	面接調査	ストレス状況後に高回想者は現在と過去の自己概念の相関が高くなった
Havighurst & Glasser (1972)[3]	地域在住高齢者509名（70-75歳）	面接調査と質問紙調査	回想頻度と肯定的情緒との関連性あり
Coleman (1974)[4]	シェルタードハウス住民48名（69-92歳）	面接と質問紙調査	「単純回想」「統合の意味のある回想」「情報伝達や教育」といった種類の回想がある。
Boylin et al. (1976)[5]	復員軍人病院入居者41名（平均年齢64.4歳）	質問紙調査	回想頻度と自我の統合と否定的情緒に関連性あり
Romaniuk & Romaniuk (1981)[6]	退職者コミュニティ在住者91名（58-98歳）	質問紙調査	「自己尊重とイメージの活性化」「問題解決」「自己理解」の3種類の機能があるとした
Wong & Watt (1991)[7]	地域在住高齢者・施設入所者83名（65-95歳）	面接調査	「統合的」「道具的」「伝達的」「逃避的」「強迫的」「物語的」の6種類の機能があるとした
Kovach (1991)[8]	65歳以上のデイケアを利用している高齢女性21名	面接調査	内容分析から「承認」と「後悔」に分類できるとした
Webster (1993)[9]	地域住民710名（10代～80代）	質問紙調査	「退屈しのぎ」「死への準備」「同一性」「問題解決」「会話」「親密性の維持」「悲しい出来事の再生」「教育・情報」の8種類の機能があるとした

表 3-4-1 高齢者の回想の意味や機能の研究 (続き)

著者 (年代)	対象者	研究法	回想の意味
長田・長田 (1994)[10]	学生群 132 名、壮年群 97 名、老年群 133 名	質問紙調査	老年群は現在満足度の低さ、死の意識の高さ、死の不安の高さと回想量が関連性があった。
山口 (2000)[11]	地域在住高齢者 23 名 (65〜89 歳)	面接調査	「積極肯定型」「事実報告型」「評価活発型」「評価保留型」の 4 類型に分類した。
太田・上里 (2000)[12]	施設利用高齢者 357 名 (60〜100 歳) 平均年齢 81.39	他者評価式質問紙調査	「満足感を伴う回想」「人生の評価を伴う回想」「否定的な回想」「情報伝達・語り的回想」の 4 機能があるとした
太田 (2001)[13]	地域在住高齢者 526 名 (60〜79 歳) 平均年齢 66.6	質問紙調査	「積極型回想」「両価型回想」「否定型回想」「叙述型回想」の 4 類型があるとした。
野村・橋本 (2001)[14]	高齢大学受講生	質問紙調査	回想の情緒的性質が適応の程度と関連するとした。
Robitaille et al.(2010)[15]	地域在住中高齢者 909 名 (54-92 歳) 平均年齢 70.14	質問紙調査	「退屈しのぎ」「死への準備」「同一性」「問題解決」「会話」「親密性の維持」「悲しい出来事の再生」「教育・情報」の 8 種類の機能が確認された。
志村 (2015)[16]	高齢者大学受講生 1448 名 (50〜89 歳) 平均年齢 67.99	質問紙調査	「生き方の発見」「否定的感情の喚起」「心の安定」「ノスタルジー」「教育と伝達」の 5 機能があるとした。

語的回想」「情報伝達的回想」「ライフレビュー」の４類型が報告されている。その内容を表3-4-2に示す。

表3-4-2　コールマン（Coleman）による４類型

類型	内容
単純回想	何の方向性もなく自然に思い出す
物語的回想	日常的に過去の事柄を収集するように思い出す
情報伝達的回想	他者に教えたり楽しませたりするための回想
ライフレビュー	自己分析や評価を含む回想

　また、「情報伝達的回想」「強迫的回想」「ライフレビュー」と３類型を報告している研究もある[22]。より洗練されたかたちでコーディングツールを用いた質的研究では、回想は「承認」と「後悔」の２種類に分かれているとされた。「承認」とは個人が充実した人生を生きてきたことを確認することであり、「後悔」とは過去の出来事に否定的な解釈を伴うものであった[23]。面接の内容分析から、６種類の回想があるとした研究[24]もある（表3-4-3）。
　回想を心理尺度でとらえようとした研究もある。回想利用尺度(Reminiscence Uses Scale)[25]があり、「自己承認とイメージの活性化」「現在の問題解決」「実存的自己理解」の３因子から構成されている。
　その後回想機能尺度(Reminiscence Function Scale：以下 RFS)[26]が作成されており、回想によって与えられる多用な機能や目的を測定することが試みられた。この項目は、７因子構造となっていたが、

1997 年の調査では 8 因子構造 [27] に改訂されている。また、その後確認的因子分析が行われ [28]、8 因子であることが確認された。これらの内容は表 3-4-4 に示した。

表 3-4-3　ワットとウォン（Watt & Wong）の 6 類型

類型	内容
統合的回想	自己や他者を受け入れ過去の葛藤を解決し自己の価値や意味について受容し過去と現在との違いに折り合いをつけたりする。自分自身の過去を意味のあるものとしてとらえ、理想と現実をうまく統合し過去の否定的な面を受け入れたりする。
道具的回想	過去に計画していたことを思い出し未来の計画を立てたり、過去の経験から現在の問題の解決策を見つけ出したりする。過去を一つのツールとして生かそうとする回想である。
伝達交流的回想	語り手が聞き手に教育したり楽しませたりすることを目的として過去の出来事を詳述する。伝統的価値や文化遺産について共有したり、過去に得た英知を後の世代に伝承するために行う回想である。
逃避的回想	懐かしさを求めて回想を行い、現在の状況から逃避するような回想である。過去の楽しかった記憶を強調し「古きよき時代」に戻りたいという願いが含まれた回想である。
強迫的回想	過去の辛い体験を何度も繰り返し思い出し、罪悪感や失敗や後悔について繰り返し考えるような回想を指す。
語り的回想	単に出来事のありのままを語る。そこに評価は入らないような回想をさす。

※「統合的回想」と「道具的回想」には精神的健康度の高さとの関連性があり、「強迫的回想」は精神的健康度の低さと関連性がある。

表 3-4-4　ウェブスター（Webster）の回想機能

機能	内容
アイデンティティ	アイデンティティを確認するために記憶を用いる
問題解決	現在の課題を解決するのに個人的記憶を用いる
死の準備	人生の終わりに対するさまざまな考えに記憶を用いて対処する
教育・情報伝達	人生の教訓を伝えるために記憶を用いる
会話	社会参加として個人的記憶を伝え合う
辛い体験の再生	困難な生活環境、失った機会、不幸についての記憶を蒸し返したり反芻したりする
退屈しのぎ	刺激がないことや関心の喪失に対処するために記憶を用いる
親密性の維持	繋がりが失われた親密な関係について関係を維持するために記憶を用いる

　筆者は施設利用高齢者のための他者評価式の回想機能尺度を作成した [29] 因子分析の結果、「満足感を伴う回想」「人生の評価を伴う回想」「否定的な回想」「情報伝達・語り的回想」の4因子が含まれていた。項目は表 3-4-5 に示した。

　さらに 2001 年には日本語版の回想機能尺度 (Reminiscence Functions Scale for Japanese: JRFS) を作成し、地域在住高齢者には「積極的回想」と「否定的回想」の2つの因子があり、クラスター分析によって「積極型回想」「両価型回想」「否定型回想」「叙述型」の4つの回想類型があることを確認した [30]。2015 年に地域在住高齢者 60 歳から 79 歳を対象に 23 項目のライフレビュー尺度を作成し、「生き方の発見」「否定的感情の喚起」「心の安定」「ノスタルジー」「教育と伝達」の5因子を報告した [31]（表 3-4-6）。

表 3-4-5　他者評価式回想尺度の４因子と項目例（太田・上里，2000）

満足感を伴う回想

　　　・やすらかになる。

　　　・楽しいい出来事を思い出して楽しんでいる。

　　　・自分は幸せだったと感じている。

自己理解を伴う回想

　　　・人生とは何かを考えている。

　　　・人生の意味を考えている。

　　　・これまでの自分の生き方を考えている。

うつ的な回想

　　　・悲しい気分になっている。

　　　・むなしくなっている。

　　　・嫌な気分になっている。

情報伝達・語り的回想

　　　・昔のことを人に知らせる。

　　　・自分のことを他の人に説明している。

　　　・他の人に教えている。

296 名の介護スタッフの人に回答してもらい、４因子 28 項目に構成した。

※「あてはまる」＝ 5、「ややあてはまる」＝ 4、「どちらともいえない」＝ 3、
　「あまりあてはまらない」＝ 2、「あてはまらない」＝ 1 の５件法で身近で介
　護している人に回答してもらう

表 3-4-6　自己評価式の回想尺度 5 因子と項目例（志村，2015）

生き方の発見
  ・過去を思い出して自分の生き方を考えるヒントが見つかる。
  ・人生を振り返ることで自分がすべきことを発見したことがある。
  ・わが身を振り返り自分の行動を変化させるのに役立てる。

否定的感情の喚起
  ・人生を振り返るとくやしくなる。
  ・過去を思い出すとむなしくなる。
  ・これまでの自分の生き方を考えている。

心の安定
  ・過去を思い出すと気分がよくなる。
  ・過去を思い出すと心が満たされる。
  ・人生を振り返ると心が安らぐ。

ノスタルジー
  ・いつまでのも忘れない懐かしい思い出がある。
  ・昔の話題で語り合うことを楽しむことができる。
  ・親しい人と思い出話をするのが好きである。

教育と伝達
  ・ほかの人に自分が成し遂げてきた事柄を話せる
  ・昔の生活を思い出して人に教えられる
  ・自分の過去の経験を思い出して語ることができる

1448 名を対象に調査を行い、5 因子 35 項目の尺度に構成した。

「そう思う」＝ 4、「ややそう思う」＝ 3、「あまりそう思わない」＝ 2、「そう思わない」
＝ 1、の 4 件法で回答する

3. 回想の類型と心理的健康との関連性

　回想の類型を検討した研究から示唆されることは、回想には多機能があるということである。必要に応じて使い分けているのだろうか。類型の違いによって、関連する心理的状態がどのように異なるのだろうか。それを検討することで、セラピストはクライエントの心理状態の見立てを行い、話の聞き方の焦点や方向づけが自然に決まるだろう。できればよりよい状態を促進するような心理的状態を目標とした問いかけや聞き方が望ましいというねらいが、この研究のきっかけには含まれているのである。

　これらの回想機能と心理的適応状態との関連が先行研究でも検討されている。「統合的回想」や「道具的回想」は、心理的健康と関連性が高かった[32]。

　RFS[33] に含まれている「退屈しのぎ」や「辛い体験の再生」は、人生満足度の低さと関連があるという調査結果[34] もある。施設高齢者の他者評価式の回想機能の研究[35] では、情動状態との関連性を検討した結果、「満足感を伴う回想」は「活気」と関連があり、「抑うつ」の低さと関連があった。さらに、「人生の評を伴う回想」では、「疲労」と「混乱」の低さと関連性が示されている。「否定的回想」は「緊張」「抑うつ」「怒り」「混乱」と関連性があり、「活気」の低さとの関連性が示されている（図 3-4-1）。

　地域在住高齢者の「積極型回想」「両価型回想」「否定型回想」「叙述型」という4類型に分類し、それらの回想類型と心理的健康との関連性について検討した[36]。その結果を図 3-4-2 に示した。心理的健康には、短縮版精神的健康調査（GHQ-28）の各下位尺度である「身体的症状」「不安と不眠」「社会的活動障害」「うつ傾向」を用いた。すると、類型ごとに違いがみられた。「否定型」は、他の類型に比べて「身体的症状」「社会的活動障害」「不安と不眠」「うつ傾向」

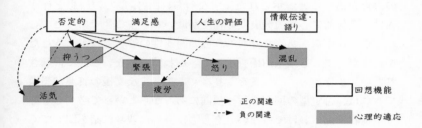

※否定的：「否定的回想」、満足感：「満足感を伴う回想」
　人生の評価：「人生の評価を伴う回想」、情報伝達・語り：「情報伝達・語り的回想」

図 3-4-1　施設利用の高齢者の回想機能と心理的適応との関連性

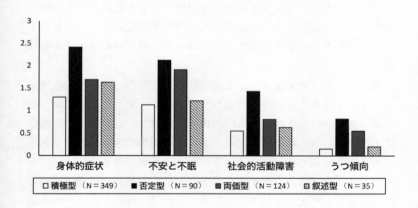

図 3-4-2　回想類型別の精神的健康状態の違い（太田, 2001 を参考に作成）

の得点が高いことが示された。すなわち、「否定型」の回想を行う人は、全体的に心理的健康度の程度が低いということであった[37]。

　しかしながら、あくまでもこれらの関連性の解釈では、こうした関連性が必ずしも因果関係を示しているわけではないことに留意されたい。すなわち、当事者をとりまくさまざまな支援の資源が想像できれば、否定型の回想を行う傾向にあるからといって必ずしも抑うつ症状に陥るわけではない。もしも、身近に親身に話を聞いてくれるような人がいれば、執着している観点を切り替えることができ、多彩な人生の可能性の側面に視点を移し変えることもできるわけである。そうすれば、抑うつ症状を回避することができるかもしれない。また、自分で行う回想であっても否定型の回想がもたらすリスクに気づき、そこから切り替える習慣を身につけていくことによって、うつ傾向を低減させることができる可能性がある。

　ただし、表出される対象者の回想類型を知ることはその人の精神的健康度を予測し、介入方法の工夫につながるため、一つの見立てとして高齢者の回想類型を知ることは重要な観点であると考えられる。

　他方、心理アセスメントが認知機能の側面から心理的負担を与えてしまうような人もいることだろう。そのようなときにレミニッセンス・セラピーで表出される話の内容を検討し、心理的状態を類推することができれば、心理アセスメントを実施できない状況であっても、ある見立てを心理的支援者が行うことができる。

　回想にどのような意味があるのかについての検証は、介入の効果検証と並行して実施されてきた。介入とは違った観点からその人の基本的心理状態との関連性として回想というものを理解しようとしてきた。

　無論、レミニッセンス・セラピーとは、聞き手の受容的な態度や的確な問いによってクライエントに影響を及ぼし、心理的適応に向

かわせようという両者の方向性への期待が反映して一つの効果をもたらすものである。クライエントが置かれている社会的および家庭環境の影響もまた非常に重要である。クライエントとセラピストとの関係性は、対象である高齢者の心理的安定をもたらすべく作用することがあり、調査でとらえた因果モデルを知ると同時に、実際の効果を検証した研究成果を考慮することはひとつの観点を与えるいこととなろう。

第5節　レミニッセンス・セラピーの定義と研究の洗練化

　ここでは、1980年代以降から2022年まで40年間の効果評価研究の傾向を探ることにする。このセラピーの効果をレビューした研究には多くのものがある。初期に考えられてきたものから現在までに二つの変遷の特徴がみられる。一つはRTの定義、もう一つは研究方法としての効果評価の洗練化である。以下にそれぞれの特徴を示した。

1．レミニッセンス・セラピーの定義

　レミニッセンス・セラピー（Reminiscence Therapy: 以下RT）とは何か。こうした問いはこの研究の初期[1]より問われ、効果が明らかになるにつれて次第に具体的になる。

　RTの定義に「回想ワーク」という言葉がふさわしいとし、「治療法」ではなく「活動あるいは作業」として位置付けたのはギブソン (Gibson)[2]である。障害を抱えることの多い高齢者に対して、「治療」という言葉には違和感を抱いていたかもしれない。パム (Pam)[3]も、RTは「回想ワーク」であるという立場をとる。回想する機会を提供し、それを肯定的に利用することを促すものとして、あくまでも参加者主体の力を信頼するという立場をとる。

　例えば、対象者と形式という観点から分類したものがある。「一般性」として健康な人、「特殊性」として配慮が必要な対象者に行うRTを「個人回想法」「グループ回想法」に分け、4種類の回想法として紹介した研究[4]である（図3-5-1）。

　1980〜1990年代は、回想法とライフレビューは混在していた[6]。「回想法」と「ライフレビュー」の違いを明確にしようとした研究もある[7]。そこには、RTに治療的な変化を期待する流れがある。そ

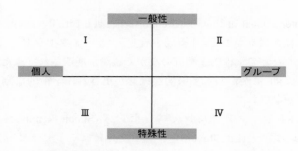

図 3-5-1　4 種類の回想法（Gibson,1994 より改変）[5]

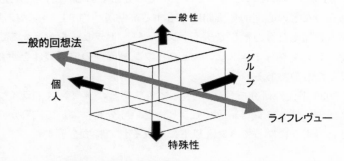

図 3-5-2　8 種類の回想法（野村 ,1998）[10]

して、構成的ライフレビューに関する実践方法を開発したのがハイト (Haight) である[8]。もともと分類されていた 4 種類の回想法に「回想法」と「ライフレビュー」という軸を加えて 8 種類の提案した概念図[9] などもある（図 3-5-2)。

　さらには、「レミニッセンス」「ライフレビュー」「ライフストーリーワーク」「ナラティブ」「自伝の執筆」という具体的な方法としての多面的な分類を示したものもある[11]。1997 年には RT に関する

IIRLR (International Institute for Reminiscence and Life Review)[12] とい
う国際組織が設立された。「構成主義」「ナラティブセラピー」「質
的研究法」などの学術的な潮流のなかで議論が展開されてきた時期
でもあり、RT にかかわる多層的な概念が出され、学術的な動きの
中で分類がなされた。

　他方、RT を「シンプルレミニッセンス (Simple Reminiscence)」
「ライフレビュー (Life Review)」「ライフレビュー・セラピー (Life
Review Therapy)」の三つに分類する観点[13] もある。2000 年以降に
RT の研究が洗練され、効果評価研究が増加した。心理療法として
の RT が一つの流れとなってきた中での分類である。この三分類は、
抑うつなどの心理的健康問題を有する高齢者への RT に心理療法の
要素を加えたものとしてライフレビュー・セラピーを意識すること
で、シンプルレミニッセンスとライフレビューの位置づけを明らか
にしたものである。

　2000 年代の研究では主に、シンプルレミニッセンス、ライフレ
ビュー、ライフレビュー・セラピーという分類によって内容が定義
されるようになってきた。以下にそれぞれの特徴を示す。

（1）シンプルレミニッセンス（Simple Reminiscence: 以下 SR）

　SR はこれまで最も多く行われてきた RT である。主にグループ
や個別的方法によって、自発的な回想が促されるように工夫され、
どちらかというとあまり構造化されていない方法でもある。これは
家族内や友人同士の行事の中に組み込まれることもある。他方で、
施設内のグループ回想法として主に肯定的な回想を中心とするもの
である。主な目的は社会的交流や短期的な幸福感である[14]。

　他のアプローチを組み合わせた SR もある。例えば、SR とゲシュ
タルト療法[15] や SR とフォーカシング[16] などを組み合わせた多彩
な実践法が展開されている。SR とロゴセラピーの組み合わせ[17] や、

芸術療法を用いて回想法を展開した研究 [18) もある。「懐かしさ出会い療法」[19) として動作法と組み合わせた回想法も報告されている。

（2）ライフレビュー（Life Review: 以下 LR）

　回想法を独自性のあるプログラムとし、ライフレビューとして位置づけ、訪問看護の文脈で個別的介入として進化させたのがハイト (Haight) である。1988 年にはハイトが 6 週間の手順を構造化した LR の効果を示した [20)。LR には、すべての RT の流れが構造化されており評価的であり、個別的に実践するという特徴がある。また、同じ頃、ビレン (Birren) は、1987 年にガイド付自伝法（Guided autobiography：以下 GAB) [21) として健康な人向けの回想を用いたセミナー形式の LR を展開させてきた。GAB は生涯学習の場で主に展開されてきた。そこには、人生を振り返るということの意味に関する心理教育的要素が加えられている。ホームワークによる自分史の執筆と、それを共有するグループワークによる RT である。

（3）ライフレビュー・セラピー（Life Review Therapy: 以下 LRT）

　LRT とは心理療法に LR の要素を組み合わせたものである。主に抑うつ症状のある高齢者が対象となる方法として、認知療法と LR を組み合わせた方法 [22)、問題解決療法と LR を組み合わせた方法 [23) などがある。PTSD の症状がある人のための心理療法に LR を組み合わせた LRT[24) もある。対象者の治療目標に合わせて、LR に期待できる効果とそのほかの心理療法に期待できるものを柔軟に組み合わせ、効果を高めようとする試みである。

　LRT のプログラムは、他の心理療法的要素と組み合わせて治療目標に合わせた試行がなされている。2000 年以降になると、治療目標に合わせたより柔軟な方法が展開がされるようになった。

2. 研究方法としての効果評価の洗練化

　臨床的考察が中心のもの、事例報告、無作為臨床試験が行われ、研究方法が多様化した。また、効果を統計的検定によって見出すものから効果値などが算出されるようになる。

　例えば、1980頃に実施された研究対象者は、かなり大掴みで示されている。例えば、「失見当識あり」[25]「シニアセンターに通う高齢者」[26]「ADLの自立した人」[27]といったように、簡単に示されていたり、何も示されていないものもある。RTを実施し探索的に効果を見出そうという事例や試行的な研究が行われ、臨床的な考察はまだ緒についたばかりという時期であった。こうした展開から、少しずつ効果が見出されるようになった。

　その後、スクリーニングの基準が明確になり、効果仮説に基づく評価尺度は必ず実施されるようになり、統制条件がおかれるいわゆる無作為臨床試験が1990年代から数多く行われるようになった。2000年代には、参加者の除外基準がより精緻化され対象者が限定され、より精密な効果評価研究へと展開されている。また、単に統制条件よりも効果があるという記載だけではなく、効果値 (d)[28] という表現方法によって効果の程度が示されている。効果値によりどのような心理的側面、行動的側面に効果が最もあるかという比較がなされたり、他の心理療法との比較における RT の効果の大きさが示されるようになった。

第 6 節　レミニッセンス・セラピーの効果の明確化

　ここでは認知症高齢者や抑うつ症状のある高齢者を対象にしたレ
ミニッセンス・セラピー（以下 RT）の効果評価研究を中心に、模
索的な効果の抽出から一定の評価が定まるまでの流れを示す。

1.模索的な介入における RT の効能

　RT はおよそ 1980 年代に多くの効果評価が蓄積されるようになっ
てきた。1980 年代の効果評価の主要論文を表 3-6-1 〜表 3-6-4 に示
した [1]〜[13]。

　全般に高齢者の RT には、次のような効果が報告されている。ま
ず、実施された場は、施設では、ナーシングホームや高齢者施設や
精神病院である。また、地域で暮らす高齢者に募集をかけて実施さ
れることもある。その場合には、シニアセンター、公営老人アパー
ト、コミュニティセンターなどで実施されている。

　この時期の主な効果とは 12 件の論文中、抑うつの改善 (3 件)[14]、
行動の改善 (3 件)[15]、不安の改善 (1 件)[16]、認知機能の改善 (1 件)[17]、
死に関する肯定的態度への改善 (1 件)[18]、人生満足度の改善 (1 件)[19]
と肯定的な効果を報告しているものが多かった。効果がないという
否定的な報告 [20] も 1 件あった。

　1990 年代〜 2000 年代には RT の効果に関する論文数が増加して
いる。1990 年代の RT の効果研究を表 3-6-5 〜表 3-6-9[21]〜[40]、2000
年代のものを表 3-6-10 〜表 3-6-16[41]〜[65] に示した。

　RT の効果には、心理的健康の側面への効果（自我の統合の促進、
人生満足度や主観的幸福感、死への準備、人生の意味への気づき、
不安症状の改善、抑うつ症状の改善、生活の質の改善、自尊感情
の改善、精神的健康の改善、否定的感情の改善、孤独感の改善、熟

表 3-6-1　1980 年代のレミニッセンス・セラピーの効果研究

著者	参加者の情報	レミニッセンスの方法	主な効果
Kiernat (1979) [1]	場：ナーシングホーム（米国） 選定基準：失見当あり 人数：R = 23 平均年齢：記載なし	タイプ：SR　形式：G 回数：20　時間（分）：45〜60 頻度：2/w　グループ人数：6〜10 セラピスト：作業療法士	参加者の行動の質的変化をとらえている。表情、参加態度、意欲などがセッション終了時には改善している。
Perrotta & Meacham (1981) [2]	場：シニアセンター（米国） 選定基準：記載なし 人数：R=7　CI = 7　C2=7 平均年齢：77	タイプ：SR　形式：G 回数：5　時間（分）：30-45 頻度：1/w グループ人数：7 セラピスト：記載なし	抑うつや自尊感情に効果なし
Lasser et al.(1981) [3]	場：精神病院（米国） 選定基準：入院患者 器質性精神障害=2　統合失調症=1 人数：R = 6　CG = 6 平均年齢：69.7	タイプ：SR　形式：G 回数：22　時間（分）：45 頻度：2/w グループ人数：6 セラピスト：記載なし	R は CG よりも参加者の参加しやすくなった
Hughston & Merriam (1982) [4]	場：公営老人アパート（米国） 選定基準：記載なし 人数：R = 27　NM = 28　C = 28 平均年齢：60-88	タイプ：SR　形式：I 回数：30　時間（分）：15 頻度：7/w　個別回想法 セラピスト：記載なし	レーヴン色彩マトリックス検査では女性参加者の認知機能の向上がみられた。

R：レミニッセンス・セラピー，C：統制条件，SR：シンプル・レミニッセンス，G：グループ，I：個別，CG：古典的グループ，NM：昔の人々の生活資料を用いた課題　2/w：週に2回，1/w：週に1回

表3-6-2　1980年代のレミニッセンス・セラピーの効果研究（続き）

著者	参加者の情報	レミニッセンスの方法	主な効果
Georgemiller & Maloney (1984) [5]	場：シニアセンター（米国） 選定基準：ADL の自立した人 人数：LR = 34　C = 29 平均年齢：75	タイプ：LR　形式：G 回数：7　時間（分）：90 頻度：1/w　グループ人数：記載なし セラピスト：心理学者	死に対する態度チェックリストの得点が高まり、死に向かう肯定的態度が示された。
Fry (1983) [6]	場：地域（カナダ，米国） 選定基準：抑うつ症状のある高齢者 人数：R1 = 54　R2 = 54　C = 54 平均年齢：68.5	タイプ：SR・LR　形式：I 回数：5　時間（分）：90 頻度：1/w　個別回想法 セラピスト：記載なし	BDI の改善
Harp Scates et al.(1986) [7]	場：退職者ボランティア講座（米国） 選定基準：グループに参加が可能、服薬無し、同意書、市民登録有 人数：R=17CB=16 A=17 平均年齢：75.1	タイプ：SR　形式：G 回数：6　時間（分）：360 頻度：2/w　グループ人数：16-17 セラピスト：大学院生	STAI-States の改善
Baines et al. (1987) [8]	場：高齢者施設（イギリス） 選定基準：中等度から重度の認知障害 人数：RO(6)+ R = 10　R + RO = 10　C = 10 平均年齢：82.1	タイプ：SR+RO　形式：G 回数：20　時間（分）：30 頻度：1/w　グループ人数：10 セラピスト：記載なし	RO+R 群（RO 後に R を実施）では、行動的側面の改善を認めた

LR：ライフレビュー，R：レミニッセンス・セラピー，C：統制条件，CB：課題，A：活動，RO：リアリティ・オリエンテーション，STAI-State：状態不安尺度．BDI：抑うつ

表3-6-3 1980年代のレミニッセンス・セラピーの効果研究（続き）

著者	参加者の情報	レミニッセンスの方法	主な効果
Goldwasser et al (1987) [9]	場：ナーシングホーム（米国） 選定基準：認知症高齢者 人数：R＝9 CT＝9 C (No.)＝9 平均年齢：83.1	タイプ：SR 形式：G 回数：10 時間（分）：30 頻度：2/w グループ人数：9 セラピスト：記載なし	BDIに改善がみられた。フォローアップでは効果は維持されていない
Sherman (1987) [10]	場：地域のコミュニティセンター（米国） 選定基準：記載なし 人数：LR＝35 SR＝35 C＝34 平均年齢：73.8	タイプ：LR・SR* 形式：G 回数：10 時間（分）：90 頻度：記載なし グループ人数：6～10 セラピスト：ソーシャルワーカー	LRとSRではCに比較し回想内容が包括的で回避的ではなくなり、体験尺度の得点も高くなっていった。
Haight (1988) [11]	場：地域（米国） 選定基準：障害のある高齢者・コミュニケーションに問題なし 人数：LR＝16 FVC＝16 C＝19 年齢幅：73-79	タイプ：LR 形式：I 回数：6 時間（分）：90 頻度：1/w 個別回想法 セラピスト：看護師	LSI, ABSの改善
Rattenbury & Stones (1989) [12]	場：ナーシングホーム（カナダ） 選定基準：視聴覚に問題なし・認知症無 人数：R＝8 CT＝8 C＝8 平均年齢：85	タイプ：SR 形式：G 回数：8 時間（分）：30 頻度：2/w グループ人数：4 セラピスト：大学院生	MUNSHの改善

SRF：トピックが書かれたカードを引いて回想するなど偶発的なテーマで行い、フォーカシングを取り入れている。FVC：訪問して親しく話をする統制条件群. LSI (Life Satisfaction Index)：人生満足度を測定する尺度. ABS (Affect Balance Scale)：心の健康状態を測定する尺度. CT (Current Topic)：現在の話をする統制条件群. MUNSH (Memorial University of Newfoundland Scale of Happiness)：主観的幸福感を測定する尺度.

表3-6-4　1980年代のレミニッセンス・セラピーの効果研究（続き）

著者	参加者の情報	レミニッセンスの方法	主な効果
Orten *et al.*(1989) [13]	場：ナーシングホーム（米国） 選定基準：認知症 人数：R=28　C = 28 平均年齢：82.6	タイプ：SR　形式：G 回数：16　時間（分）：不明 頻度：不明　グループ人数：8〜9 セラピスト：不明	SBSに効果あり

SBS（Social Behavior　Scale）：社会的行動を観察式で評価する尺度

表 3-6-5　1990 年代のレミニッセンス・セラピーの効果研究

著者	参加者の情報	レミニッセンスの方法	主な効果
Fielden (1990) [21]	場：シェルタードハウス(高齢者住宅)(イギリス) 選定基準：任意の2施設の住民でセッションの50%に参加した人 人数：R = 15　C = 16 平均年齢：74.7	タイプ：SR*　形式：G 回数：9　時間(分)：60～90 頻度：1/w　グループ人数：15 セラピスト：臨床心理士・施設長	GHO-12,PGCM,SR が改善した
Youssef (1990) [22]	場：ナーシングホーム (米国) 選定基準：65歳以上、聴覚やコミュニケーションに問題のない人、精神障害のない人 人数：R1=21　R2=18　C = 21 平均年齢：72.3	タイプ：SR　形式：G 回数：6　時間(分)：45 頻度：1/w　グループ人数：4～5 セラピスト：ボランティア	BDI が改善した
Bacher et al. (1991) [23]	場：病院入院患者(イギリス) 選定基準：DSM Ⅲ-R での大うつ病の診断と HRSD の得点 人数：R = 11　TG = 11 平均年齢：—	タイプ：SR　形式：G 回数：5以上　時間(分)：— 頻度：—　グループ人数：4～10 セラピスト：臨床心理士	患者自身の評価では、TGよりもRの方が利点が大きいと評価していた。
Cook (1991) [24]	場：ナーシングホーム (米国) 選定基準：脳機能の障害無・精神障害無・聴覚障害無 人数：R = 14　C=18 平均年齢：81.3	タイプ：SR　形式：G 回数：16　時間(分)：60 頻度：1/w　グループ人数：9 セラピスト：看護師	社会的交流の増加

SR*：スライド，投影機，スクリーンを用いたシンプル・レミニッセンス，GHQ-12：心理的健康，PGCM：人生満足度，SR：関係性，TG：伝統的グループ，R1：65～74歳，R2：75歳以上，HRSD：抑うつ

表3-6-6　1990年代のレミニッセンス・セラピーの効果研究（続き）

著者	参加者の情報	レミニッセンスの方法	主な効果
野村 (1992) [25]	場：特別養護老人ホーム（日本） 選定基準：認知症なし、ADL自立 人数：R＝8 平均年齢：83.4	タイプ：SR　形式：G 回数：8　時間（分）：60 頻度：1/w　グループ人数：8 セラピスト：社会福祉系大学教員・施設職員	相互交流の増加、発言の質的変化
Haight (1992) [26]	場：地域在住高齢者（米国） 選定基準：障害のある高齢者・コミュニケーションに問題なし 人数：LR＝10　FVC=13　C=12 平均年齢：76	タイプ：LR　形式：I 回数：6　時間（分）：90 頻度：1/w　グループ人数：1 セラピスト：看護師	LSIの改善、1年後のフォローアップでは効果は維持されなかった
McMurdo&Rennie (1993) [27]	場：老人ホーム（イギリス） 選定基準：言語コミュニケーションに問題無 人数：R=26 E=15 平均年齢：79.3	タイプ：SR　形式：G 回数：56　時間（分）：45 頻度：2/w　グループ人数：— セラピスト：理学療法士	LSI, MMSE, GDSが改善
Arean et al.(1993) [28]	場：地域在住高齢者（米国） 選定基準：抑うつ尺度 ,55-80までの年齢 人数：R=28 PST=27　WLC=20 平均年齢：66.7	タイプ：LR　形式：I 回数：12　時間（分）：90 頻度：1/w　グループ人数：— セラピスト：臨床心理学を専攻する大学院生	HRSD, BDI, GDSにおいてPSTとRの両群に改善がみられた。

FVC：訪問して話をする群、E：運動療法、PST：問題解決療法、WLC：治療待機群、MMSE：認知機能、HRSD：抑うつ、GDS：抑うつ

表 3-6-7 1990 年代のレミニッセンス・セラピーの効果研究（続き）

著者	参加者の情報	レミニッセンスの方法	主な効果
Stevens-Ratchfold (1993)[29]	場：在宅介護（米国） 選定基準：抑うつ無 人数：R=12 C=12 平均年齢：79.75	タイプ：SR 形式：G 回数：6 時間（分）：120 頻度：2/w グループ人数：12 セラピスト：OT	SE,BDI ともに統計的に有意な効果はみられなかった。
Gibson (1994)[30]	場：アイケアセンター（イギリス） 選定基準：認知症（重症度不明） 人数：R＝168 平均年齢：—	タイプ：SR 形式：G 回数：40 時間（分）：— 頻度：1/w グループ人数：6 セラピスト：研究者・施設職員	対人交流、情緒的雰囲気の改善
Namazi & Haynes (1994)[31]	場：アイケアセンター（米国） 選定基準：中等度 AD 人数：R=5 Co=5 No=5 平均年齢：81.5	タイプ：SR 形式：G 回数：12 時間（分）：— 頻度：1/w グループ人数：5 セラピスト：施設職員	MMSE が改善したが、行動機能には改善はみられなかった
黒川 (1995)[32]	場：老人病院精神科病棟（日本） 選定基準：軽度～重度の認知症、場所・時間の見当識あり 人数：R＝8 平均年齢：82.6	タイプ：SR 形式：G 回数：6 時間（分）：60 頻度：1/w グループ人数：8 セラピスト：CP・レクリエーション W・OT・NS	MOSESが改善、観察評価スケールで相互交流の増加

AD：アルツハイマー病、CP：臨床心理士、W：ワーカー、OT：作業療法士、NS：看護師、MOSES：観察評価尺度、SE：自尊感情、BDI：抑うつ

表3-6-8　1990年代のレミニッセンス・セラピーの効果研究（続き）

著者	参加者の情報	レミニッセンスの方法	主な効果
Tabourne (1995) [33]	場：ナーシングホーム（米国） 選定基準：中等度のAD あるいは情動障害り 人数：R=16 C=17 平均年齢：85	タイプ：LR　形式：G 回数：12　時間（分）：― 頻度：2/w　グループ人数：8 セラピスト：レクリエーション専門士	SI（対人交流）、失見当識が改善し、自己価値、過去の受容などの思考が肯定的に変化した
Cook (1997) [34]	場：ナーシングホーム（米国） 選定基準：65歳以上、英語を話せる、グループ参加が可能、精神障害や認知障害がない 人数：R = 12　C 1=12 C2=12 平均年齢：82.4	タイプ：SR　形式：G 回数：16　時間（分）：60 頻度：1/w　グループ人数：6 セラピスト：―	LSI-A の改善
Haight (1998) [35]	場：ナーシングホーム（米国） 選定基準：60歳以上、ナーシングホームに入居して6週間以内、臨床的にうつ病ではないこと、英語で対話できること 人数：LR = 104　C = 98 平均年齢：79.6	タイプ：LR　形式：I 回数：6　時間（分）：60 頻度：1/w　グループ人数：1 セラピスト：訓練を受けた傾聴者	BDI,HS が低下, ABS が増加
中村他 (1998) [36]	場：老人保健施設（日本） 選定基準：女性、言語コミュニケーションに問題無 人数：R=7 平均年齢：84.8	タイプ：SR　形式：G 回数：6　時間（分）：60 頻度：1/w　グループ人数：7 セラピスト：臨床心理士・看護師	MMSE（認知機能）が改善し、コミュニケーションが増加

HS：絶望感尺度、ABS：主観的幸福感

表3-6-9 1990年代のレミニッセンス・セラピーの効果研究（続き）

著者	参加者の情報	レミニッセンスの方法	主な効果
有爾他 (1998)[37]	場：養護老人ホーム 選定基準：認知症無・抑うつ無・嗅覚能力有（なし） 人数：R = 12（ニオイあり、なし） 平均年齢：73.9,76.9	タイプ：SR　形式：G 回数：4　時間（分）：60 頻度：1.2/w　グループ人数：6 セラピスト：GST（大学院生）	ニオイありのセッションは否定的情動言語減少し自我機能の増加
橋木他 (1998)[38]	場：精神科病院 選定基準：軽度から重度の認知症 人数：R = 10 平均年齢：78.1	タイプ：SR　形式：G 回数：9　時間（分）：60 頻度：1/w　グループ人数：10 セラピスト：臨床心理士・看護師・介護士・医師	交流の増加、自己および外界への肯定的感情の増進
森川 (1999)[39]	場：老人保健施設 選定基準：活動性・社会性の低下のある人　孤立傾向の高い人 人数：R = 5 平均年齢：82.4	タイプ：SR　形式：G 回数：6　時間（分）：60 頻度：1/w　グループ人数：5 セラピスト：看護師・介護士	コミュニケーションや社会的交流が改善した
林 (1999)[40]	場：精神科病院 選定基準：不安心気神経症、双極性感情障害 人数：R = 2（事例研究） 平均年齢：60, 69	タイプ：LR　形式：I 回数：44, 31　時間（分）：— 頻度：1/w　グループ人数：1 セラピスト：臨床心理士	2事例より、ライフレビューが適応的に進展するか否かは自我に受け入れがたい出来事に対する防衛の強さと自我のパランスによるものと考察している

表3-6-10　2000年代のレミニッセンス・セラピーの効果研究

著者	参加者の情報	レミニッセンスの方法	主な効果
Ashida(2000)[41]	場：高齢者介護施設（米国） 選定基準：認知症、感情表出可能。17名が抗うつ薬と抗不安薬を服用 人数：R = 20 平均年齢：86.2	タイプ：SR＊　形式：G 回数：5　時間（分）：38〜45 頻度：－　グループ人数：4〜7 セラピスト：音楽療法士・施設職員	CSDD が減少
田高他.(2000)[42]	場：地域在住（日本） 選定基準：AD か VD、視聴覚に著しい障害なし 人数：R=12 C=10 平均年齢：83.8	タイプ：SR(1)　形式：G 回数：10　時間（分）：60 頻度：1/w　グループ人数：6 セラピスト：看護師・介護士	MMSE の改善、MOSES の失見当、引きこもりが改善
Watt & Cappeliez (2000)[43]	場：地域在住（カナダ） 選定基準：－ 人数：R-Integ = 14　R-Instru = 13　C = 13 平均年齢：66.8	タイプ：SR　形式：G 回数：－　時間（分）：－ 頻度：－　グループ人数：－ セラピスト：－	GDS,HRSD の改善
Brooker & Duce (2000)[44]	場：デイケアセンター（イギリス） 選定基準：軽度〜中等度 AD もしくは VD 人数：R = 25 C=25 平均年齢：81.9	タイプ：SR　形式：G 回数：2　時間（分）：40 頻度：1/w　グループ人数：8〜10 セラピスト：看護師・作業療法士	PWB の改善

SR＊：音楽療法を同時に実施、CSDD：抑うつ、MMSE：認知機能検査、MOSES：観察評価尺度、R-Integ：統合感を促進する RT、R-Instru：問題解決を促進する RT、GDS：抑うつ、HRSD：抑うつ、PWB：主観的幸福感

表3-6-11 2000年代のレミニッセンス・セラピーの効果研究（続き）

著者	参加者の情報	レミニッセンスの方法	主な効果
Fry & Barker (2002) [45]	場：語りに関するワークショップ（カナダ） 選定基準：DV被害女性 人数：R=20 C=18 平均年齢：30.5	タイプ：SR* 形式：G 回数：6 時間（分）：30～60 頻度：1～2/m グループ人数：20 セラピスト：心理学者	BDI,SES,GDSES,ES が改善
Maercker (2002) [46]	場：保健センター（スイス） 選定基準：WWⅡでドレスデンの爆撃を体験し、PTSDの診断をされた人 人数：R=3 平均年齢：67	タイプ：LR 形式：I 回数：12 時間（分）：50-90 頻度：1～2/m グループ人数：1 セラピスト：臨床心理士	3事例ともに PTSS-10 や IES-R の得点が改善していた。
松田他 (2002) [47]	場：精神科クリニック（日本） 選定基準：軽度認知症、言語コミュニケーションに問題なし 人数：R=9 平均年齢：78.9	タイプ：SR 形式：G 回数：150 時間（分）：60～70 頻度：1/w グループ人数：6～8 セラピスト：臨床心理士、精神科医	認知症の人に五感に響きをかける感覚的手がかりの必要性が示唆された。
佐々木・上里 (2003) [48]	場：特別養護老人ホーム（日本） 選定基準：会話が困難ではない認知症高齢者 人数：R＝6 平均年齢：78.5	タイプ：SR 形式：G 回数：8 時間（分）：60 頻度：1/w グループ人数：6 セラピスト：臨床心理士・介護士	時間の見当識や問題行動の減少、バウムテストでは自己表出がされるようになった

SR*：被害者への回想法導入の留意点が詳述されている。LR：, BDI：抑うつ, SES：自尊感情尺度, GDSES：自己効力感尺度, ES：自我の強さ,PTSS-10：外傷後ストレス症状, IES-R:PTSD評価尺度, バウムテスト：樹木画を描く心理テスト

表3-6-12　2000年代のレミニッセンス・セラピーの効果研究（続き）

著者	参加者の情報	レミニッセンスの方法	主な効果
Serarano et al. (2004)[49]	場：社会福祉制度利用者（スペイン） 選定基準：軽度～中等度の抑うつ症状、認知症なし、薬物療法なし 人数：LR=20　C=23 平均年齢：77.1	タイプ：LR形式：I 回数：4　時間（分）：— 頻度：1/w グループ人数：1 セラピスト：—	CES-D, BHSの改善、特定記憶の増加
Sivis(2005)[50]	場：定年退職者ホーム（トルコ） 選定基準：— 人数：R=5 C=5 平均年齢：68	タイプ：SR形式：G 回数：6　時間（分）：60～90 頻度：1/2w グループ人数：5 セラピスト：大学院生	TSCS2が改善したが群差はなかった。
Wang (2005)[51]	場：高齢者施設入居者（台湾） 選定基準：認知症無・言語コミュニケーションに問題無 人数：R=25 C=23 平均年齢：79.5	タイプ：SR形式：I 回数：17　時間（分）：30～45 頻度：1/w グループ人数：1 セラピスト：高齢者関連PhD取得過程で調練を受けた人	GDS-FS,AER（否定的感情）の改善
野村・橋本 (2006)[52]	場：老人福祉センター（日本） 選定基準：— 人数：R=22 健康増進教室=26 平均年齢：80.1	タイプ：SR形式：G 回数：8　時間（分）：60 頻度：1/w グループ人数：8,14 セラピスト：大学院生・大学生	LSIが増加

CED-D：抑うつ症状尺度、BHS：無力感尺度、TSCS 2：自己概念を測定する尺度、GDS-FS：抑うつ尺度、AFR：感情全般を測定する尺度、LSI：人生満足度

表3-6-13 2000年代のレミニッセンス・セラピーの効果研究（続き）

著者	参加者の情報	レミニッセンスの方法	主な効果
Stinson&Kirk (2006)[53]	場：老人介護施設（米国） 選定基準：高齢女性、筆記可能、向精神薬を服用していない、自殺リスク無し R=10 アクティビティ=8 平均年齢：81.8	タイプ：SR 形式：G 回数：12 時間（分）：60 頻度：2/w グループ人数：10 セラピスト：看護師	GDS（抑うつ感）が改善
Bohlmeijer et al. (2008)[54]	場：地域（オランダ） 選定基準：― LRT=57 C=36 平均年齢：63.9	タイプ：LR 形式：G 回数：8 時間（分）：120 頻度：― グループ人数：9～10 セラピスト：心理学者・看護師	否定的自己評価が改善し、社会的関係や過去の肯定的評価が改善した
Bohlmeijer et al. (2009)[55]	場：地域在住高齢者（オランダ） 選定基準：55歳以上、軽度～中等度のうつ症状 LRT=48 WLC=36 平均年齢：63.8	タイプ：LR 形式：G 回数：8 時間（分）：120 頻度：― グループ人数：4 セラピスト：カウンセラー	CES-D と PMS の改善
Chiang et al. (2010)[56]	場：ナーシングホーム（台湾） 選定基準：認知症無 R=45 C=47 平均年齢：77.4	タイプ：SR 形式：G 回数：8 時間（分）：90 頻度：1/w グループ人数：4 セラピスト：精神科看護領域の修士課程の学生で54時間の回想法の講義を受けた人	CES-D, SCL-90-R, RULS-V3 が改善

CES-D：うつ症状の尺度，PMS：コントロール感を測定する尺度，SCL-90-R：心理的健康尺度，RULS-V3：孤独感尺度

表3-6-14　2000年代のレミニッセンス・セラピーの効果研究（続き）

著者	参加者の情報	レミニッセンスの方法	主な効果
Stinson et al. (2010)[57]	場：老人介護施設（米国） 選定基準：高齢女性、筆記可能、見当識に問題無 R=22 C=25 平均年齢：82.5	タイプ：SR　形式：G 回数：12　時間（分）：60 頻度：2/w　グループ人数：一 セラピスト：看護師	GDSが改善
Westerhof et al.(2010)[58]	場：地域の精神保健センター（オランダ） 選定基準：50歳以上、抑うつ症状あり、精神障害なし LRT = 83　C = 88 平均年齢：64.3	タイプ：LRT　形式：G 回数：12　時間（分）：120 頻度：1/w　グループ人数：8 セラピスト：精神保健センター職員	SELE-instrumentによる人生の意味づけが改善
奥村 (2010)[59]	場：施設（病院、老人保健施設、デイサービス）（日本） 選定基準：AD R=11 C=11 平均年齢：R:83.3　C：88.1	タイプ：SR　形式：G 回数：5　時間（分）：60 頻度：1/w　グループ人数：11 セラピスト：臨床心理士	語想起課題の語彙数が増加した
de Medeiros et al.(2011)[60]	場：継続ケア型退職者コミュニティ（米国）・高卒 選定基準：認知症無・視知覚障害無 R = 18　自分史 = 18 C=15 平均年齢：80.6	タイプ：SR　形式：G 回数：8　時間（分）：90 頻度：1/w　グループ人数：一 セラピスト：一	TSCS-2が改善した群と差はなかった

GDS：老年期抑うつ尺度，TSCS-2：自己概念尺度

183

表3-6-15　2000年代のレミニッセンス・セラピーの効果研究（続き）

著者	参加者の情報	レミニッセンスの方法	主な効果
Korte et al. (2011)[61]	場：地域（オランダ） 選定基準：55歳以上、中等度のうつ病、自殺のリスクなし、2か月以内に服薬なし LRT = 100　C = 102 平均年齢：63.3	タイプ：LR　形式：G 回数：8　時間（分）：120 頻度：1/ w　グループ人数：4〜6 セラピスト：臨床心理士	CES-D が改善した
河合他（2013）[62]	場：特別養護老人ホーム（日本） 選定基準：認知症無・言語コミュニケーションに問題無 LR = 10 C=12 平均年齢：81.9	タイプ：LR　形式：I 回数：6　時間（分）：60 頻度：1/ w　グループ人数：1 セラピスト：高齢者への調査経験者で傾聴訓練を受けた人	WHO-5、否定的気分の改善
Lamers et al. (2014)[63]	場：地域在住高齢者（オランダ） 選定基準：40歳以上、軽〜中等度の抑うつ症状を有する人、重度の精神障害のない人、3ヵ月以内に他の心理療法を受けたり服薬をしていない人 LR = 58　Writing 法=58　WLC=58 平均年齢：56.9	タイプ：LR　形式：I 回数：7　時間（分）：60 頻度：1/ w　グループ人数：1 セラピスト：高齢者への調査経験者で傾聴訓練を受けた人	WLC より LR と Writing 法は CES-D が改善した

CES-D：うつ症状の尺度，WHO-5：精神的健康尺度，WLC：介入待機群

表 3-6-16　2000 年代のレミニッセンス・セラピーの効果研究（続き）

著者	参加者の情報	レミニッセンスの方法	主な効果
Keisari & Palgi (2016)[64]	場：デイセンター、社交クラブ、介護施設（イスラエル） 選定基準：認知機能と言語コミュニケーションに問題なし LR = 27　C = 28 平均年齢：78.4	タイプ：LR　形式：G 回数：12　時間（分）：90 頻度：1/w　グループ人数：6〜11 セラピスト：ソーシャルワーカー・dramatherapist	自己受容、他者との関係、人生の意味、抑うつの改善
Ren et al. (2021)[65]	場：地域在住高齢者（中国） 選定基準：60 歳以上、中等度うつ症状、認知機能とコミュニケーションに問題なし、深刻な慢性疾患なし、運動に参加可能、服薬をしていない人、他の心理療法を受けていない人 R = 60　C = 61 平均年齢：—	タイプ：SR+運動　形式：G 回数：8　時間（分）：50〜60 頻度：1/w　グループ人数：— セラピスト：—	ULSLoneliness Scale が低下、SIWB、BRS が改善

ULSLoneliness Scale：孤独感尺度，SIWB (Spirituality Index of Well Being)：スピリチュアリティ幸福感尺度，BRS (Brief Resilience Scale)：レジリエンス尺度

達感の活性化）、社会的側面への効果（社会的機能の活性化、社会的交流や凝集性の高まり）、認知的側面への効果（認知機能の改善、失見当識の改善）、行動的側面の改善（問題行動の改善や予防、機能的活動の促進）と多彩な効果が報告されている。

　中でも研究の対象者としての認知症高齢者と抑うつ高齢者に対する効果は、高齢者の支援の場で有力な方法の一つと考えられる。2. では認知症高齢者を対象とした効果、3. では抑うつ症状のある高齢者を対象とした効果を示した。

2．認知症高齢者を対象とした効果

　認知症高齢者を対象としたRTには多くの意義がある。RTの利点の一つに、他のセラピーと比較して言葉の機能を失った人々を含めた多様な認知レベルの人々に用いることができるということである[66]。認知症高齢者に関するRTには多くのレビュー論文[67]がある。

　まず、臨床的な考察として、次のような効果が報告されている。認知症高齢者の表情などの非言語的表現の豊かさの増加、介護者への効果（高齢者への敬意の高まり、対人援助技術の向上、世代間交流の進展）、介護家族への効果（家族の対人関係機能の再発見、具体的会話や対応への示唆、家族の歴史の再発見、世代間交流の進展などである[68]。

　ギブソン (Gibson)[69] は、RTには認知症の人だけでなく、家族介護者や介護スタッフを変えるという潜在的利点があるという。介護スタッフにとっては、高齢者の現在の行動やパーソナリティを理解するためのよりよい機会となる。家族だけでなく親戚と交流する方法なども提供できるという。

　黒川[70] はRTのもたらす記憶と情動の賦活による効果に言及している。また、介護スタッフに尊厳ある独立した人格としての高齢者

への個別理解を促すこと、心理的ケアの重要性と意義の再認識を促すこと、介護の質を高めること、スタッフ同士の連携の高まり、認知症高齢者の心理アセスメントを多職種で共有することの重要性を促すことができたこと、などを間接的な効果として報告している。

　認知症高齢者を対象にした RT の効果評価研究での主要な効果としては、主に行動的側面への効果 (BPSD)[71]、認知的側面（認知機能や失見当識）[72] への効果、社会的側面（対人交流の増加や対人関係の形成）[73]、心理的側面への効果（抑うつ症状 [74]、QOL[75]）への効果などが報告されている。表 3-6-17 に 4 つの効果をまとめた [76]~[95]。

　システマティックレビューやメタ分析では 157 件の論文中メタ分析の基準に合う 24 件を調べ、効果値からエビデンスレベルを算出した。その結果、RT には認知症高齢者の抑うつの低下、QOL の増加、BPSD の低下に効果があったことが示されている [96]。また、他のシステマティックレビューでも RT は認知症高齢者の抑うつ症状に効果があり長期的に効果が維持されることも示されている [97]。

　ただし、抑うつ [98]、BPSD[99]、QOL[100] には効果がなかったとする報告もある。認知症高齢者の RT の効果は、臨床的観点からの評価、効果評価研究や、メタ分析での効果値などによって導き出されている。抑うつ症状や BPSD に関する症状が減少するということは、本人の苦痛が軽減されるだけでなく、介護負担感を減らすという意味がある。また、たとえ認知症になっても QOL の質を維持できるということは、本人にとっても、その人をとりまく家族や支援者にとっても、安心して生活できる心理的基盤となる。また、薬物療法は認知症の有力な支援手段の一つではあるが、副作用などのリスクのない非薬物療法として、薬物の代わりに用いることができる点で RT の価値は高い。

表 3-6-17　認知症高齢者を対象にした RT の主な効果

1. 行動的側面への効果

著者	効果
Kiernat (1979)[76]	参加者の行動の質的変化。表情、参加態度、意欲の改善
Baines et al. (1987)[77]	行動の変化あり、BPSD の改善までは至らず
Tadaka & Kanagawa (2007)[78]	BPSD の改善
O'Shea et al. (2014)[79]	BPSD の改善

2. 認知的側面への効果

著者	効果
Namazi & Haynes (1994)[80]	認知機能の改善、行動機能には改善なし
田高ら (2000)[81]	認知機能の改善、失見当識、引きこもり行動の改善
佐々木・上里 (2003)[82]	時間の見当識や問題行動の減少・自己表現の増加
奥村 (2010)[83]	語想起課題の語彙数の増加

3. 社会的側面への効果

著者	効果
Orten et al. (1989)[84]	社会的行動に効果
Gibson (1994)[85]	対人交流、情緒的雰囲気の改善
黒川 (1995)[86]	相互交流の増加
Tabourne (1995)[87]	対人交流、失見当識が改善し、自己価値、過去の受容などの思考の肯定的変化
橋木ら (1998)[88]	交流の増加、自己および外界への肯定的感情の増進

4. 心理的側面への効果

著者	効果
Goldwasser *et al.* (1987)[89]	抑うつ症状の改善
Ashida (2000)[90]	抑うつ症状の減少
Brooker & Duce (2000)[91]	心理的ウェルビーイングの改善
Serrano *et al.* (2004)[92]	抑うつ症状や無力感の改善，特定記憶の増加
Wang (2007)[93]	抑うつ症状の改善
Duru Asiret & Kapucu (2016)[94]	抑うつ症状の改善
Wood *et al.* (2018)[95]	QOL の改善

　認知症高齢者のための RT では、グループや個別の SR が実施されてきた。その際に想起を促進するための様々な手がかりの工夫がなされてきた。主にグループではテーマが設定され、それに合わせた道具や写真を用いて、自然なかたちで対象者が回想できることが促され、共有したり内容に共感したりすることが行われてきた。高齢者は自分自身の人生のことを語ることでこれまでにはなかったような感情を賦活させたり関係性を紡いだりして、自分らしさを取り戻していく。こうしたことが、認知症高齢者の抑うつ症状を低下させ、QOL を高め、その結果 BPSD が改善すると考えられる。

3. 抑うつ症状のある高齢者を対象とした効果

　抑うつ症状のある高齢者を対象とした RT はすでに 1980 年代から行われていた。抑うつ症状のための RT に関する展望論文には、効果としてかなり有望であることが示されている[101]。例えば、20

研究について抑うつ症状に対する効果のメタ分析を行った報告[102]では、抑うつに対する効果値は 0.84 であり、RT が効果があったことを示した。他の対象（例えば認知症など）よりも抑うつ症状がある人の方が効果があることも、効果値によって示されている。

　また、同様に抑うつ症状に対する RT の効果では、抑うつ症状が軽度の人よりもより重度の人のほうが効果が高いことが報告された[103]。なかには抑うつ症状を臨床的に診断した研究[104]もあれば、基準を用いて厳密にスクリーニングした研究[105]まである。

　2001 年より前の RT に関する抑うつを含めたいくつかの心理的指標への効果を検討した研究[106]では、メタ分析の標準化平均 (SMD:Standardized mean difference) が用いられ、抑うつ症状への効果を RT 群と統制群とで比較している。6 つの研究で、抑うつは SMD が -0.9 という数値を示していた。これはほかの指標に比べて RT が抑うつに対する効果があったことを示している。

　表に 1980 年代から 2000 年代までの抑うつ症状のある高齢者を対象とした研究の概要を、先に示した表の中から取り出して示す（表 3-6-18 ～表 3-6-20）。

　次にプログラムの概要について示す。全研究 9 件中グループでの RT が 6 件、個別に行われていた RT が 3 件であった。グループか個別かでは、効果に大きな違いはない。RT のセッションの長さによって効果がどのように異なるかについては不明であるが、1 回 50 ～ 120 分の長さのものが多く、8 ～ 12 回までのプログラムが多い。頻度としては週に 1 回のプログラムが 7 件であった。セッションの頻度や回数は個人の抑うつの重症度やペースによって異なるため、一概にこの回数が望ましいということはないが、4 ～ 12 回までで効果が出ている。

表3-6-18　抑うつ症状のある高齢者を対象にした RT

著者	参加者の情報	レミニッセンスの方法	効果
Fry (1983) [107]	場：地域（カナダ，米国） 選定基準：抑うつ症状のある高齢者 人数：R1 = 54　R2 = 54　C = 54 平均年齢：68.5	タイプ：SR・LR　形式：I 回数：5　時間（分）：90 頻度：1/w　個別回想法 セラピスト：記載なし	抑うつ症状の改善
Bacher et al. (1991) [108]	場：病院入院患者（イギリス） 選定基準：DSM Ⅲ -R でのうつ病の診断と HRSD の得点 人数：R = 11　TG = 11 平均年齢：—	タイプ：SR　形式：G 回数：5以上　時間（分）：— 頻度：—　グループ人数：4〜10 セラピスト：臨床心理士	患者自身の評価では、TG よりも R の方が利点が大きいと評価していった。
Arean et al. (1993) [109]	場：地域在住高齢者（米国） 選定基準：抑うつ尺度 ,55-80 までの年齢 人数：R=28 PST=27　WLC = 20 平均年齢：66.7	タイプ：LR　形式：— 回数：12　時間（分）：90 頻度：1/w　グループ人数：— セラピスト：臨床心理学を専攻する大学院生	抑うつ症状に改善がみられた。
Serrano et al. (2004) [110]	場：社会福祉制度利用者（スペイン） 選定基準：軽度〜中等度の抑うつ症状，認知症なし，薬物療法なし 人数：LR=20　C = 23 平均年齢：77.1	タイプ：LR　形式：I 回数：4　時間（分）：— 頻度：1/w グループ人数：1 セラピスト：—	抑うつ症状や無力感の改善，特定記憶の増加

TG：伝統的グループ，HRSD：うつ尺度，WLC：治療待機群

表 3-6-19 抑うつ症状のある高齢者を対象にした RT（続き）

著者	参加者の情報	レミニッセンスの方法	効果
Bohlmeijer et al. (2009)[111]	場：地域在住高齢者（オランダ）選定基準：55 歳以上、軽度〜中等度のうつ症状　LRT = 48　WLC = 36　平均年齢：63.8	タイプ：LR　形式：G　回数：8　時間（分）：120　頻度：―　グループ人数：4　セラピスト：カウンセラー	抑うつ症状とコントロール感の改善
Westerhof et al.(2010)[112]	場：地域の精神保健センター（オランダ）選定基準：50 歳以上、抑うつ症状あり、精神障害なし　LRT = 83　C = 88　平均年齢：64.3	タイプ：LRT　形式：G　回数：12　時間（分）：120　頻度：1/w　グループ人数：8　セラピスト：精神保健センター職員	人生の意味づけが改善
Korte et al.(2011)[113]	場：地域（オランダ）選定基準：55 歳以上、中等度のうつ病、自殺のリスクなし、2 か月以内に服薬なし　LRT = 100　C = 102　平均年齢：63.3	タイプ：LR　形式：G　回数：8　時間（分）：120　頻度：1/w　グループ人数：4 〜 6　セラピスト：臨床心理士	抑うつ症状が改善

表3-6-20　抑うつ症状のある高齢者を対象にした RT（続き）

著者	参加者の情報	レミニッセンスの方法	主な効果
Lamers et al. (2014)[114]	場：地域在住高齢者（オランダ）選定基準：40歳以上、軽〜中等後の抑うつ症状を有する人、重度の精神障害のない人、3ヵ月以内に他の心理療法を受けたり服薬をしていない人 LR = 58 Writing法=58 WLC=58 平均年齢：56.9	タイプ：LR 形式：I 回数：7 時間（分）：60 頻度：1/w グループ人数：1 セラピスト：高齢者への調査を経験者で傾聴訓練を受けた人	抑うつ症状が改善した
Ren et al. (2021)[115]	場：地域在住高齢者（中国）選定基準：60歳以上、中等度うつ症状、認知機能とコミュニケーションに問題なし、深刻な慢性疾患なし、運動に参加可能、服薬をしていない人、他の心理療法を受けていない人 R = 60 C = 61 平均年齢：—	タイプ：SR+運動 形式：G 回数：8 時間（分）：50〜60 頻度：1/w グループ人数：— セラピスト：—	孤独感が低下し、主観的幸福感が増加し、レジリエンスが改善した

4．LRT に関する効果のメカニズムや留意点

　また、RT は SR や LRT で行われ、多様な心理療法の要素が加わり、抑うつ症状を治癒に向かわせている。その要素と治癒に向かう効果のメカニズムを、実施された RT に伴う要素ごとに記しておく。

　グループで行われた RT[116] では想起された内容を共有したり、他者に共感したり、共感されたりすることで自己受容が高まり、結果として自己肯定感が高まり自己否定感が低減するため、抑うつ症状が緩和する。自伝を用いた RT[117] では、個人の私的な過去の記憶によりアプローチしやすく、また書かれた文章を何度も読み返すことで、内的変化が促され抑うつ症状の緩和につながる。構成的 RT[118] では、回想する際に人生を再構成し再評価する本人の力が発揮される。RT はバトラーが当初 Erikson の老年期の発達課題であった統合を目指すという説明をしてきたように、精神分析理論による説明が有名である。例えば、過去が想起される際に人生の葛藤の解決の想起が促され、肯定的な側面も否定的な側面も受け入れられるようになるといった説明である[119]。

　対人関係療法から RT を説明したものもある[120]。抑うつ症状のある高齢者は自己否定感を伴うことがある。自己否定感の強い人は相手に合わせる傾向が強く、自己表現が自由にできない。それは対人関係に対する不信感の表れでもある。自己表現を阻むような認識を取り除き、RT が実施される場において受容的な雰囲気がもたらされる仕組みを用意することで、自分の感情を自由に表現したり、信頼関係を育むことができるようになるということである。

　認知行動療法の要素を取り入れた RT[121] に関して治療理論から説明することができる。人生を評価する際の認知の歪みに気づき、修正したり、それが原因となっている現在の行動的な側面を修正することで、抑うつ症状を引き起こしている過去の認知や、それに影

響を受けた現在の行動や感情の面を変容することができる。それによって抑うつ症状を改善することができる。

　創造性（詩やエッセイなどの執筆や絵画、書道、身体表現、演劇そのほか多くの表現がある）を生かしたRT[122]では、その人の得意とする創造性を発揮することで個性に合わせた自己表現をつくりだすことができる。できる限り自由に自己表現を発揮することによって、カタルシス効果がもたらされたり、自己への気づきが促され抑うつの治療効果が促進される。

　統合的RT[123]というものもある。統合的RTとは、その人が過去を受け入れることに焦点を当てたセラピーである。過去の生活を価値のある満足な時期として振り返り、人生の意味を見出し、理想と現実の差を小さくしたり、過去の否定的な出来事を受け入れたり、過去と現在の持続的パターンに気づいたりすることで、抑うつ症状を緩和することができる。またワットとカペリエ (Watt & Cappeliez)[124] は、統合的回想に関する調査を行い、統合的回想を多く行う人は過去の出来事への解釈や感情の再評価を行っていると質的な研究によって見出している。

　他方で、抑うつ症状のある人にRTを行う際の留意点も示されている。それは否定的反すうという思考の状態が、抑うつ症状のある人には生じやすいということである。否定的反すうとは、その人の否定的感情の原因や結果や症状について繰り返し考える状態[125]である。否定的反すうは、それ自体が抑うつ症状の原因となりうる。RTには抑うつに効果があるが、想起が苦痛を引き起こすことも人によってはあり、複雑な過程を伴う[126]。もし、セラピストがこの点に関して十分な知識がなかったり、それを把握し対処するための方策に関する訓練を受けていなかったりすると、RTがより抑うつを増進させてしまうことさえある[127]。

　そのための予防策として、対象者への否定的反すうの気づきを促

すための RTS (Ruminative thought style questionaire)[128] という心理ア
セスメントを実施前に行うことが推奨されている。また、筆記法な
ども否定的反すうを減少させることができるため、文章を書くこ
とができる人にはこれを推奨する。SR のように想起して共有する
RT よりも、心理教育を織り交ぜながら、丁寧に心理療法としての
LRT を行うことが抑うつ症状のある高齢者には望ましい。

第7節　レミニッセンス・セラピーが実践される場

　RT はどのような場で展開されているのだろうか。初期の頃は施設や地域コミュニティで実施されていたが、いまや多様な場への広がりを見せている。展開の経過について、以下に紹介する。

1. 医療機関や福祉の施設での展開

　イギリスでは、1978 年から 79 年に「回想援助プロジェクト」が保健社会保障省の補助金によって立ち上げられた[1]。音とイメージを使った回想法が高齢者施設や病院で行われ、テレビ放送されて反響を呼んだ。その結果、1980 年代に英国で RT が盛んに行われるようになった。しかしその頃はまだ「パーソンセンタードケア」についての理念はまったくない時代である。認知機能の得点に RT が効果を発揮しないという結果が実証研究で出されると、RT の対象者を認知症以外の人に限定しようという動きさえあった[2]。

　一方で医療現場や福祉施設で高齢者の回想を否定的にとらえる風潮もあり、それに対抗する人々もいた。1979 年にはパム (Pam)[3] が、Age Exchange を自宅で開設し回想劇の上演を開始した。1981 年には、高齢者の NPO『ヘルプ・ザ・エイジド』が高齢者の回想内容（当時の話や流行の歌や学習する子どもたちの声）のカセットテープと RT のマニュアルを発売した。このセットは『リコール』と呼ばれて、イギリスに普及した[4]。この時期は、こうした草の根的な RT の動きが芽生えはじめた頃である。それをきっかけに、欧米では 1980 年代に RT の実践が報告されるようになる。具体的な報告については「本章第 6 節　レミニッセンス・セラピーの効果の明確化」(p.169 ～) を参照されたい。

　日本の RT の始まりは、認知症高齢者を含む施設や病院に入院し

ている高齢者であった。認知症高齢者への心理療法や心理的アプローチについて、長きににわたりさまざまな方法が探求されていた。1980年代の日本の認知症高齢者の心理的援助は、精神科的「処遇」がその中心にあり、高齢者臨床の心理療法の専門家が少なく実践例がほとんどない。主に対人的な働きかけが人間の心にとっては必要であると考える良識ある社会福祉や医療などの専門家が中心になって研究を行ってきた。高度に専門的な教育を受けた心理学者は、高齢者の現場の中では一握りの存在であった。認知症を心理学的に理解するという教育的枠組み自体がほとんどなかったのである。認知症の生物学的面が強調され、心理学・精神病理学的側面に光を当て関与し検討していくことは医学的対応の枠外[5]と考えられた時代でもある。

矢部は1990年にイギリスの高齢者療養病棟で回想法に出会ったという[6]。1990年代に野村がグループ回想法を社会福祉の現場に導入し、多くの実践を行って回想法をひとつの実践として概念化している。1992年に特別養護老人ホームでの回想法が実施され、社会的交流の活性化を目指したものになっている[7]。

他方で、黒川が医療の場で認知症高齢者への回想法を行い、心理臨床的な観点からの介入を試みて、より具体的なコミュニケーションの方法を含んだ内容へと発展した。1992年には矢部・野村・黒川により「回想法への招待」[8]が出版されている。この書籍は、記憶の想起を促す写真図版とマニュアルがセットになっており、RTの具体的方法に踏み込んで紹介されている。このマニュアルを携え、各地の医療施設や介護施設で野村や黒川が回想法の研修を行っていた。

1997年に矢部が黒川に「回想法」についてインタビューした内容が示されている。「とくに普及してきたのはこの3年くらいですね」と答えている[9]。つまり日本では1995年頃からRTが各地の医

療・福祉の場で実践が増加するようになったといってもよいだろう。

２. 教育の場での活用

　イギリスの歴史資料を、大規模な民間団体としての組織にまとめあげ公開しているのがナショナル・アーカイブス (National Archives)[10] である。これらは古い公文書の公開から現在までのあらゆる記録を公開する民間の機関である。これらはアウトソーシングされ教育の場の資料として公開されてきたが、現在は高齢者介護の場の専門職向けの資料なども公開されている。

　介護福祉士養成課程や看護系大学の大学院の授業、大学の授業の演習科目、ボランティアの教育、また、施設における介護職の方への回想法実践者の養成研修、回想法トレーナー養成講座の実施などにおいても回想法教育が行われ、介護の場における職員の方々がコミュニケーションの質を高めるのに役立っているという [11]。

　特別支援教育での学齢超過者の訪問教育に、ライフレビューブックを使って回想法を展開した事例が報告されている。対象者は60歳代前半の成人障害者である。脳性麻痺のため全面介助であった。訪問教育での回想法は、対象者の高齢者としての尊厳に配慮し、生きてきた経験を大切にした主体的な活動参加を促していた [12]。

　また、専門職のコミュニケーション技術の向上のために回想法の場でのコミュニケーションを題材にした動画を用いた教育支援では、実際の高齢者への働きかけの質が向上したという報告がある [13]。

　学術的な団体として、1997年に IIRLR (International Institute for Reminiscence and Life Review) がウィスコンシン大学内に設立された。その後隔年で開催されたこの学会は、事務局をコネチカット大学に移して、2019年に ICLIP (The Center for Life Story Innovation and Practice) という名称で発足した [14]。The International Journal of Reminiscence and Life Review という雑誌も刊行されている。

3. 地域コミュニティの場での展開

　回想法が地域コミュニティで展開された先駆けにイギリスにおける次の活動がある。1983 年にパム [15] は「Age Exchange シアタートラスト」を設立した。ここでシニアボランティアが昔の回想に基づいたシナリオで多くの回想劇公演を英国内外の EU 各国で行っていた。

　こうした活動をパムは自宅で 1979 年頃から開始している。1987 年にはブラックヒースに「Age Exchange」[16] を開設し、ここで演劇の訓練だけではなく、専門職やボランティアの研修、高齢者が集うコミュニティをつくった。障害のある高齢者をサポートする地域のコミュニティ的な役割と専門職を本格的に研修する場であり、展示などの博物館的な機能を備えている小規模ではあるが多機能のアウトソーシング型支援の施設である。Age Exchange は現在ではオンラインで RT の学習ができる動画を提供している。

　創始者のパムはイギリスの認知症ケアアワードを 2014 に受賞し、グリニッジ大学の名誉博士を 2017 年に授与されている。グリニッジ大学内の演劇館内に「Reminiscence Theatre Archive」[17] を開設し上演した多くの作品が国内外の高齢者や関係者と共有できるように公開されている。

　1993 年には European Reminiscence Network（ERN）[18] が設立され、レミニッセンス・ワークの実践が促進され、実践の共有や訓練、ワークショップが提供されている。このネットワークはパムが回想劇団の海外公演のために形成してきたつながりであるが、今や RT の教育に関する貴重なアーカイブ資料を EU 各国と共有するためのネッ

トワークとなっている。

　日本では 2000 年以降に回想法が医療・福祉施設という一つの療法という枠組みを越えコミュニティの中で展開され、「公助」のみならず「自助」・「共助」・「互助」という枠組み[19]のなかで展開されるようになってきた。

　愛知県北名古屋市にある国登録有形文化財「旧加藤家住宅」の敷地内に、2002 年に「回想法センター」が設立された。このセンターには加藤家住宅にあった竈、くど、囲炉裏、床の間のある畳敷きの部屋など、昭和初期には比較的豊かな生活をしていた屋敷のあちらこちらにみられた生活空間が残されている。この場を使って「回想法スクール」という呼称の回想法事業[20]が行われ、地域高齢者の交流の場を展開している。この事業は、RT の効果としての社会的交流の増進に着目し、非専門家に研修を行い、研修修了者には「いきいき隊」として互助活動に主体的に参加してもらう仕組みがある。他方で、自主的な介護予防活動なども結果として行うことになった。

　岩手県水沢市では、江戸時代から続く武家屋敷という場を活用した世代間交流が展開されていた。社会福祉学を専攻する大学生の聞き手は「思い出パートナー」と呼ばれ、高齢者が若い世代の人に教えるという伝統的な世代間交流が自然なかたちで展開された[21]。

　認知症高齢者と健康な高齢者を統合したコミュニティづくりをねらい、ひとつの仕掛けの提案としての RT の試みもなされている。2007 年の遠藤による「地域回想法ハンドブック」[22]にその詳細が示されている。

　これまでの実践の中心的な場であったのは、医療機関や福祉施設である。施設という場は、いくら生活感を出すための工夫はされていても、人々の暮らしからは離れたいわゆる人工的で特殊な場の雰囲気を完全に変えることは難しい。治療による回復が目的とされていた伝統が長く続いたため、自由からほど遠い日常のなかで、治癒

の見込みが難しい人の療養生活が支えられてきた。それに対し、回想法の事業の主体を地域の現場である市町村などの行政の場へ移行し、在宅など人々の暮らしに近いかたちで RT が実現されるようになってきたのである。その際、治療という観点よりも自主的に参加し、しぜんなかたちで人間性を回復させる仕掛けが重視されてきた。障害があったり認知症のある人を地域でインテグレートするための試みが現在行われている途上にある。

4. 博物館・美術館での展開

博物館が品々を回想ボックス [23] として貸し出し、来館者と積極的に交流を行うことは、イギリスで 1990 年代にはすでに行われていた。

日本では、2002 年より愛知県北名古屋市師勝町に「昭和日常博物館」[24] があり、そこに地域の昭和時代の生活の品々が展示されている。この展示によって昭和の生活を知らない来館者は当時の生活者の日常を学ぶことができる。高齢者は自分自身の回想に取り組み、高齢者と関わる人々にとっては彼らの若かりし日の生活風景を学習することができる。

また、「博多町家」ふるさと館では、「博多のばあちゃんとじいちゃんの図画作品展」を開催し、「なつかしい暮らし」というテーマで募集した水彩、油彩、水墨、クレヨン、貼り絵などで描かれた作品 100 点が集められた。高齢者が描いた描画は展示され、世代間で共有できる有意義な民俗学的、あるいは生活体験の資料となった [25]。

2014 年から 2020 年までの期間に EU 加盟国が実施したエラムスプラス (Eramus+) プログラムでは、北欧の野外博物館での回想法事業の例が報告されている [26]。その内容は、スウェーデンの Jämtli 博物館やデンマークの Den Gamle By と呼ばれる野外博物館で実施さ

れた認知症高齢者を対象に展開されているものであった。博物館という環境では、自発的に記憶が想起され、短時間であっても肯定的な雰囲気で語られていたことや、同伴した介護者や将来介護専門職を目指す学生にも学習効果がみられたという。

　熊本県玉名市博物館では、2020年の報告に介護施設にむけての「観覧料減免制度」があり、博物館という場で、高齢者が生き生きと交流できる仕掛けがあることが示されている[27]。能動的な学習活動をもたらすかたちでの博物館の展示が、交流や健康までといった幅広い領域にその機能を広げている。

　これ以外にも、東京都北区飛鳥山博物館や岩手県遠野市博物館では、場の力を活用した回想法事業などが報告されている[28]。その他、「葛飾区郷土と天文の博物館」、「江戸東京博物館」、「龍ヶ崎市歴史民俗資料館」、「能登川博物館」、「亀岡市文化資料館」、「奈良県立民俗博物館」、「三田市『ふるさと学習館』」、「愛媛県立歴史博物館」、「筑紫野市博物館」、「熊本市立博物館」などで回想事業が展開された。

5. 卓越した専門家によるアウトリーチ活動

　美術、民俗学、言語などの卓越した専門家が福祉施設へのアウトリーチ活動により展開した回想法がある。専門家としての持ち味を生かした回想法は、専門分野での優れた聞き手であり、一流のコミュニケーターともいえる。

　大学美術館が介護付有料老人ホームに「出前講座」として出張し、季節の自然風物を用いて高齢者に回想を促し、描画表現を支援した活動があった[29]。描かれた絵を共有し、回想しながらの交流が展開されていた。

　また、民俗学の専門家が専門領域の民具を用いて回想法を実践した報告[30]がある。民俗学の知識を体系的に学習した専門家は、地

域特有の高齢者の話の文化的背景に民俗学的価値を見出しながら聞くことができる。沖縄の民俗文化に関する幅広い知識や沖縄の民族語彙などを福祉施設の介護職にむけて情報提供するといった活動は、行われた施設の学習資産としても蓄積できることだろう。こうした学識を有する聞き手は、高齢者の文化的背景をよく理解し、各時代の社会や文化などに対して見識がある。また、一人ひとりが語る言葉そのものに対しても、より深い関心を向けて耳を傾けることになるだろう。深い関心は高齢者の語りがもつ民俗学的価値を自然なかたちで同伴し、民俗学の観点から多くの情報を感じ取ることになり、聞き手としての報告も興味深い。

　そのほかに、バイリンガル（韓国語が母国語で日本に在住している）の認知症高齢者との母国語による個人回想法を用いた会話を、特別養護老人ホームで行った事例が報告されている。聞き手は韓国から来日して9年目のバイリンガル話者であり、回想法の研修なども受けている。参加した高齢者は、日本語の場合よりも母国語の場面において肯定的感情の豊かさが観察された[31]。

6. テクノロジーを用いた RT 補助への可能性

　RT で用いられる手がかりには、身近な品物や写真など人々の生活の場にあるものが用いられていた。道具を RT で用いたり、写真図版を見せたりすることが想起の手がかりとなった。音響に関する機器も、蓄音機、レコードプレーヤー、ラジオ、ラジカセ、MD、CD、スマートホンといったように変化があった。映像を上映する技術の発展に伴い、スライドやホームシアター、テレビ、8 ミリビデオ、パソコン、プロジェクター、タブレットで写真や映像が提供され共有されてきた。

　VR (Virtual Reality) を用いて写真や映像を使い回想を促進させた

もの [32) や、モバイルソリューションによる回想映像と音楽の組み合わせ [33) がある。また、Zoom によるオンライン化や PC やタブレットデバイスによる想起の補助 [34) が行われている。そのほか、ロボットによる案内 [35) やバーチャルアバターによるもの [36) などもある。Website による RT のためのインターフェイスなどもある [37)。

「昭和ナンジャコリャ」というスマートフォンやタブレットや PC で構成されているゲームで昭和の題材を使って交流できるものもある [38)。こうしたテクノロジーには、利便性や合理的機能のみならず「遊び」の要素が盛り込まれている。楽しさはどの世代にとっても交流を活性化する重要な要素である。

ただし、機器はあくまでも補助的なものであって、そこに対人援助技術や臨床的な支援の観点は必ず必要となる。どのようにこうしたテクノロジーを導入できるだろうか。まずは個人のさまざまな機能にどのくらいなじませることができるかということや、個人情報や守秘の観点にも留意されたい。どのような目的で用いるかによっても異なることだろう。また、こうしたデバイスによって付加される側面だけではなく、失われる面にも気づいておくことが大切だろう。障害のある高齢者であっても交流が促進され、介護者や家族や周囲の人々が高齢者への能動的な関心を高めることができるような目的としての期待が寄せられるよう。

コラム：国際回想法・ライフレビュー協会会長バーバラ・ハイトの来日

「バーバラ・ハイトが来日する」というので、1998 年頃だったと思うが、横浜上大岡での回想法・ライフレビュー研究会に出かけてみた。ハイトは、論文で何度も読んだことのある、いわばライフレ

ビューという研究業界では時の人でもある。会場は研究者、福祉業界の人、出版社などであふれていた。野村豊子先生が招聘した先生だ。通訳は専門の人がつとめた。いわゆるグループ回想法ではない。個別回想法で、一人ひとり話を丁寧に訪問で聞くというものだ。「訪問」でライフレビューを行うということについて、当時の心理療法の伝統的な枠組みから見て、そのような枠外の心理援助は可能なのか？という問題意識を持ちながら出かけた。ハイトのライフレビューは来談者中心療法の影響をかなり受けている。しかしながら、その心理療法の枠組みに代わるような手順や制限をかなり意識しているという印象だった。ハイト先生が編集した洋書「Art and Science of Reminiscence and Life Leview」(1995) を持参し、サインをもらいに行った。その際、研究でライフレビューに関わる尺度を作成しているというと、「尺度づくりがうまくいくように願っています」と励ましてくれた。

第4章　レミニッセンス・セラピーの方法

　本章では、RT の具体的な方法を示す。第1節ではシンプルレミニッセンス、第2節ではライフレビュー、第3節ではガイド付自伝法について紹介する。

第1節　シンプルレミニッセンス（Simple Reminiscence）

　日本でおこなわれている多くの RT は、シンプルレミニッセンス（以下 SR）という形式で行われている。一般的回想または単に回想法と呼ばれることもある。事前に申し込みがされ、固定されたメンバー制のグループワークあるいは集団療法を基本として行うことが多い。個別ワークとして実施されることもある。

　ある目的をもって計画されたとしても、異なる目的を果たすこともある。グループにおける参加者のもつ力や偶然の出会いによる作用によって、その時々のメンバーの必要性が偶発的に満たされるようなこともあるからである。グループは人との出会いや交流の機会にもなる。喚起された思い出話をグループで共有し、共感したりされたりするということは、その人のあり方そのものが支えられ心理的基盤を強化するものである。世代の異なるスタッフとの対話は世代継承性[1]が実現されることでもある。過去を振り返ることで、これからの人生を生きる糧にしようという人もいる。

　SR では、対話や交流を行う手がかりや糸口が与えられるが、対話そのものは、声を出したりそのために何かを考えたりというよう

に、その人の心の健康が支えられフレイルを予防する大切な機能ともなる。孤独感を減らし、人からの共感を得て生きていく力とする人もいる。また、高齢者の入院生活や施設での暮らしが長期にわたると、社会や家族での役割から切り離され、自分自身がどういった人間であるかについてさえ不明瞭となるものかもしれない。高齢者が脆弱になることについての辛さから、家族が少し距離を置いてしまうことさえある。高齢者が人に大切にされていたという感覚そのものを取り戻し、生活者としての一人の人間である自分自身を思い出し、人生を取り戻すための大切な機会をつくることが不可欠である。活動が少なく社会での役割が少ない人が、普段の生活のなかでストレスを感じるときに SR によって別の快適なことに注意を切り替えるということは、すべての人が備えておくべき大切な営みである。

　他方で SR には家族介護者や介護スタッフへの効果もある。家族やスタッフとの交流の思い出をつくることになるからである。最後まで人と人との質の高い時間を大切にする機会を提供する。それは、人をより深く理解し、その人が生きてきた時代や社会をも含めて、すべてを理解することに繋がるだろう。ここでは、グループで行われる SR の方法[2) を紹介する。

1 . 事前準備

(1) 場所

　グループでのレミニッセンス・セラピー（以下グループ RT）は、医療機関、福祉施設、公民館などコミュニティの場を借りて実施されることが多い。高齢者大学、大学施設（教室を貸していることもある）、各種地域のクラブ活動、同窓会、福祉事業所、広場、キャンプ場などのアウトドアの場など、参加人数に合わせた場があれば

開催可能である。様々な場での実施が考えられる。会場の申し込み
をする際には、高齢者や障害のある方も参加することを想定し、物
理的バリアフリーがどの程度なされているかがポイントとなる。場
によって参加者に制限がもたらされることもある。

（2）オンラインの場合
　オンライン（例えば Zoom や Microsoft Teams など）では、その
環境がある人に限定されることもある。ある場所に PC やタブレッ
トに加えてネット環境、プライバシーの守られる空間などの個別の
場がセットされた全体を貸し出したり、可能ならばアウトリーチ活
動として PC やタブレット、インターネット環境（スマホではデザ
リング機能がついていることやデータ通信機器）とサポートする支
援者とセットで、訪問による支援が提供できるとよいだろう。高齢
者やその家族、ホームヘルパーなどの支援者に情報リテラシーがあ
れば、困難ではないだろう。地域における教育的配慮によって実現
することができるかもしれない。

（3）セラピーの概略の説明
　セラピーのイメージや効果についての概要の説明が必要となるだ
ろう。誰もが簡単に理解できる説明が望ましい。例えば、「思い出
話などをして数名の方とそれを話し合うような活動です。思い出し
て話し合うことで気持ちが癒されることがあります。話したくない
ことは話さなくも大丈夫です。この場では秘密厳守が基本となりま
す。よかったら参加してみてください。」といった内容である。
　説明会のような場を設けて、どのような会に参加することになる
か、話を試しに一度聞きにきてもらうといったことも大切になる。
実際に運営している人やその場の雰囲気などを感じとってもらって
から、そのコミュニティに参加する人が多いかもしれない。

（4）参加者募集

　参加者の募集は回覧板、掲示板、チラシの配布（できれば所属の
コミュニティから）、HP、LINE などの SNS などを通じて募集を行う。
年齢を重ねると、馴染みのない場に出向くことに慎重になり、普段
以上の活力が必要になることがある。地域包括支援センターや地域
の高齢者コミュニティに回想法による会があることを知らせて依頼
をかけ、安否確認の訪問と一体化したかたちでお誘いすることもひ
とつのアイデアである。

　会の日程が決まれば、案内状を配布することができる。1 か月前
くらいか、できるだけ早めに案内しておきたい。

（5）協力スタッフ

　会がどのような場になるかを決めるのは、協力しているスタッフ
の雰囲気や相性にもよるだろう。人材の選定は慎重に行うことが大
切である。

　他方で、スタッフの研修も重要なものである。研修を終えて、す
ぐに対人援助技術が高まるというものではない。研修の効果は時間
を経て、その人の対人関係の体験を得ることで少しずつ醸成される
ものである。

（6）事前研修会

　グループ RT の担当者事前研修会では、最低限、「回想法の全般
的知識」、「コミュニケーション技術」、「回想法の流れやセッション
のイメージ」、「想定される参加者の生きてきた時代背景の確認」な
どの知識が提供されるとよいだろう。それ以外に提供される内容は、
教育担当者の専門知識による。90 分 × 15 回（半期）のカリキュラ
ムで、専門学校や大学や大学院の授業で提供されることもある。

（7）グループ編成の留意点

　男性のみのグループ、女性のみのグループ、同世代、同郷などのなんらかの共通項があるということが、対話しやすさや参加しやすさにつながることがある。グループ RT を実施する場は、7、8名の参加者に対して2、3名のスタッフで行うことが望ましい。障害のある高齢者で配慮が必要な方が参加される際には、グループの人数を少なくして手厚く対応する。参加者への配慮や場の状況によって運営しやすいグループサイズが決まる。

（8）合理的配慮

　障害のある高齢者が参加する際には、どのように配慮できるかを事前に話し合っておくとよい。「第1章第6節　障害のある高齢者への配慮」(p.67〜) を参照されたい。参加ルート、送迎、座席配慮、途中退席のこと、視聴覚の配慮（補聴器や眼鏡を確認する）、認知機能の障害に関する配慮、補助者、薬物の副作用やご家族への連絡方法などである。

（9）資料・道具・テーマの選定

　テーマ例と記憶に関わる品物や資料の例を表 4-1-1 に示した。参加者の個別性に配慮した資料、道具、テーマを設定する。仕事に人生を捧げてきた男性であれば、「仕事」という話題は交流しやすいものとなるだろう。家事に専念してきた専業主婦の女性であれば、「家事」という話題によって引き出される話が多くなるかもしれない。

　用いられる品物例を図 4-1-1、図 4-1-2（実物ではなく写真でもよい）に、写真図版の例を図 4-1-3[3]、図 4-1-4[4] に示した。これ以外にも高齢者の生活に関わる写真集[5]などが参考になる。

表 4-1-1　グループ RT の題材と記憶に関わる資料や品物

春季開始の題材例

回	題材	資料・品物
1	自己紹介・故郷	地図、ふるさとの名産物の写真・品物
2	家族のこと	家族写真あるいはそれに代わるような写真
3	遊び	玩具、遊び道具の資料、漫画雑誌
4	小学校	教科書、文房具、児童文学、写真図版、テレビ番組リスト
5	お出かけ	動物園、遊園地、百貨店のリスト、旅行の写真
6	公園など（屋外活動）	近所の公園にある植物を眺め、感想を共有する
7	弁当や給食	弁当箱、竹の皮、給食の写真および実物など
8	食卓の話	ちゃぶ台やダイニングテーブルの写真、料理の写真、料理の本のコピー
9	季節のお祭り	主なお祭りの写真、伝統行事の動画
10	家事や手伝い	ほうき、手ぬぐい、家事の写真、電気釜、洗濯機などの写真
11	芸能人や歌手	映画や歌番組の動画などを視聴して話し合う
12	仕事の話	参加者の生活史に合わせた写真など
13	博物館（屋外活動）	博物館の資料（出かけられない際は HP などの紹介）
14	夏の風物	うちわ、浴衣、打ち水、風鈴、蚊取線香、花火の動画など
15	海水浴・ハイキング	海の写真、動画、ハイキングの写真や動画

グループ RT で用いられる品物や写真の例

図 4-1-1　農作業のときに子ども
が座る籠（イズミ、エジコ、エンツ
コ、エヅメなどと呼ばれる）

図 4-1-2　蚊帳

図 4-1-3　メンコを
かかえた少年（撮影
須藤功）

図 4-1-4　家庭に集まってみているテレビ（撮
影　熊谷元一）

（10）参加申込書・生活史

　参加申込書の様式を表 4-1-2 に示した。氏名（フリガナ）、現住所、生年月日、故郷、きょうだい、小学校、中学校、高等学校以上のこと、最初に就いた仕事、家庭生活、趣味などを事前に聞いておくとよいだろう。家族の方に書いてもらってもよい。

表 4-1-2　レミニッセンス・セラピー参加申込書の様式

レミニッセンスセラピー　申込書

フリガナ		申込日：　　年　　月　　日	
氏名		生年月日：　　年　　月　　日	
住所	〒		
電話（携帯電話）		会場に来る方法	
連絡先			
ご同伴者　　ホームヘルパー　　ご家族（続柄　　　）		その他（　　　　）	
参加する際のご要望			
生活史を簡単にお伺いします。お話を伺うときの参考にします。			
故郷：			
家族（生まれたときの）：			
きょうだい：			
小学校：			
中学校：			
高等学校：			
その後：			
主なお仕事や家事：			
趣味：			
聴覚			
視覚			
言語コミュニケーション			
身体的健康			

（11）グループ RT の回数とルールの設定

　グループ RT は基本的に週に1回、約60分くらいで10 ～ 15回を1セットとして行う。1年間で2セット（春期開始と秋期開始）行うことができる。

　グループを実施する際には、参加者内でのルールづくりをする。例えば、題材は決まっていてもほかの話をしてもよいこと、気分や体調がすぐれないときは無理をしないこと、うまく話ができなくてもよいこと、参加することで楽しめることが目的であるということ、共有した話については秘密厳守であること、開始時間と終了時間、参加費、持ち物の確認（老眼鏡、補聴器その他の小物）などである。

（12）場のレイアウト

　図 4-1-5 に場の基本的なレイアウトを示した。人通り、物音に関して落ち着いた部屋を選ぶことが大切である。グループを実施する際に車いす利用者を想定して、ある程度の広さが大切となる。座席は 30 ～ 40cmほど離しておく。机があると品物や写真を見てもらいやすい。椅子に座ってみて、落ち着く空間になっているかを実際に座って確認してほしい。個別回想法を実施する際には、同じように手頃な広さの場所があるとよい。できれば個室で、プライバシーが守られるような空間があることが望ましい。必要に応じて、観葉植物や花の設置は施設管理者の許可を得て行う。参加者がその空間で快適に過ごす工夫は大切となろう。

２. 実施

（1）打合せ：事前に施設への届け出（時間帯と担当者）を行う。参加スタッフの打合せをする。役割分担、進行手順、参加者の情報、席順の打ち合わせ、申し送りを伝えておく。

ホワイトボード

主セラピスト

ビデオカメラなど録画機器

回想法の道具など

副セラピスト

副セラピスト

30-40cmの距離で、円形に座る

図 4-1-5　グループ RT の場の基本的レイアウト

（2）当日の案内受付：案内の場での高齢者とスタッフとの顔合わせは、信頼関係をつくるうえで不可欠である。関係づくりにも気を配り、落ち着く音楽、世間話、お手洗いの場所の案内、補聴器や眼鏡の確認などの準備を行う。

（3）開始：その日の日付や時間をホワイトボードなどに書いて確認する。○○の会（会の名前は自由につける。参加者から意見を募ってもよい）といったように会の名称を決めておく。テーマを伝える。その日のルールを示し、会の終了時間を示す。

（4）自己紹介：スタッフが自己紹介を先に示す。毎回簡単な自己紹介と近況報告（良かったこと、うれしかったことを中心に報告してもらう）の機会を設けておく。毎回、簡単な自己紹介を行うことが望ましい。

（5）話題の提示：言葉で、その日の話題を伝えると同時に、案内
用紙に見やすいように話題や具体的な質問を書いておくとよい。表
4-1-3 に話題と質問例を示した。

表 4-1-3　話題と質問例

回	話題	質問例
1	自己紹介・故郷	・まずはお名前とご出身地をお願いします。 ・どのような「ふるさと」でしたか。
2	家族のこと	・お父さんはどのような方ですか。 ・お母さんはどのような方ですか。 ・ごきょうだいは何人ですか。
3	遊び	・どのようなことをして遊びましたか。 ・誰と遊びましたか。
4	小学校	・どちらの小学校でしたか。 ・思い出の内容があれば教えてください。 ・お世話になった先生はいましたか。
5	お出かけ	・どんなところに連れていってもらいましたか。 ・どのようなことが一番の思い出ですか。
6	公園など（屋外活動）	・どのような発見がありましたか。 ・どの植物（花や木）が好きですか。
7	弁当や給食	・どのようなお弁当の思い出がありますか。 ・給食の献立で好きなものは何でしたか。
8	食卓の話	・ちゃぶ台でしたか。ダイニングテーブルでしたか。 ・何人くらいで食事をしていましたか。 ・どんな食事でしたか。
9	季節のお祭り	・ふるさとのお祭りはどのようなものがありましたか。 ・お祭りの思い出はどのようなものがありますか。
10	家事や手伝い	・家の手伝いはしましたか。どのようなものでしたか。 ・家事はされましたか。大変なのは何でしたか。
11	芸能人や歌手	・好きな芸能人や歌手はいますか。 ・好きな歌や映画は何ですか。

12	仕事の話	・最初に就いた仕事はなんでしたか。 ・どのようにしてその仕事に就きましたか。 ・人生の大半をどのような仕事に費やしましたか。
13	博物館（屋外活動）	・懐かしい展示物はありましたか。 ・どのようなものでしたか。
14	夏の風物	・夏の思い出にはどのようなものがありますか。 ・夏を少しでもさわやかに過ごすにはどのような工夫がありましたか。
15	海水浴・ハイキング	・海水浴などの思い出はありますか。 ・どんなお出かけでしたか。

（6）刺激の提示：手がかりになるような品物・映像・写真を効果的に使う。プロジェクターで上映したり、触ってもらったり、書いてもらったり、嗅ぐ、試す、食すなどの五感を刺激するような行為がなされると、記憶を引き出すための手がかりとして効果的である。道具は少数の種類に限定してもよく、全員が触れたりできるようにしておくとよい。

（7）話題の提供：道具に触れたり実際に使ったりしていると、自然な形で話を始める人が出てくることがある。その自然な流れを生かすようにしながら、質問などを導入する。話題に合わせた質問を投げかけるようにする。話し始めるまでに時間がかかる人もいる。語り手それぞれのペースに合わせてゆっくり話しを聴く。

（8）会の終了：終了時間の前に、参加者に感想を聞いたりまとめたりする時間をとる。会が終わりに近づいている雰囲気を出すようにする。会が終わった後で、お茶の会などを用意し、現実に戻るような話題で話をすると、想像の世界へと漂っていた気持ちが鎮静化し、普段の生活に切り替えていくことができる。

3．会の終了後の作業

（1）終了：終了間際に次回の予定を確認する。次回の話題を伝え、それに関連する家庭内の写真があれば持参してもらう。退場時のために用意しておいたBGMをかけ、出席カードにスタンプを押し出口まで見送る。

（2）会の振り返り：振り返り用のチェックシート（表4-1-4）を用意する。記録用紙の例を表4-1-5に示した。全体用の記録用紙には、グループ全体の話の流れ、印象的な発言内容、全員の参加状況やプログラム全体で気づいたことを書く。個人用の記録用紙には、参加者の回想内容、表情、アイコンタクト、声、身体の動きなどの非言語的表現、グループでの交流、日常生活上の行動の変化で気づいたことを記録する。

（3）グループRTが終わったら：グループRTの内容を冊子にして配布できると、それがひとつの思い出となる。写真撮影などもしておくとよい。「ライフレビューブック」や「ライフレビューボード」を作成して本人や家族に差し上げると、記録として残るだけではなく記念にもなる。

表 4-1-4　プログラム振り返り用チェックシート

プログラム振り返りチェックシート
○×△の三段階でチェックします。

	○	△	×
プログラムの準備			
・会場までの案内をできましたか			
・参加者の状況を把握できましたか			
・参加者の合理的配慮で必要なことを準備できましたか			
・プログラムの案内を十分に説明できましたか			
・プログラムの説明を十分にしましたか			
・参加者に簡単な生活史を聞くことができましたか			
・参加者に合った話題を準備できましたか			
・参加者に合った資料や品物を準備できましたか			
・スタッフ研修を受けましたか			
・レミニッセンス・セラピーについて理解できましたか			
プログラムの実施			
・座席配慮は十分でしたか			
・話題は参加者に合っていましたか			
・用意した資料や品物は参加者に合っていましたか			
・参加者に十分な合理的配慮はできましたか			
・セラピストは参加者の話を共感的に聞くことができましたか			
・セラピストは参加者に十分な関心を向けることができましたか			
・セラピストは健康維持のために自分自身に配慮できましたか			
・セラピストは参加者の注意をひいてから話しかけることができましたか			
・セラピストは参加者の話を聞いてなんらかの言葉かけができましたか			
・セラピストの声は十分に参加者に届きましたか			
・参加者の人生の話を聞くことができましたか			
・会場内の環境（明るさ、温度、座席）は十分でしたか			
プログラム後			
・実施後に記録をつけることができましたか			
・実施後にプログラムの良かったところを見つけることができましたか			
・実施後にプログラムの不足したところなどを見つけることができましたか			
・改善点などを発見できましたか			
・その他気づいた点などをここにメモしておきましょう			

表 4-1-5　記録用紙の例（1）

記録用紙（プログラム用）

年　月　日　時から　時まで

この日の話題	
用いた資料や品物	

グループ全体の話の流れ、印象的な発言内容、全員の参加状況、プログラム内容や全体的な様子

プログラムの運営で気づいたこと

表 4-1-6　記録用紙の例（2）

記録用紙（個人用）

年　　月　　日　　時から　　時まで

この日の話題	

回想内容、表情、アイコンタクト、声、身体の動きなどの非言語的表現、グループでの交流、日常生活上での行動の変化などで気づいたこと

第2節　ライフレビュー（**Life Review**）

1. ライフレビュー

バトラー (Butler) の「ライフレビュー」(Life Review) についての提言は 1963 年であったが、それから 60 年もの月日が経過した。当初は、ライフレビューというと、人生の終焉が近づいた時にすべての人が人生を展望するということだった。しかし、老年期に限らず何か人生で考えさせられるような体験に直面した時、振り返りは自然に生じる。その振り返りが肯定的な心理状態をもたらすか、あるいは否定的な状態をもたらすかについては、個人差があるという。

ライフレビューが主に老年期に展開されることを期待した支援法として、ハイト (Haight) の個別訪問による構成的ライフレビュー[1]という方法がある。通常の心理療法との区別にも言及している[2]。ここでは主に、ハイトが影響を受けた心理療法として、当時の米国で普及していた来談者中心療法と比較されている。このセラピーでは、心理療法家が、クライエントの悩みの根幹にかかわる問題性のある周辺部分に焦点を当て、より共感的に傾聴し理解をすることによって、クライエントがその部分をより洞察しやすくなるという支援法である。来談者中心療法のクライエントは、問題の部分に直面することに心理的な痛みや辛い感情が伴うため、それを回避しつつゆっくりとそこに近づいていく。近づくことのないまま人生が終わることもある。

構成的ライフレビューでは、特定の悩みの部分に焦点を当てるのではなく、人生全体を広く見渡すことができるようにより広く焦点を当てることとなる。人生の失意や汚点のような問題のみに執着し、苦痛を伴っている人にとっては、より肯定的な側面やより健常な生活についても考えさせながら包括的に傾聴する[3]。

来談者中心療法とライフレビューには、相違点もあり共通点もある。最初から問題の部分にアクセスしなくてもいいことを認め、他方ではその部分に近づいてもよいこととする。そういった観点では同じような道のりをたどりながら自分自身の人生をより受け入れようとするものである。また、ハイトは来談者中心療法でのコミュニケーション技法を開発してきたアイビイ (Ivy) のマイクロカウンセリング[4)]をライフレビューの訓練に取り入れている。傾聴の仕方には「共感的理解」「積極的関心」「自己一致」といった内容が含まれている[5)]。

　ライフレビューには他の RT にはないような 4 つの特徴がある。すなわち「構造化」「期間の限定」「個別化」「評価的」である。

　「構造化」というのは、ライフレビューが、ほかの RT に比べて構造化されているという特徴をさす。RT の手がかりに合わせて自由に想起されたものを話すシンプルレミニッセンスとは異なる。人生の発達段階に沿って、本人が気づかなかったような思い出の箇所などにも話題が及び、振り返るということがある。そういう意味では、「構造化」とは回想の観点が焦点化され、他方ではその枠組みにより話の展開に制限がかかることでもある。「ライフレビュー体験様式 (Life Review Experiencing Form: LREF)」[6)]（表 4-2-1）という質問群を用いてクライエントの全人生に着目し、発達段階すべてを網羅するように構造化された質問が用意されている。これをもとに、日本人に合ったかたちのライフレビューの質問や手順などの枠組みを作成した（表 4-2-2）。当然これらは一つの実施例であり、臨機応変に質問を変え、無理に答えづらい質問を行うようなことはしない。あくまでの記憶の想起を促すきっかけにしてもらいたい。

　「期間限定」とは、ハイトによる方法では週 1 時間で 6 回から 8 回のセッションを行うことである。RT のセッションが 10 ～ 20 回以上のものがあることを考えると、かなり短期的で期間を限定され

表 4-2-1　ライフレビューの質問の形式

幼少期のこと

- この頃の最も思い出深いことは何ですか。できる限り以前のことについて教えてください。
- 子どものときに気に入っていたものは何ですか（例：猫のぬいぐるみ、ピンクの毛布）。
- あなたのご両親はどのような方でしたか。ご両親の短所、長所はどんなところですか。
- 兄弟または姉妹がいましたか。どのような方だったか教えてください。
- あなたが成長するときに、どなたか親しい方が亡くなったことがありましたか。
- あなたから離れていった大切な人はいましたか。
- 病気や事故や危険なことなどの体験はありましたか。
- あなたが失った大切なものはありましたか。
- 教会やお寺や神社などは、人生に影響を与えましたか。
- 男友達や女友達との交流の時間を楽しみましたか。

青年期のこと

- 10代の頃について、最初に思い出すことは何ですか。
- あなたにとって重要な人は誰でしたか。その人について教えてください。
- 兄弟、姉妹、友人、先生などで特に親密であった人、あなたが認めた人、あなたが好かれたかった人はどんな人でしたか。
- 教会やお寺や神社などでの青年の集まりに参加しましたか。
- 学校に行きましたか。そのことはあなたにとってどのような意味がありましたか。
- 青年期には働いていましたか。
- 青年期にあなたが経験した困難なことを教えてください。

・あなたを魅了した人を覚えていますか。

・性に関することや男性や女性であることをどのように感じましたか。

家族と家庭

・あなたの両親との関係はいかがでしたか。他の人との関係はいかがでしたか。

・家庭のなかに温かい雰囲気はありましたか。

・子どものときに罰せられたことはありますか。何のために、誰にだれが、でしたか。

・何かほしいとき、両親からそれをもらうためにどのようにふるまいましたか。

・あなたの両親が最も好んでいた人はどのような人でしたか。また最も好んでいなかった人は。

・家族のなかで最も親密だった人はどなたですか。

・家族のなかで最も好きだったのはだれですか。なぜですか。

成人期

・あなたの成人としての人生に話を移します。20年さかのぼったところから始めます。

・成人期に起こった最も重要な出来事を教えてください。

・20〜30代の頃の人生はどのようなものでしたか。

・あなたはどのようなタイプの人でしたか。楽しかったですか。

・仕事について教えてください。仕事は楽しかったですか。生活に見合った収入でしたか。

・懸命に働きましたか。評価されましたか。

・結婚しましたか（はい：どのような配偶者でしたか　いいえ：なぜ結婚しなかったのですか）。

・結婚生活はよくなる、または悪くなると思いましたか。

・あなたは性的な営みを大切にしましたか。

- 子どもはほしいと思いましたか。子育てについてのあなたの考えを教えてください。

- 成人期に遭遇した重大な問題はどのようなものでしたか（親密な人の死、別離、病気、引っ越し、転職など）。

要約と評価

- おおよそ、あなたが送ってきた人生はどのようなものでしたか。

- もし、すべて同じ人生だとしたら、もう一度同じ人生を生きてみたいですか。

- もし、すべて同じ人生だとしたら、何かを変えたいですか、それとも変えないですか。

- あなたの人生についての感情や考えを話し合いましょう。今までの人生で満足したことを教えてください。

- 誰でも失望したことはあります。人生のなかで最も失望したことは何でしたか。

- 人生の中で直面した最大の困難は何でしたか。

- 人生の中で最も幸福だったことは何でしたか。なぜ幸せでしたか。なぜ今はそうではないのでしょう。

- 人生の中で最も不幸だったことは何でしたか。なぜ今のほうが幸福なのでしょうか。

- 人生のなかで誇り高かったことは何でしたか。

- 今現在の自分自身について少しお話ください。今現在の自分自身で最も良いことは何ですか。

- 今現在の自分自身で最も悪いことは何ですか。

- 年をとるにつれて、何が起こってほしいと思いますか。何が起こることが不安ですか。

- ライフレビューに参加して楽しかったですか。

注）Burnside & Haight（1994）の Life Review Experiencing Form を翻訳し内容がわかりづらいところは日本の風土に合わせて改変した

表 4-2-2　ライフレビューの質問項目

段階	テーマ	話題	質問例
幼少期	幼い頃	ふるさと	・ご出身はどちらでしょうか。どんな場所でしたか。
		家	・どのような家に住んでいましたか。周りには何がありましたか。
		幼いころの思い出	・どのような遊びをしていたと思いますか。
		評価	・振り返ってみていかがでしょうか。どのような気持ちがするものでしょうか。
児童期	学校に通っていた頃	学校生活	・学校生活で楽しかった思い出は何でしょうか。
			・好きだった教科は何でしょうか。
		遊び	・好きだった遊びは何でしたか。
		友達・先生	・仲の良かった友だちはどなたでしたか（人柄や思い出など）。
			・恩師はどのような方でしたか（人柄や思い出など）。
		生活（服装・住まい・食べ物）	・学校にはどのような服装で通われていましたか。
			・夕食は家族みんなで召しあがったのですか（思い出の献立など）。
		評価	・振り返ってみていかがでしょうか。どんなお気持ちでしょうか。
青年期	青年時代から大人への入り口の頃	進学・就職	・進学はどなたと相談しましたか。
			・最初についたお仕事はどんなお仕事でしたか。
		恋愛	・恋愛についてどのようなことを思い出しますか。
		おしゃれ・服装	・初めてのおしゃれはどのようなことをしましたか。
		お酒・たばこ	・若いときには、お酒を飲んだりしましたか。たばこはいかがでしたか。
		評価	・振り返ってみていかがでしょうか。どんなお気持ちでしょうか。
成人期（題材は本人の希望に沿って選択する）	仕事の思い出	職業・稼業	・どのようなお仕事をなさっていましたか。
			・お仕事を通して得られたことは何でしょうか。
		人づきあい・社員旅行	・職場の同僚とはどのようなお付き合いをされていましたか。
		評価	・振り返ってみていかがでしたか。どんなお気持ちですか。
	家事の思い出	家事	・家事仕事のなかで一番大変だったものは何でしょうか。
		評価	・振り返ってみていかがしょうか。どんなお気持ちですか。

成人期（題材は本人の希望に沿って選択する）	趣味・余暇活動の思い出	趣味	・楽しみに何か趣味をお持ちでしたか。 ・ペットを飼ったことはありますか。
		旅行	・旅行など家を離れての遠出の思い出を教えてください。 ・これから行ってみたい場所はありますか。
		健康法	・健康のために心がけていることを教えてください。 ・どんなことに気をつけて過ごされていますか。
		お付き合い	・親しいご近所の方はいらっしゃいましたか。 ・親戚づきあいはいかがでしたか。 ・地域の役員などの活動などはなさいましたか。
		評価	・振り返ってみていかがでしょうか。どんなお気持ちですか。
	結婚生活の思い出	なれそめ・結婚式	・だんなさま（奥さま）とはどのように知り合いましたか。 ・どんな印象を持ちましたか。 ・結納や結婚式はどのようになさいましたか。
		結婚生活	・新婚生活はいかがでしたか。夫婦げんかはしましたか。・円満の秘訣は何ですか
		評価	・振り返ってみていかがでしょうか。どんなお気持ちですか。
	子育ての思い出	出産	・お子さんを授かったとわかったときはどんなお気持ちでしたか
		子育て	・一番、手がかかったことはどんなことでしたか ・子育ての喜びはどんなときに強く感じましたか
		評価	・振り返ってみていかがでしょうか。どんなお気持ちですか。
要約と評価	今とこれから	人生を振り返ったときの思い	・人生のお話を伺いました。話してみていかがでしたか。 ・この本を作ってみて今のお気持ちはいかがですか。
		大切にしてきたこと	・これまで心がけてきたことはどのようなことですか ・これまで頑張ってきたことは何ですか
		今	・毎日どんなことをして過ごしていますか。日課にしていることは何ですか。 ・これから楽しみにしていることは何かありますか。
		誰かに伝えたいこと　誰に見せたいか	・この本は誰にみせたいですか。 ・お子さんや若い人に伝えたいことは何ですか。

た介入方法だといえる。ハイトの研究では、6週間の訪問で関係性の進展がなされ、回想が進展すると報告されている。日本の高齢者は関係づくりに対して保守的な姿勢があることも考えられるため、セッションの回数を10回以上は行うことを推奨したい。

「個別化」とは、一対一で対話を行うということである。プライバシーが守られ、秘密が保持されるので、語り手の安全性を保つことができる。それによって信頼関係に基づいて自分自身を打ち明けることができ、自己評価を促進することができる。グループでは自分自身の葛藤や私的なことまで話すことはあまりない。どちらかというと、公的な側面での、いわゆる世間体を守ったかたちでの自分自身を語ることとなる。個人的なあまりにも辛い体験は自分の中に秘めることとなり、グループで開示されることはあまりない。また、集団で居住する空間で生活している施設利用者や病院に入院している高齢者はスタッフ同士の情報共有により介助が成立していることがあり、プライバシーが守られることが少ない。そのため個人的な大切な話を語ることがないまま過ごさざるをえない人もいる。

「評価的」とは、人生の体験のもつ意味を現在と将来を見渡しながら評価することをいう。困難な出来事との折り合いをつけ、他者の存在を意味づけ、あらゆることが視野を深めることにつながると理解する。過去の人生を理解し受け止めることで、新しい人生の意味が見いだされるという。新しい意味が見いだされると、人生の統合に近づいていく。「そのことであなたはどのように思われましたか」、「そのことはあなたにとってどのような意味がありますか」といったように適応に焦点を当てた質問によって評価が促される。

2. ライフレビューの手順について

　ハイトによる構造的ライフレビューを日本で実施しやすいかたち

にアレンジし、ライフレビューブックというフォーマット[7]を改訂し、ライフレビューを展開する方法を提案する。ここではおよそ10回で行うライフレビューの手順について説明する。

（1）実施計画の説明と関係づくり
　第1回目には必ず、セラピストは自己紹介を行う。見やすい文字で作成された名刺を渡してもよい。ライフレビューブックを作成することを目的に、人生の話を聞かせていただくことなどを説明する。ライフレビューブックの作成見本（図4-2）などがあるとよいだろう。結果として、ライフレビューブックという成果物を渡すというわかりやすい目的や、それを作成することによる心理的な意味などについて説明できることが望ましい。表4-1-2の参加申込書（生活史も含む）に書いてもらったものを参加者に見せて、それに関する補足があれば聞く。全体の予定表（表4-2-3）と記入例（表4-2-4）を確認してもらい、全体の計画を立てる。毎回の話題は、全体の話題の中から回数に合わせて10〜15個程度を選んでもらう。

（2）話題に合わせてライフレビューを10回実施する
　体温や血圧などを計測してもらい、その日の体調を聞けるとよいだろう。話題に合わせて質問を行い、話を聞く。気持ちに寄り添い、配慮ある問いかけを行う。家族の協力を得て、参加者の所有するアルバムなどを見せていただけるとよいだろう。様子をみて休憩をとりながら聞く。およそ60分間話をきいて終了する。終了前には謝意を必ず述べるようにする。また、聞き手として対象者についてよく理解できた部分、印象的な部分をまとめて伝える。さらにはセラピストとして理解したことを伝える。

●ふるさと

雲仙・天草国立公園の中にあり、雲仙普賢岳を仰ぐ雲仙島原の地に育つ

そこからは、根子岳が見えた。

その後熊本の阿蘇の麓に移り住んだ。

●家

家と水車小屋と一緒にくっついていた家だった。

（瓦屋根だったったかな？）

父が養蜂業をやっており、季節によっては全国各地を回っていて、時には台湾の方まで行ったこともあった

●家庭・炊事・洗濯・掃除・買い物

子供の服を作り学芸会にそれを着て出たら、皆に羨ましがられた。

息子には首・手のところにゴムを入れて作った。

●感想・コメント

子供達がとてもうれしそうだった。

私も一生懸命作った。

図4-2　ライフレビューブックの作成見本

このライフレビューブックは長崎県出身の100歳の女性によるものです。ご遺族や作成者のご厚意で掲載させて頂きました。またライフレビューブックをご活用下さいました特別養護老人ホームフラワープラム様に心より御礼申し上げます。

表 4-2-3　ライフレビューの予定表

回数	日付	時間	話題	用意する資料
1	月　日	時　分〜　時　　分		
2	月　日	時　分〜　時　　分		
3	月　日	時　分〜　時　　分		
4	月　日	時　分〜　時　　分		
5	月　日	時　分〜　時　　分		
6	月　日	時　分〜　時　　分		
7	月　日	時　分〜　時　　分		
8	月　日	時　分〜　時　　分		
9	月　日	時　分〜　時　　分		
10	月　日	時　分〜　時　　分		
	月　日	時　分〜　時　　分		
	月　日	時　分〜　時　　分		
	月　日	時　分〜　時　　分		
	月　日	時　分〜　時　　分		
	月　日	時　分〜　時　　分		

（3）人生の評価を促す言葉かけ

　ライフレビューを行うと自分の人生全体に関する見解や感慨、生き方を考えるような内容をクライエントが教えてくれることがある。問いかけや言葉かけは、参加者の様子をみて無理なく、また無駄のない質問が投げかけられることが望ましい。無理に人生の評価を促すようなことはしない。参加者からなんらかの言葉をいただけるなら、尊厳をもち大切に拾い上げる。

表 4-2-4　ライフレビューの予定表（記入例）

回数	日付	時間	話題	用意する資料
1	4 月 12 日	10 時 30 分〜 11 時 30 分	自己紹介・ふるさと	小さい頃の写真
2	4 月 19 日	10 時 30 分〜 11 時 30 分	幼い頃	幼い頃の写真
3	4 月 26 日	10 時 30 分〜 11 時 30 分	学校に通っていた頃	小学校のアルバム
4	5 月 3 日	10 時 30 分〜 11 時 30 分	遊び	アルバム
5	5 月 10 日	10 時 30 分〜 11 時 30 分	友達	小学校のアルバム
6	5 月 17 日	10 時 30 分〜 11 時 30 分	進学	アルバム
7	5 月 24 日	10 時 30 分〜 11 時 30 分	職業	仕事に関する資料
8	5 月 31 日	10 時 30 分〜 11 時 30 分	旅行	アルバム
9	6 月 7 日	10 時 30 分〜 11 時 30 分	家族生活	アルバム
10	6 月 14 日	10 時 30 分〜 11 時 30 分	今とこれから	ライフレビューブック
	月　　日	時　分〜　時　分		
	月　　日	時　分〜　時　分		
	月　　日	時　分〜　時　分		
	月　　日	時　分〜　時　分		
	月　　日	時　分〜　時　分		

（4）ライフレビューから現在の話へ

　60 分間に及ぶ過去の思い出の想起は、楽しさも辛さも含むような複雑なものになるかもしれない。話が終わった後は、立ち上がっていただき（身体が不自由な人にはできる範囲で）、身体を少し動かしたり、深呼吸を行ったりして心身を鎮静化させる。また、その日の予定などを確認したり、その時の季節や天気の話をする。そうすることで、過去に思いを漂わせている状態から、「今現在」や「この場所にいるということ」へと気持ちをゆっくりと戻していく。過

去を思い出すことは、人によっては気持ちに負担がかかることもあるので、「思い出して大変ではなかったですか」と確認したり「いかがでしたか」と感想を促したりする。

（5）作成されたライフレビューブック

　作成されたライフレビューブックはセラピストとクライエントが交わした思い出の成果でもある。まずは、クライエントご本人に差し上げる。作成されたライフレビューブックは、本人の人間性を確認できる記念の冊子である。どのようにこれを用いるかについては、利用法の提案はするが、本人や家族に任せることとする。例えば、ホームヘルパー、ケアマネージャー、訪問看護などの高齢者を支える専門職の方と共有することもある。家族と共有することで、ライフレビューの続きを行うことが可能となったりコミュニケーションの手がかりになることもある。

第3節　ガイド付自伝法（Guided Autobiography: 以下 GAB)

1．GAB とは何か

　心理的な健康状態の回復がどの世代にとっても優先すべきことであることには変わりがない。ストレスに見舞われやすい老年期には、心理的な予防を講じておくことは必需である。人々が自分の人生をどのように解釈しているかという観点は、生活習慣や行動の選択に影響を与え、その結果としての心身の健康に影響を与えるものである。健康維持を目的として人生を振り返る活動の一つとして、自分史の執筆を日常的に行っている人もいるだろう。

　GAB とは、支援を受けながらライフストーリーの執筆を行ったり、その内容を他者と共有したりしながら、自分自身を振り返り、ライフレビューを行うという心理学的支援の方法の一つである。エイジングの分野での草分けであり教育者でもあるビレン (Birren) が1970 年代にこの方法を創始した。GAB は、心理療法や治療を目的としたものではないが、さまざまなリラクゼーションの時間と同様の治療的効果があるとされる営みである。それは、教育実践でもあり心理教育でもある。プログラムや手順が明瞭であり、実践者や参加者のためのガイドラインもあり、グループエンカウンターや集団療法のような要素もある。

　ビレンは元来、加齢に関する記憶や認知プロセスの研究を行っていたが、その経緯の中で GAB を開発し発展させ、効果を研究した。彼は、この方法が高齢者の心理的健康を回復させる可能性があると考えた。代表的な 3 冊の著作[1]を出版し、GAB の詳細な研究を報告している。

　ビレンはサバティカル期間に担当した教育実践の科目の中で、受

講生への宿題として2ページ分の自分史の執筆を出題し、クラスでその内容を共有するよう促した。すると、受講生は多彩な世代の学生と活発な交流を行うようになった。この経験を元に、自らの指導学生の大学院生に自分史を執筆してもらい、クラス内のグループで共有したり自分史の雑誌を作ったりした。同時に、他の教室の大学院生も誘い、人生の主要な話題をもとに振り返りを行った。こうした教育上の体験や直観的な手ごたえにより、ビレンはGABを開始することとなった。

　GABとはライフレビューの方法の一つであると位置づけられている。選んだテーマについて自分史を一回に2ページずつ書くという課題があり、講義の枠内で実施する。自分史の内容を共有するクラスでは、執筆した本人およびそれを共有したグループや家族に肯定的な効果をもたらした。自分史を執筆するという課題は、与えられた課題の範囲で、参加者が人生の重要なテーマだと考えたことについて書く。テーマは「主要な人生の転機」から始めて、週に1回のワークショップを約10回行う。自分史を書き上げる間に人生のテーマが深まることもある。

　自分史のテーマは、「家族」、「人生でお金の果たす役割」、「主なライフワークや職業」、「健康と身体」、「死についての考えや死に関する経験」、「性的同一性」、「宗教生活」「人生の目標や抱負」などがある。テーマに関する短い解説を伴う導入のガイダンスと質問が行われる。これらのガイダンス内容や質問は、事前にGABの参加者の記憶を促すためにワークシートとして配布される。質問の内容は、GABの参加者の記憶の想起を促進するよう工夫されている (表4-3-1)[2]。

表 4-3-1　GAB の主要なテーマと質問例

1．人生の主な転機：	
説明	すべての人にとって人生の「転機」がある。転機とはその人の人生の方向性を決めたり人生が変化したりする機会や挑戦のことをさす。
質問例 1	最初の人生の転機は何だったと思いますか。どんなことが起こりましたか、なぜそのことが大切だと思ったのですか。何歳の時でしたか。
質問例 2	あなたの人生の主要な方向に誰が影響をあたえたと思いますか。人生の転機であなたとともにいたのは誰ですか（例：家族、友達、先生、医師、弁護士、政治家、宗教家、その他）。
2．家族：	
説明	すべての人には家族がいるが、親や子などの核家族や、養子だったり里親などの選ばれた親がいる場合もある。すべての子が子供時代から成熟するまで程度の差こそあれ育てられたり支援されたりしていたことがある。
質問例 1	あなたの家族で権力を持っていて、主な決定をしていたのは誰ですか。
質問例 2	あなたが最も親密に感じていた家族は誰ですか。
質問例 3	家族はあなたの人生の模範でしたか、あるいは今でも模範ですか。
質問例 4	また、最も遠い存在だと思っていたのは誰ですか。なぜですか。
3．人生でのお金の役割：	
説明	お金は普遍的なテーマである。あらゆる文化の人びとは交換や流通の形体として貨幣を使う。日本では円を使うが、パパニューギニアでは、貝殻を用いる。お金にまつわる話は文化の違いによっても多様であるかもしれない。
質問例 1	お金はあなたの家族においてはどのような役割を果たしていますか。
質問例 2	金銭的に貧しかったですか、それとも豊かでしたか。あなたの家族は、その経済状況についてどう考えていましたか。
質問例 3	あなたの家族の経済状況は、知人の家族と比べてどうでしたか。

4．主なライフワークや職業：	
説明	すべての人が仕事をもち、家族を養ったり組織に所属したりしており、自分の時間やエネルギーのほとんどをそこで費やすこととなる。
質問例1	あなたの主なライフワークに至るまでどのような仕事をしていましたか。
質問例2	そうなる運命だったと思いますか。あるいは偶然のことでしたか。
質問例3	その仕事につくように他の人に促されたりしましたか。あるいは誰かがきっかけを与えてくれましたか。
質問例4	家族の関心はあなたの進路に影響を与えましたか。
5．健康と身体：	
説明	健康や身体イメージは身体的な事実（身長、体重、髪の色、眼の色など）と私たちの主観的な認識（他者と比べて自分をどのように認識しているかということ）の両者を含む重要な話題である。
質問例1	あなたが赤ちゃんの時、子どもの時、大人になってから、あなたの健康はいかがでしたか。
質問例2	深刻な病気や事故がそれまでのあなたの生き方を変えたりしたことがありましたか。どのように変えましたか。
6．性的同一性：	
説明	性的同一性を確立させてきた役割モデルや家族との関係性について聞く。女性が職場に進出することについての考えについて尋ねる。理想的な男性像や女性像の概念の変化、文化的多様性についてなどの話題なども取り上げる。
質問例1	いつ頃あなたは初めて女の子である（男の子である）と認識しましたか。また、女の子と男の子の違いを認識したのはいつでしたか。あなたはそれについてどう感じましたか。
7．死をともなうような体験や死についての考え：	
説明	死とは生と隣り合わせであるが、理解しがたい事実である。ほとんどの人は、親族や友人の死を経験したことがある。早すぎる死というものは人生に傷跡を残すものである。死というものの重要性やその謎や死を前にして抱く苦悩はどうであるか。話し合うのは難しいテーマでもあり大切に扱わなければならない。

質問例1	あなたは子どもの頃、死についてどう感じていましたか。
質問例2	あなたは家族同様だと思っていたペットの動物を亡くしたことがありますか。あなたがペットを亡くしたときどのように思いましたか。
質問例3	誰か親しい人を亡くしたことがありますか。どんな風に悲しみましたか、それについてどう感じましたか、罪の意識を感じましたか、憤りを感じましたか、平和を感じましたか。

8．スピリチュアルな生活とその価値：

説明	スピリチャリティという言葉は多様である。信仰している宗教に関係なく多くの要素がある。信念、価値、人生の意味ということを考える人もいる。幼少期での意味の探求、家族との信仰の思い出、青年期の反抗、自分のメンターや模範となるモデルは誰であったかを思い出してもらう。
質問例1	どのような本がスピリチャリティやモラルについてあなたに影響を与えましたか。
質問例2	あなたの人生を生きていく時に重要な影響を与えたようなスピリチャル的あるいは宗教的な体験はありましたか。あなたにはこれまで深い信仰や心の平和などの経験がありましたか。

9．人生の目的や抱負：

説明	過去のことを振り返るだけでなく未来についての目標や抱負について考える。これまでの振り返りで自分の長所や短所が十分に探求できた人もいる。そうした人は、自分の短所を克服するためにできることを語る人もいる。また参加者には以前抱いていた関心事や才能を再発見しこれからチャレンジしようとする人もいるだろう。
質問例1	質問例：あなたの人生での模範になる人をどこで見つけましたか、家族ですか、映画ですか、他のことでしたか。
質問例2	あなたの人生の目標を変えたことはありますか。どのように変えましたか。どんな経験や出来事が進路の変更に影響を与えましたか。

　事前に与えられたテーマにそって書かれた2ページ分の自分史を用いてライフレビューを行う。GABの参加者は自伝の執筆を自宅で自由に行うよう促され、次のセッションではその内容を小グループで共有する。自伝の執筆は一人で自分に向き合う時間となる。本人にとって最も重要な問題や経験に焦点を当てることになる。文の表現や構成よりも「自分自身の物語をしっかりと理解しているか」ということが大切であると事前に心理的段階で説明される。

　GABのワークショップは、シンガポール、ブラジル、日本、ギリシア、フランス、ドイツ、台湾、韓国、オーストラリア、ニュージーランド、米国、カナダなどを初め、多くの国々に提供されてきた。2009年からGABのインストラクターのためのトレーニングがオンラインで提供され、350名以上のGABファシリテーターが育成されている。自伝研究のためのビレンセンター (The Birren Center for Autobiographical Studies)[3] がその中心的役割を担っている。

2．GABの効果

　GABには、自己を洞察する力を高める効果と他者との繋がりを深める効果の二つの効果があげられる。まず自己の成長を促進していた研究を紹介する。GABを通じての個人的な成長について調査した研究[4]がある。参加者に標準化された尺度を実施した。それは現実的自己、理想的自己、社会的自己であった。結果は、GABのセッションを通じて、参加者の自己はより統合されていた。関連した結果は、参加者は、他者をより自分に近いと感じていた。類似の研究結果[5]が報告されている。

　GABの教育的な過程について大規模調査を行った研究[6]では、平均年齢62歳の88名の女性と26名の男性についてのスクリプトを調べた。学習過程や他者についての学びを得ていただけでなく、

自分自身についての学びを多く報告していた。参加者は、自分自身についての新たな解釈、理解、枠組みについての話をし、自分自身を構成している多様な側面について再認識した。また、これらの側面を統合して一貫したライフストーリーを描こうという努力についての話をしている。

　19歳～50歳までの人（若年層）と51歳～86歳までの人（高齢者層）のGABの及ぼす効果を検討した研究がある[7]。現実自己、理想的自己、社会的自己イメージについて、事前テスト、中間テスト、事後テストの3つの時期で比較を行った。すべての参加者において、GABに参加することによって自己が一致するようになっていた。特に高齢者層は、若年層に比べて自己の一致度が高かった。このことは特に高齢者がGABを通じて、自己システムを含む再体制化が促進されていたことを示している。

　他者との関係性に関する効果も報告されている。事前テスト・事後テストデザインを用いて、GABグループとウオーキンググループを比較した研究[8]がある。5週間のGABグループと統制条件でのウオーキンググループを比較して行うこととなっていた。GABの参加者は有意に増加し、ウオーキンググループに比べて、他者との関係が肯定的になっていた。

　様々なGABの過程を通じて多くの変化が確認されている[9]。自分史の執筆によって自己理解が更新され、回復の感覚、勇気や自信、個人の物語、秘密、望みや恐れを共有する、より深いレベルで他者とのつながりが変化し、孤独ではないと感じるようになっていた。

3. 標準的なGABのセッションの手順

　標準的なGABのワークショップ[10]は、約20名程度の参加者で毎週実施される。あらゆるGABのセッションの最初の1時間目は、

参加者全員で心理教育を受けたり、テーマについて説明を受けるようなワークショップである。次の回までに書く自分史のテーマをファシリテーターが毎週紹介し、そのテーマの背景となるようなミニレクチャーを行う。全員でそのテーマに関して討論したり、参加者全員にむけてテーマに関する簡単なエクササイズ（「人生の転機」というテーマではライフチャートを作成するという課題が与えられた）を行う（図 4-3-1）。全体セッションでは、与えられたテーマに対して向き合うための心の準備状態を次回までにつくることにな

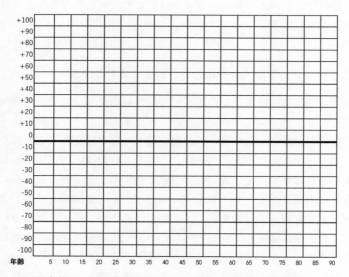

※その年齢での人生の転機を思い出し肯定的な感情か否定的な感情を＋かーで評価する。その大きさを 100 点満点で評価し、点を打ち、点を線で結び視覚化する。

図 4-3-1　ライフチャート

注）出典は Birren, J. E. and Cochran, K.N. (2001). Telling the stories of life through guided autobiography groups. Baltimore : Johns Hopkins University Press.

る。そのテーマに関する質問が一つか二つ程度与えられ、自伝を書き始めるための主要な思い出を参加者が想起するために何らかの刺激を与えられるセッションとなる。

　全体のセッションが終わると休憩があり、その後で6〜8名のグループセッションを行う。いわば、グループRTが行われるのである。最初のセッションではファシリテーターから主にGABのルールの説明のガイダンスが行われ、関係づくりを中心とした自己紹介を含むグループワークが行われる。2回目以降は、事前に執筆された自分史を執筆者が読んでグループメンバーで共有され、さまざまな意見交換がなされる。

4. セッションに参加する前に与えられる自分史の課題

　参加者には事前に課題が出題される。次回のテーマに関する課題を行ったり、テーマについて一人ひとりが事前にテーマに向き合う機会が一定の時間与えられる。想起を促したり意識化させる質問が一つのテーマごとに与えられるが、それらの質問すべてにくまなく答える必要はない。その質問をよりどころにし、セッション1回につき自分史を2ページずつ執筆することが、事前の課題となる。2ページよりも多くの分量を書くことができる人がいるかもしれないが、この分量に限定し、回想内容について主に焦点を絞る。これは過去の重要な側面への直面化を促すための工夫である。どのくらい深く自分の過去を掘り下げられるかということや、どのくらい快適に自分の話を小グループで共有できるかにもとづいて内容を決めていく。また、筆記法によって自分の深い感情を表現でき、それが心理的健康を促進するのではないかという考え方[11]がある。

5. グループでの自分史の共有

　GABのグループセッションは全体の中で最も重要な過程である。書いてきた自分史をグループの参加者の前で読み上げる。読み上げは書かれた経験をより深めることにつながる。内容を共有し、励ましや支持的なフィードバックを得る。他の人も自分の自分史を読み、グループ内で共有する。事前に参加者のためにガイドラインが設けられており、他者の話を批判しないなどの規範や留意点などが書かれた資料が配布され、説明される。グループでは対人交流、個人の成長、新しい視点の獲得などが促進される。参加者が聞き手を意識すると本来の効果が薄れてしまうため、執筆したほうが望ましい内容よりも、自分で必要性のある内容を書くことになる。また、その場で自分自身が他者に開示してもよいと思うような内容のみが開示されることになる。

　グループには参加者に支援と理解を与える機能がある。共有された自分史へのフィードバックが得られ、参加者には洞察や新しい観点が与えられる。参加者は、よりよいかたちで人生に対処できるようになる。毎週物語が共有されることでグループ内では友情と絆が育まれることになる。ビレンはこのことを「発達的な交流」と呼び、人生の物語の中で重要な感情の深さが表現されるのは、このような重要な物語の相互での共有がなされるときである[12]。GABグループのメンバーから、「以前に誰にも話したことがなかった」という話を聞くことはまれなことではないという。各自が自分の物語を読み、グループメンバーによる自由で建設的なコメントを互いに与え共有する。以前には自分では考えたこともなかったような参加者自身の強みを教えてもらい、世の中に存在する多様な人々や物事に関する洞察がより深く理解され、参加者が本当の意味で変わっていき成長することをGABグループが支援することになる。

6. 参加者のルールやガイドライン

　GAB のワークショップには、重要なルール[13]がある。守秘の約束については、セッションの初めに全員の参加者に十分に説明することとなる。グループで共有された内容すべてについてである。自分史は、本人の許可なく別のグループなどで共有されたりはしない。個人情報の保護が守られることで、自由な自己表現が促進される。参加者が自分のプライバシーが安全な場で守られているということがわかると、より深く自己探求を行うことができ、個人的成長が促進されるのである。また、グループでは時間を独り占めしないということ、GAB は治療ではないということなども記載されている。

第5章　ライフレビュー・セラピー
──心理療法と組み合わせた LRT

　第4章では、交流を促進する SR、個人の成長を促し自我の統合を目指しながら心理的安定を目指そうとする LR、他者との関係や自分自身を深く見つめなおすための GAB という3種類のレミニッセンス・セラピーを紹介した。

　第5章では、第1節で高齢者の心の健康の回復を目的にしたグループ・ライフレビュー・セラピー (Group Life Review Therapy: 以下 GLRT) について、第2節では、認知療法及び問題解決療法的要素を組み入れた認知的グループ・ライフビュー・セラピー (Cognitive Group Life Review Therapy、以下 CGLRT)[1]、第3節では、軽度抑うつ症状のある高齢者を対象にした心理療法的要素を組み入れた LRT を紹介する[2]。

第1節　否定的回想傾向にある高齢者のためのグループ・ライフレビュー・セラピー（Group Life Review Therapy: GLRT）

1. GLRT の導入

　GLRT とは、集団療法の要素を加味した LRT である。このプログラムは、心理教育的側面を重視した集団療法的要素を加味したライフレビュー・セラピーである。GLRT プログラムの具体的内容を表 5-1-1 に示した。GLRT が心理的健康をもたらすプロセスの流れをモデル化したものを参考にし、介入のポイントを組み込んだ (図

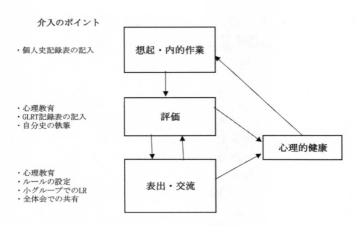

介入のポイント

・個人史記録表の記入　→　想起・内的作業

・心理教育
・GLRT記録表の記入　→　評価
・自分史の執筆

・心理教育
・ルールの設定
・小グループでのLR　→　表出・交流
・全体会での共有

→　心理的健康

図 5-1-1　GLRT プログラムが心理的健康をもたらす流れ

5-1-1)[3]。それぞれのプロセスを効果的に実施することを目標としている。各回のセッションには、心理教育、個人史記録表（主要な個人的出来事を書き込む。例：小学校入学）（表 5-1-2）、ホームワークでの GLRT 記録表（表 5-1-3）、自分史執筆を課題とした。また、「表出・交流」が促進されるように、グループでの信頼関係を形成するための心理教育やホームワーク課題を行う意味についての講義を行った。各回は、LR についての講義 90 分と GLRT の実施 60 分という構成とした。

　このプログラムには高齢者の団体（著者との利益相反はない）の有志高齢者 37 名（男性 14 名、女性 23 名）が参加者となり協力した。そのうち 10 名はベースラインで否定的回想得点が高かった。講習会は公民館の会議室で、2 週間に 1 回開催し、毎回 150 分の講習会を 6 回実施した。講習会では LR に関する心理教育的内容の講義を行った。参加者は、語った自分史の内容やその続きの内容を記録し、グループにおける他の人の話についても要約して記録した。

表 5-1-1　GLAT プログラムの内容

回	内容	ホームワーク
1	**プログラムのガイダンス・自己紹介** ・LR の背景・高齢者に生じやすい心理的課題 ・LR で期待される効果 ・ホームワークの説明 ・自己紹介 ・プログラムに参加した動機の共有 ・心理アセスメントの実施（JRFS,LSIK,POMS）	・自己紹介カード ・個人史記録表
2	**GLRT の心理教育と実施** ・GLRT の治療的意義・効果 ・グループリーダーの役割 ・LR のテーマ・資料・写真 ・GLRT の実施（テーマ：幼年期）	・GLRT 記録表
3	**GLRT の心理教育と実施** ・GLRT の実施の留意点 ・リーダーや参加メンバーのコミュニケーション ・感情のフィードバック ・小グループでの話題の共有 ・グループの座席配置の意味 ・過去の未解決な問題への対処 ・GLRT の実施（テーマ：青年期）	・GLRT 記録表
4	**GLRT の心理教育と実施** ・LR と SR の違いについて ・SR の方法と効果 ・LR の方法と効果 ・GLRT の実施（テーマ：壮年期）	・GLRT 記録表 ・自分史の執筆
5	**GLRT の心理教育と実施** ・LR について ・自分史の発表と意見の交換 ・GLRT の実施（テーマ：人生の転機・人生を振り返って）	・GLRT 記録表
6	**GLRT の心理教育と実施** ・LR の特徴（構造化、評価、個別性） ・リーダーの役割の確認 ・GLRT の実施（テーマ：人生を振り返って） ・GLRT に参加した感想の共有 ・心理アセスメントの実施（JRFS,LSIK,POMS）	・GLRT 記録表

表 5-1-2　個人史記録表

西暦	邦暦	主な社会の出来事キーワード	個人的出来事
1930	昭 5	銀ブラ / エログロナンセンス / 黄金バット	
1931	昭 6	エアガール / トーキー / 満州事変 /	
1932	昭 7	5・15 事件 / 欠食児童 / チャップリン来日	
1933	昭 8	日本国際連盟脱退 / 防空演習 / ナンセンス / ヨーヨー	
1934	昭 9	満州国 / 昭和維新 / 開襟シャツ / パーマネント	
1935	昭 10	天皇機関説 / ハイキング / 初の年賀切手	
1936	昭 11	2・26 事件 / 今からでも遅くはない / 女性のマフラー	
1937	昭 12	盧溝橋事件 / ヘレンケラー来日 / 日中戦争	
1938	昭 13	国家総動員法 / 国民健康保険法 / 買いだめ / 自粛髪型	
1939	昭 14	国民徴用令 / 映画法 / 産めよ殖やせよ国のため	
1940	昭 15	日独伊三国軍事同盟 / 大政翼賛会 / ぜいたくは敵だ	
1941	昭 16	改正治安維持法 / ゾルゲ事件 / 産業戦士 / 徒食は恥だ	
1942	昭 17	食料管理法 / 欲しがりません勝つまでは / 切符配給制	
1943	昭 18	学徒出陣 / 撃ちてし止まむ / 少国民進軍歌	
1944	昭 19	女子挺身勤労令 / 学徒勤労令 / 代用食 / 神風特攻隊	
1945	昭 20	降伏文書 / 財閥解体 / 農地改革 / 闇市 / 衆議院議員選挙法	
1946	昭 21	極東軍事裁判 / 日本国 / 日本国憲法 / 金融緊急措置令	
1947	昭 22	独占禁止法 / 地方自治法 / 斜陽族 / アプレゲール	
1948	昭 23	プロ野球初ナイター / アロハシャツ / 超ロングスカート	
1949	昭 24	NATO / ティナリサー来日 / 洋裁学校激増 / ビアホール復活	
1950	昭 25	朝鮮戦争 / 初の千円札 / とんでもハップン / テープレコーダー	
1951	昭 26	日米安全保障条約 /BG/ 社用族 / 逆コース /LP レコード	
1952	昭 27	メーデー事件 / 君の名は / 真知子巻 / 風船ガム / ボウリング場	
1953	昭 28	スト規制法 / ミシン・蛍光灯の普及 / うたごえ運動	
1954	昭 29	改正警察法 / 防衛庁設置法 / ヘップバーン / マリリン・モンロー	
1955	昭 30	神武景気 / 学校給食法公布 / トランジスタラジオ /	
1956	昭 31	団地ラッシュ / 幼稚園制度の整備 / 太陽族 / マンボスタイル	
1957	昭 32	セリエの来日 / ストレスの普及 / カリプソスタイル	
1958	昭 33	東京タワー / テレビの受信契約数 100 万人突破 / ロカビリー	
1959	昭 34	皇太子ご成婚 / 「三種の神器」の電化ブーム	

1960	昭35	安保闘争 / 安保改定調印式 / ダッコちゃん / インスタント食品	
1961	昭36	レジャーブーム /G パン・バスケットシューズ / カミナリ族	
1962	昭37	高校生急増対策 / マイカーブーム / ツイスト / 交通戦争	
1963	昭38	三ちゃん農業 /45 人学級 / 大河「花の生涯」/ プロパンガス	
1964	昭39	東京オリンピック / 東海道新幹線 / 高等学校進学率 70%	
1965	昭40	いざなぎ景気 /JAL パック / みどりの窓口 / モンキーダンス	
1966	昭41	ビートルス / フォークソング / 3 C/ 航空機事故	
1967	昭42	学生運動・学園紛争激化 / ミニスカート / 交通戦争 /	
1968	昭43	大学紛争が激化 / ラジカセ / 昭和元禄 / 三億円事件	
1969	昭44	安田講堂攻防戦 / 公害問題 / 教育ママ / エコノミックアニマル	
1970	昭45	大阪万博 / 三島由紀夫 / ロングヘア /「市民の図書館」	
1971	昭46	環境庁 / コピー機・コンピューター・FAX/「生涯教育」	
1972	昭47	沖縄返還 / 週休二日制 / ぐうたら / 中国からパンダ	
1973	昭48	海外旅行・旅行ブーム / 第 1 次オイルショック	
1974	昭49	コンビニ 1 号店 / 健康法ブーム / ロングスカート流行	
1975	昭50	山陽新幹線博多まで / 天皇・皇后初訪米 / 第 1 回サミット	
1976	昭51	ロッキード事件 / 天安門事件 / ゆとり教育 / ジョギング	
1977	昭52	平均寿命世界一へ / カラオケの流行 / 共通一次試験	
1978	昭53	成田空港開港 / ファミリーレストラン / ディスコ	
1979	昭54	国際児童年 / 省エネ /3 年 B 組金八先生 / インベーダーゲーム	
1980	昭55	40 人学級 / 校内暴力・家庭内暴力が急増 / 金属バット事件	
1981	昭56	中国残留孤児正式来日 / 文部省の「校内暴力事件事例集」	
1982	昭57	東北新幹線開業・上越新幹線開業 /CD の発売 / テレカ	
1983	昭58	「おしん」「積み木くずし」流行 / 放送大学 / 校内暴力激化	
1984	昭59	グリコ・森永事件 / いじめ深刻化 / マリンルック	
1985	昭60	科学万博つくば / 校内暴力・いじめ・不登校・非行深刻化	
1986	昭61	三原山噴火 / チェルノブイリ原発事故 / いじめ問題深刻化	
1987	昭62	国鉄民営化 / 地価高騰 / 教育改革へ / 遠距離恋愛 / 鉄人 / マルサ	
1988	昭63	生涯学習の推進が「教育白書」に / 幼女誘拐殺人事件	
1989	昭64/平1	不登校 4 万人以上となる / フリーター / おやじギャル	
1990	平2	国連「児童の権利に関する条約」発効 / バブル崩壊	

表 5-1-3　GLRT 記録表

第　　　回	年　　月　　日　　記入者氏名
GLRT の参加メンバー（参加者氏名を書いてください）	
主な話題（できるだけ詳しく書いてください）	
どのようなことを思い出しましたか	
当時はどのようなお気持ちでしたか	
現在はどのように考えますか	
今回のグループに参加した感想をお書きください	
セラピストからのコメント	

2．GLRT の内容

（1）プログラムのガイダンスと自己紹介

　プログラム全体の流れを説明した。プログラムの構成や集団療法で行うこと、ホームワークを出題すること、心理アセスメントを兼ねた質問紙の実施についてもここで説明し実施した。また参加者同士の関係を形成するために、参加者全体での自己紹介を行い、プログラムに参加した動機などを共有した。講義では「LR の背景」「高齢期に生じやすい心理的課題」「LR で期待される効果」について説

明を行った。

（2）LR の心理教育と GLRT（テーマ：幼年期）の実施

　心理教育として「集団療法の治療的意義」「GLRT の意味や期待される効果」「集団療法のリーダーの役割」「LR で扱うテーマ」「記憶を想起する資料や品物」についての説明を行った。その後、GLRT を実際に体験してもらった。まず全受講者が 7 〜 8 名の小グループに分かれ、各グループ内で簡単な自己紹介（氏名、出身地、簡単なプロフィール）を行い「グループリーダー」を選出した。リーダーの主な役割は、メンバーの発言を促すことであった。

　「幼年期」をテーマに GLRT を実施した。開始より 60 分経過した後、終了の合図を行った。リーダーはこの回のグループで話し合われた内容をまとめ、セッションを終了した。その後全体でシェアリングを行い、各グループのリーダーによって、小グループでどのような内容が話し合われたかについて報告してもらった。感想や意見交換をし、セッションを終了した。GLRT 記録表の記入を求めた。GLRT の方法は 2 回目から 6 回目まで同じ手続きで行った。

（3）LR の心理教育と GLRT（テーマ：青年期）の実施

　この回では全体の会の心理教育として、リーダーや参加メンバーのコミュニケーションスキルについて説明をした。「受け止めた感情のフィードバックの仕方」、「グループで話題を共有してもらう方法」、「グループの座席配置の意味」「過去の未解決の問題」についての説明を行った。その後、小グループに分かれて「青年期」をテーマに GLRT を実施した。その後の手続きは 2 回目のセッションと同様に全体で話題を共有した。ホームワークとして GLRT 記録表の記入を求めた。

（4）LRの心理教育とGLRT（テーマ：壮年期）の実施

　心理教育として「LRとSRの違い」、「それぞれの方法と効果」について説明を行った。LRに参加することへの期待感や動機づけを高める目的でこれらの説明を行った。その後小グループに分かれ、「壮年期」をテーマにGLRTを実施した。その後の手続きは2、3回目のセッションと同様であり、全体会でグループの話題を共有した。ホームワークとしてGLRT記録表の記入と「自分史」の記述を求めた。

（5）LRの心理教育とGLRT（テーマ：人生の転機・人生全体を振り返って）の実施

　心理教育として「LRについて」を全員に説明した。ホームワークとして出題した「自分史」を発表してもらい、感想の交換を行った。その後小グループに分かれ、「人生の転機、人生全体を振り返って」をテーマにGLRTを実施した。その後の手続きは2～4回目のセッションと同様であり、全体会でグループの話題を共有した。ホームワークとしてGLRT記録表の記入を求めた。

（6）LRの心理教育とGLRT（テーマ：人生全体を振り返って）の実施

　心理教育として「LRの特徴：構造化・評価的・個別的」に関する内容を全員に説明した。再び「リーダーの役割」について確認を行った。その後、小グループに分かれ「人生全体を振り返って」をテーマにGLRTを行った。その後の手続きは2～5回目のセッションと同様であり、全体会でグループの話題を共有した。最後に心理アセスメントとしての質問紙の記入を行い、セッションに参加した感想を求めた。

3. GLRT の効果について

(1) 参加者とセラピスト

　今回実施した GLRT の参加者は、全員日常生活動作 (ADL) に問題のない健康高齢者で、一人で公民館に 2 週間に 1 回通うことができた（聴力に衰えがある人が 1 名いた）。そのうち 10 名は「否定的回想」の得点が高かった。すなわち、回想に伴う心理的態度が否定的な高齢者が、健康高齢者と混合したかたちでこのグループには参加していたことになる。心理教育として GLRT の内容や、参加者へのコミュニケーションの技法についての教育が 90 分、2 週間に 1 回行われた。また 60 分の GLRT を 5 回行った。ホームワークでは、個人史記録表の記入（1 回）、GLRT 記録表の記入（6 回）、自分史の執筆（1 回）が含まれていた。セラピストは臨床心理学を専攻する大学院生であり、臨床心理士を養成する大学院生としての実習経験が 3 年間あり、高齢者施設での個別回想法やグループ回想法のファシリテーターの経験があった。

(2) 効果評価の尺度

　以下の三つの尺度を用いて効果評価を行った。尺度を作成するための調査研究では首都圏の高齢者大学、市民大学、支援団体に所属する 609 名の高齢者（男性 329 名、女性 280 名　平均年齢 66.7 歳）が協力し質問紙調査を実施することで、以下の三つの尺度の信頼性と妥当性を確認することができた。

① **高齢者用回想機能尺度** (Japanese Reminiscence Functions Scale: JRFS)　回想を行うときに、どのような態度や意識や感情が伴っているかということを測定する尺度[4]である。「積極的回想」と「否定的回想」の 2 因子構造の尺度で 18 項目で構成した。「積極的回想」

の得点が高い場合には回想することで他者との絆を思い出したり、肯定的な態度、意識、感情が回想に伴うことが多い。「否定的回想」の得点が高い場合には、辛い思い出が思い出されたり、昔の失敗を思い出したり、よい気分にならないなど、否定的な態度意識、感情が回想に伴うことになる。「まったくそう思わない」= 1、「あまりそう思わない」= 2、「だいたいそう思う」= 3、「とてもそう思う」= 4、の4件法で回答を求めた（表 5-1-4）[5]。

②人生満足度尺度 (Life Satisfaction Index LSIK)[6] は本研究で改訂し、「人生全体への満足感」「心理的安定」の下位尺度があることを確認し、10項目の尺度としてまとめた。「まったくそう思わない」= 1、「あまりそう思わない」= 2、「だいたいそう思う」= 3、「とてもそう思う」= 4、の4件法で回答を求めた（表 5-1-5）。

③気分プロフィール検査 (Profile of Mood Scale: POMS)[7] は、そのまま使用した。この検査は過去一週間の気分・感情の状態を測定できる 65 項目の尺度である。下位尺度には「緊張−不安（TA）」、「抑うつ−落ち込み（DD）」、「怒り−敵意（AH）」、「活気（V）」、「疲労（F）」、「混乱（C）」の6つの気分状態を測定することができる。「まったくなかった」= 0、「少しあった」= 1、「まあまああった」= 2、「かなりあった」= 3、「非常に多くあった」= 4、の5件法で回答を求めた。

（3）GLRT 実施前後の変化について

①否定的回想の低下

　JRFS の「否定的回想」得点を用いて得点の高かった高齢者 10 名の効果を比較した。実施前と実施後の得点について t 検定を行った結果、統計的に有意に「否定的回想」の得点が低下していた（図

表5-1-4　高齢者用回想機能尺度の項目

以下の文章には昔のことを思い出して語る目的や思い出して人に語るとどのようになるかについて書かれています。次の各文章についてどの程度当てはまりますか。番号に○をつけてください。

	まったくそう思わない	あまりそう思わない	だいたいそう思う	とてもそう思う	
1. 仲間意識をもてる	1	2	3	4	P
2. 人と過去の思い出を分かち合うことができる	1	2	3	4	P
3. 新しい友人や知人と親密になる	1	2	3	4	P
4. 辛い思い出が思い出される	1	2	3	4	N
5. 話題を提供することができる	1	2	3	4	P
6. 過去のよかった出来事を確認することができる	1	2	3	4	P
7. 楽しい出来事を思い出して楽しむ	1	2	3	4	P
8. 他の人にいやな目にあわされたことを思い出す	1	2	3	4	N
9. 人間関係ができる	1	2	3	4	P
10. 自分のことを他の人に説明することができる	1	2	3	4	P
11. 他の人を励ますことができる	1	2	3	4	P
12. あまりいい気分にならない	1	2	3	4	N
13. 今かかえている問題をいろいろな見方で考えることができる	1	2	3	4	P
14. 人に話を聞いてもらえる	1	2	3	4	P
15. 懐かしい気分になる	1	2	3	4	P
16. 昔の失敗をくよくよと思い出す	1	2	3	4	N
17. 将来の計画を立てる	1	2	3	4	P
18. 苦い体験を思い出して辛くなる	1	2	3	4	N

Pの項目の粗点を合計すると「肯定的回想」得点となる
Nの項目の粗点を合計すると「否定的回想」得点となる
この両者の回想得点は項目数が異なるため、標準得点Zを算出した。

表 5-1-5　人生満足度尺度の項目

次の文章についてどの程度あてはまるか、該当する数字を○で囲んでください。

	まったくそう思わない	あまりそう思わない	だいたいそう思う	とてもそう思う	
1. 私の人生は幸福だった	1	2	3	4	L
2. なんとなく不安にかられる	1	2	3	4	W
3. 私の人生は恵まれていた	1	2	3	4	L
4. 気分が落ち込むことがある	1	2	3	4	W
5. 人生で求めていたことを実現できた	1	2	3	4	L
6. 心配ごとがたくさんある	1	2	3	4	W
7. これまでやりたいと思っていたことは、ほとんどやってきた	1	2	3	4	L
8. なんとなく疲れている	1	2	3	4	W
9. 私の人生は今が最良のときだ	1	2	3	4	L
10. 物事をいつも深刻に考える	1	2	3	4	W

Lの項目を足すと「人生全体に対する満足感」の合計得点となる
Wの項目は「心理的安定の項目」となり、1→4、2→3、3→2、4→1 というように換算して合計する

5-1-2)。「積極的回想」については増加していたものの、統計的には有意な増加ではなかった。

②抑うつ‐落ち込み得点の低下

　気分プロフィール検査（Profile of Mood Scale: POMS）の6つの下意尺度について実施前後で①と同じ検定を行った結果、統計的に有意に「抑うつ‐落ち込み（DD）」の得点が統計的に有意に低下していた（図 5-1-3）。抑うつ症状の改善がみられたと考えられる。「活

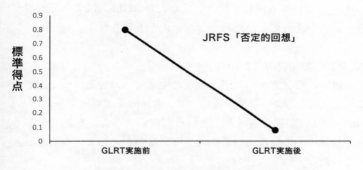

図 5-1-2　JRFS「否定的回想」の変化

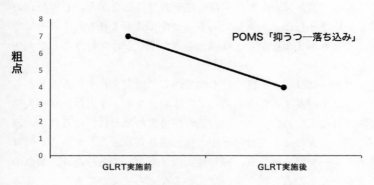

図 5-1-3　POMS「抑うつ―落ち込み」の変化

気（Ｖ）」についても同様に低下していたが、GLRTによって内省が促され、心が沈静化したためではないかと推測される。

③ GLRTの参加者の報告から

　そのほか、参加者から「過去を現在や未来への資源につなげていること」、「人からよい影響を受けたり、人間関係が形成できたこと」「感情への良い影響があった」という報告があった。参加者の多くが自分自身の心の健康の改善や社会的交流のためのよい機会だととらえていた。

（４）プログラムで留意した点について

　GLRTを実施する際の留意点としては次の３つの点がある。

　①障害の有無にかかわらず自主性を大事にしながら、心理教育の要素を盛り込むことが重要である。セラピストよりも人生の先輩であることもふまえながら、尊厳をもった語りかけを行うことが大切となろう。

　②グループリーダーは、その場で即席に選定されていることからグループを促進することも初めての体験となる。一人ひとりの人生経験が異なるため、メンバーの話の筋書きや使われている言葉の理解の面で、人によっては対応が困難に感じられることがある。同世代のグループであったり、同じ性別のメンバーであったり、類似の要素をそなえた人を同グループにするなどの工夫ができると、まったくの初心者でもグループを促進しやすいと考えられる。他方で、リーダーはボランティアであっても研修を提供するなど、事前に十分な準備をされていることが本来は望ましい。

　③その場で初めてリーダーとなる人が、語られた内容を即座に反射して適切に参加者に言葉かけを行うことは、困難である。その場は非言語コミュニケーションが的確に行われることでも十分かもし

れない。また、よく話を聞き共感できるだけでもよいだろう。

　④集団療法が安心して実施できるように、「秘密厳守」「語りたくない内容は語らなくてもいい」「一人ひとりが公平に話ができるように工夫する」といった「ルール」をあらかじめつくることが大切となろう。

　⑤また、回想をすることの意味についても事前に十分な説明がなされることが大切となろう。過去の話をすることは現在からの逃避ではなく、過去について「現在」その人がどのようにとらえることができるかといった、自分自身を受容するためのアプローチであることを伝え、検証された効果なども伝え、参加者に参加することの期待感を高める工夫ができれば十分である。

第2節　否定的回想傾向にある高齢者のための認知的グループ・ライフビュー・セラピー (Cognitive Group Life Review Therapy: CGLRT)

1. CGLRTの導入

　CGLRTとは、問題解決療法[1]と認知療法[2]と集団療法の要素を加味したLRTである。人生の評価を促進し、否定的な評価がなされる場合にはその評価に対処し肯定的な態度を形成するための認知的技法を取り入れて行った。具体的なCGLRTプログラム[3]の概要を表5-2-1に示した。CGLRTの心理的プロセスの流れをモデル化したものを介入のポイントに組み込んだ（図5-2-1）。プログラムではそれぞれのプロセスを効果的に実施することを目標とした。各回

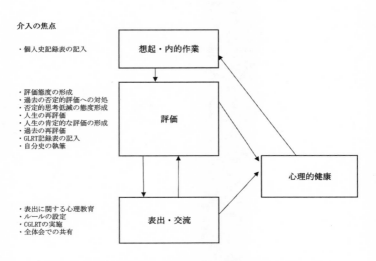

図 5-2-1　CGLRT プログラムと心理的健康の関連性

表 5-2-1　CGLRT プログラムの概要

回	内容	ホームワーク
1	プログラムのガイダンス・自己紹介 ・CGLRT の背景・高齢者に生じやすい心理的課題 ・CGLRT で期待される効果 ・ホームワークの説明 ・自己紹介 ・プログラムに参加した動機の共有 ・心理アセスメントの実施（過去の出来事の評価・JRFS・SES・統合感尺度・人生満足度・POMS・GHQ28）	・自己紹介カード ・個人史記録表 ・ワークシートの記入
2	CGLRT の心理教育 (評価態度の形成) と実施 ・回想類型の説明 ・過去の否定的な出来事への対処法について ・GLRT の実施（テーマ：誕生日）	・GLRT 記録表の記入 ・ワークシートの記入
3	CGLRT の心理教育（過去の否定的な評価への対処）と実施 ・過去の問題点への明確化 ・GLRT の実施（テーマ：幼年期）	・GLRT 記録表の記入 ・ワークシートの記入
4	CGLRT の心理教育（否定的な思考低減の態度形成）と実施 ・認知の歪みについて ・出来事の再帰属について ・出来事の意味や価値について考える ・GLRT の実施（テーマ：小学校）	・GLRT 記録表の記入 ・ワークシートの記入
5	CGLRT の心理教育（人生の再評価）と実施 ・イメージの置き換えの練習 ・否定的な思考を低減させる方法 ・GLRT の実施（テーマ：青年期）	・GLRT 記録表の記入 ・ワークシートの記入
6	CGLRT の心理教育（人生の肯定的な評価の形成）と実施 ・過去の成功場面について ・問題を解決した時の場面について ・GLRT の実施（テーマ：成功したこと・解決したこと）	・GLRT 記録表の記入 ・ワークシートの記入

表 5-2-2　CGLRT プログラムの概要（続き）

回	内容	ホームワーク
7	CGLRT の心理教育（過去の再評価）と実施 ・否定的な出来事のなかから肯定的な側面を見つけ出す ・GLRT の実施（テーマ：成功したこと・困難な出来事）	・GLRT 記録表の記入 ・ワークシートの記入
8	全体の総括と終結 ・人生の評価の総括 ・GLRT の実施（テーマ：人生全体を振り返って） ・参加者の感想の共有 ・心理アセスメントの実施（過去の出来事の評価・JRFS・ 　SES・統合感尺度・人生満足度・POMS・GHQ28）	

のセッションには、問題解決療法的要素（評価態度の形成、過去の
否定的な評価への対処）、認知療法的要素（否定的な思考低減の態
度形成、イメージの置き換え、肯定的評価の形成、過去の再評価）
を組み入れ、個人史記録表（表 5-1-2）(p.250)、ホームワークでの
GLRT 記録表（表 5-1-3）(p.252)、自分史執筆を課題とした。また、「表
出」が促進されるように、グループでの信頼関係を形成するために
心理教育やホームワーク課題を行う意味についての講義を行った。
各回は心理教育 45 分と GLRT の実施 45 分という枠組みの構成と
した。

　このプログラムには地域に在住する高齢者 17 名（男性 11 名、女
性 6 名）（著者との利益相反はない）が参加した。プログラムは公
民館の会議室で、2 週間に 1 回開催し、毎回 90 分の内容を 8 回実
施した。対象者には JRSE の得点において「否定的回想が高い人：
平均値以上」（男性 4 名、女性 4 名、平均年齢 69.6 歳、SD　5.10、
年齢幅 65-79 歳）の人が含まれていた。

2. CGLRT の内容

（1）プログラムのガイダンスと自己紹介

　プログラム全体の流れを説明した。プログラムの構成や集団療法で行うこと、ホームワークを出題すること、心理アセスメントの実施について説明し実施した（効果評価の尺度：p.268 ～ 270 を参照されたい）。また参加者同士の関係を形成するために、参加者全体での自己紹介を行い、このプログラムに参加した動機などを共有した。講義では「CGLRT の背景」「高齢期に生じやすい心理的課題」「CGLRT で期待される効果」について説明を行った。そして回想に対する自己評価を形成するための要素としての「フィードバック」について説明を行った。さらに、ホームワークとして「自己紹介カード」「個人史記録表」「ワークシート」の記入の仕方について説明した。

（2）CGLRT の心理教育（評価態度の形成）と実施

　前週のホームワークをとりあげ、解説を行った。回想類型の「積極的回想」と「否定的回想」について説明した。GLRT を実施する際には誰もが「過去に関する否定的側面」が存在することについても説明を行い、怒り、悲しみ、抑うつ、不安などの否定的な感情が生じる際には、なんらかの人生上の課題がそこに存在していたり、問題の所在に関する信号、すなわち手がかりとなることを解説した。後半には GLRT をおこなった。17 名の参加者を 9 名と 8 名の 2 つのグループに分けて実施した。リーダーはその場で選出された。この回にはホームワークの課題として「誕生日」というテーマで用意してもらったワークシートを参考にしながら、参加者の生まれたときの状況を、幼いときに聞いた内容を思い出して語ってもらった。セッション終了後に、2 つのグループを合同した全体会を実施し、リーダーによって各グループではどのような話が展開されたかを共

有した。グループは第2回から第8回までほぼ同じ手続きで行われた。ホームワークとして毎回その日のGLRT記録表の記入を行い、次回の話題に関する内容をワークシートに記入することを依頼した。

（3）CGLRTの心理教育（過去の否定的な評価への対処）と実施

　この回では、過去の出来事の理解の方法を解説した。過去に何らかの葛藤や心理的問題がある場合、それをできる限り明確にすることが大切であるとした。問題を明確にするために、例をとりあげ、「入手できる事実の確認」「明確な言葉で表現」「問題に関係のある事実と関係のない事実との区別」、「客観的事実と推論との区別」「問題を形成している状況の確認」の手続きによって、自分のライフヒストリーの内容を明確にする態度を形成した。また、そこではCGLRTの聞き手として適切なフィードバックの与え方なども明確にした。

　その後GLRTを実施した。この日のテーマは「幼年期」であったが、手続きは（2）で行った方法と同じであった。ホームワークも同様に出題した。

（4）CGLRTの心理教育（否定的思考低減のための態度形成）と実施

　この回では、ストレス状況で生じやすい認知の歪み[4]に焦点を当てた。「認知の歪み」の具体例、グループを実施する際の留意点について説明した。次に「過去の出来事の再評価の方法」として「出来事の帰属の仕方」や「人生のなかでの意味や価値」「否定的な思考の例」をとりあげて説明をおこなった。

　その後GLRTを実施した。この日のテーマは「児童期・小学校」であったが、手続きは（2）で行った方法と同じであった。ホームワークも同様に出題した。

（5）CGLRTの心理教育（人生の再評価）と実施

　この回では人生の再評価を促進するために「イメージの置き換えの練習」「過去のイメージの置き換えの練習」「否定的な思考を低減する方法」について解説した。その後GLRTを実施した。この日のテーマは「児童期・小学校」であったが、手続きは（2）で行った方法と同じであった。ホームワークも同様に出題した。

（6）CGLRTの心理教育（人生への肯定的な評価の形成）と実施

　この回では人生での肯定的な評価を促進するために、「過去の出来事の成功場面」についてのGLRTを行った。その時の状況や感情についても、グループで共有した。また、過去に遭遇した困難な出来事を、解決したことに焦点を当てるGLRTを行った。手続きは（2）で行った方法と同じであった。ホームワークも同様に出題した。

（7）CGLRTの心理教育（過去の再評価）と実施

　この回では「失敗した出来事」「自分の欠点」を主題とし、否定的な出来事の中から肯定的な面に焦点を当てるロールプレイを実施した。二人組になり一人が「失敗した出来事」について語ると、もう一人がそのなかから肯定的な面をみつけてフィードバックするというものだった。その後GLRTを実施した。この日のテーマは「成功したこと・困難な出来事」であったが、手続きは（2）で行った方法と同じであった。ホームワークも同様に出題した。

（8）CGLRTの心理教育（全体の総括）と実施

　この回では前回までの心理教育の内容を総括し、その後GLRTを実施した。この日のテーマは「人生全体を振り返って」であったが、手続きは（2）で行った方法と同じであった。

　その後全体会の中で、参加者からの感想の共有を行った。その

後、心理アセスメントの実施について説明し、1回と同じ内容のもの（過去の出来事の評価、JRFS、SES、統合感尺度、人生満足度尺度、POMS、GHQ28）を実施した。

3．CGLRT の効果の検証

（1）参加者とセラピスト

今回実施した CGLRT の参加者全員が、ADL や認知機能や心理的側面にはほぼ問題のない健康高齢者で、一人で公民館に2週間に1回通うことができた。17名の参加者のうち4名が3回目までにドロップアウトしていた。その理由は、家族介護などが主な理由だった。プログラムは2週間に1回行われた。

CGLRT では心理教育として認知療法の要素や問題解決療法の要素を組み入れ、否定的な評価に焦点を当てた心理教育を各回45分以上重点的に行った。また45分の GLRT を7回実施した。ホームワークでは、個人史記録表の記載（1回）、GLRT 記録表の記入（6回）、ワークシートの記入（7回）が含まれていた。セラピストは臨床心理学を専攻する大学院生であり、臨床心理士を養成するための実習経験で3年間、高齢者施設での個別回想法やグループ回想法のファシリテーターの経験があった。

（2）効果評価の尺度

①**高齢者用回想機能尺度 (Japanese Reminiscence Functions Scale：JRFS)** 第1節の GLRT プログラムで用いたのと同じ尺度である。

②**人生満足度尺度 (Life Satisfaction Index：LSI)** 本研究で改訂した尺度。第1節の GLRT プログラムで用いたのと同じ尺度である。

③人生に生じた出来事とその出来事が人生に与えた影響に関する評価得点　本研究のために作成された。A. 人生に生じた出来事で、最も印象に残った出来事についての評価を行った。回答は「よい出来事だった」＝ 1、「どちらかというとよい出来事だった」＝ 2、「どちらともいえない」＝ 3、「どちらかというと悪い出来事だった」＝ 4、「悪い出来事だった」＝ 5、の 5 件法で回答を求めた。B. 人生に生じた出来事で最も印象に残った出来事についての人生への影響の程度について評価を求めた。回答は「人生によい影響を与えた」＝ 1、「人生にどちらかというとよい影響を与えた」＝ 2、「人生に何も影響を与えていない」＝ 3、「人生にどちらかというと悪い影響を与えた」＝ 4、「人生に悪い影響を与えた」＝ 5、の 5 件法で回答を求めた。

④自尊感情尺度 (Self Esteem Scale：SES)[5]　原尺度は 10 項目版だったが、本研究で 588 名、平均年齢 66.75 歳（*SD*4.44）年齢幅 60 － 79 歳の高齢者に質問紙調査を実施したところ 2 項目を除外し、8 項目版の一次元の尺度として構成して使用した。

⑤統合感尺度 (Integrity Scale：IS)[6]　本研究では、中西ら（1982）の EPSI の下位尺度から「統合性」の項目 7 項目と独自で作成した 3 項目を補足して 10 項目とした。各項目について「あてはまらない」＝ 1、「ほとんどあてはまらない」＝ 2、「あまりあてはまらない」＝ 3、「かなりあてはまる」＝ 4、「とてもよくあてはまる」＝ 5 までの 5 件法によって回答を求めた。本研究で 588 名、平均年齢 66.75 歳（*SD*4.44）年齢幅 60-79 歳の高齢者に質問紙調査を実施したところ 2 項目を除外し 8 項目版の一次元の尺度として構成して使用した。

⑥気分プロフィール検査 (Profile of Mood Scale: POMS)　第 1 節の GLRT プログラムで用いたのと同じ尺度である。

⑦短縮版精神的健康調査 (The General Health Questionnaire 28 項目版：GHQ-28) 開発された検査の簡素化を目指して、4 因子（身体的症状、不安と不眠、社会的活動障害、うつ傾向）の代表的項目（各7 項目）を用いた 28 項目版[7] を使用した。

（3）CGLRT 実施の効果
　CGLRT の効果を実施前後の心理アセスメントの得点の変化についての統計学的検定を行い評価をした。

①否定的回想の低下
　実施前と実施後の得点について t 検定を行った結果、「否定的回想」の得点が統計的に有意に低下していた（図 5-2-2）。「積極的回想」にかんしては統計的には有意な変化はみられなかった。CGLRT プログラムによって、悲観的な感情の伴う回想や辛い体験の想起の程度が改善したといえる。

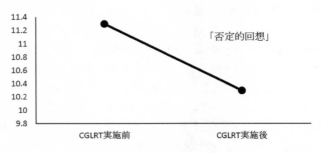

図 5-2-2　JRFS「否定的回想」の変化

②気分プロフィール検査（Profile of Mood Scale: POMS）の「怒り－敵意（AH)」の改善
　気分プロフィール検査 (Profile of Mood Scale: POMS) の 6 つの下

意尺度について実施前後で t 検定を行った結果、「怒り－敵意 (AH)」の得点が統計的に有意に改善していた（図 5-2-3）。他の下意尺度についても変化が認められたものの統計的に有意な変化とはいえなかった。プログラム参加によっていらいら感や怒りの得点が改善したといえる。

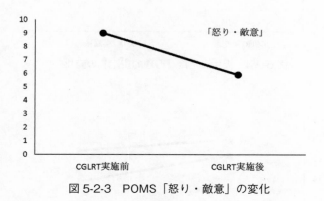

図 5-2-3　POMS「怒り・敵意」の変化

③人生満足度尺度「心理的安定」増加

　人生満足度尺度の２つの下意尺度について実施前と実施後の得点について t 検定を行った結果「心理的安定」の得点が統計的に有意に増加していた（図 5-2-4）。心理的安定感がプログラムによって改善したといえるだろう。他方でもう一つの下意尺度「人生全体への満足感」については統計的に有意な変化はみられなかった。

④人生に生じた出来事の評価とその影響についての評価の肯定的変化

　出来事そのものの評価得点には変化がみられなかった。他方で出来事が人生に及ぼした影響に関する得点は統計的に有意に改善がみられた（図 5-2-5）。降りかかった出来事の意味づけが、「人生に悪

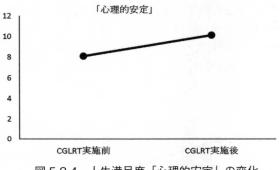

図 5-2-4　人生満足度「心理的安定」の変化

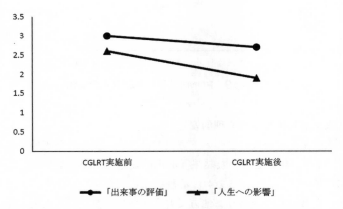

● 「出来事の評価」　▲ 「人生への影響」

図 5-2-5　人生に生じた出来事の評価とその影響の評価の変化

い影響を及ぼした」と考える傾向にあった人が、「人生に良い影響を及ぼした」と肯定的に考えられるようになった。

⑤効果がみられなかった心理的尺度について

　自尊感情尺度、統合感、GHQ-28 については統計的に有意な変化はみられなかった。

４．CGLRT で効果のみられた参加者の事例

（１）事例1　Aさん女性　昭和8年生まれ

①テーマ「小学校」

　父の任地が変わるので、6年間の間に5回転校した。1年生から5年生までは仙台、その後、新潟県の高田、新発田、6年生で東京に戻ってきた。転校するたびに、前の学校とは違うと感じていた。また、早く仲良しの友達ができるといいと思っていた。4年生のとき、新潟の高田の学校でスキーを履いて出かける遠足があった。転校生の私はスキーができない。転びながら歯を食いしばって皆の後をついて行った。何年生の時だったかわからないが、修身の授業の時、教育勅語が暗唱できないと立たされるので、意味が分からないのに一生懸命覚えた。東京の学校に4か月いたが、学童疎開でまた転校となった。なんでこんなに転校ばかりするのかと嫌だった。母やきょうだいと離れたことがなかったので、学童疎開したときには心細く感じた。

この思い出を振り返って考えたこと

　私の小学校時代は戦時中だった。小学校5、6年生の頃からは、食べる物、着る物にも不自由した。学童疎開も貴重な体験だった。おかげで我慢するということが身についた。満ち足りて育った現代の子は幸せだと思う反面、少子化で親の子どもへの期待も大きく、受験のための塾通い、学習に追われ自由に遊ぶこともできない。さ

らにいじめなどがあり、私たちの世代とは異なる試練に耐えている
のではないかと思う。

②テーマ「青年期」

　学童疎開した頃は不安で寂しかった。女学校1年生（13歳）の
時に終戦となった。戦後は食べる物、着る物もないみじめな生活だっ
た。食べ盛りの時期をよく耐えたものだと思う。授業をしないで、
週のうち何回かは学校の農場で農作業をし、黒塗りの教科書による
学習だった。中学生時代は満足に勉強ができなかったことが悔やま
れる。終戦のときは、ろくに食べ物がなくてひもじくても空襲の心
配がなく暮らせることが嬉しかった。終戦になってほっとした。こ
んなみじめな思いは二度としたくないと思った。つくづく戦争は嫌
だと思った。

この思い出を振り返って考えたこと

　あの時代に6人の子どもを養育した両親の苦労はいかばかりかと
思う。次女の私は、中学を卒業したら働かなければならないと思っ
ていた。高等学校へ進学させてくれた両親に感謝している。高等学
校を卒業後に医学書の出版会社に就職できたのも、高校でがんばっ
たからだと思う。敗戦のさなかにどん底生活を体験したことで、少々
のことでへこたれない強さを与えてもらったと思う。

③テーマ「人生で成功したこと」

　赤ちゃんが生まれてうれしかった。未熟児（出生時1600g）だっ
たので乳幼児の頃は体が弱く、病気がちだったので育児には苦労
した。3000gになるまで入院していたが、未熟児を育てることは、
とても不安だった。病気ばかりするので、私の育て方が下手なのか
と育児に自信をなくしたこともあった。当時（昭和38年頃）東京

都が主催する乳幼児保健コンテストというのがあった。保健所から
推薦され第9回東京都乳幼児コンテストで表彰された。乳幼児コン
テストで養護育成に努力したことが顕著であったと表彰され、励み
になった。息子が高校、大学、就職そして結婚と順調にいったこと
や、そして家を持つことができたことは本当にうれしかった。

この思い出を振り返って考えたこと
　子育てに信念があったわけではないが、子どもの身近な手本は両
親。家の中で家族が暮らしていれば、その家の常識、価値観がその
まま子どもの考えを形づくるものだと思う。

④Aさんの変化
　プログラム実施後には「否定的回想」が改善し、自尊感情と統合
感にも改善がみられ、人生満足度も増加していた。POMSでは「敵
意 - 怒り (TA)」に改善がみられた。

（2）事例2　Bさん男性　昭和14年生まれ

①テーマ「小学校」
　戦争があり、田舎へ疎開した。自分の家は焼夷弾を受け焼野原と
なった。物が不足し厳しい社会だった。終戦後の学校生活だった。
入学時はお寺や兵舎だった場所に学校があり家からも遠かった。途
中から新校舎（家の近く）に通えるようになった。勉強よりも外で
遊んだ思い出が多く、友人とかけっこをしたり、セミ、バッタ、ト
ンボ採りをした。とにかく遊ぶのに夢中だった。

この思い出を振り返って考えたこと

　テレビやゲーム機などは当然ない時代だった。家の中よりも外に出て遊ぶことができたのはよかった。塾などはなかった。習い事は絵、習字程度だった。学校の先生といえば当時は「偉い人」という認識であった。

②テーマ「青年期」

　小学校時代と比較すると中学校時代は活動的だった。ヴァイオリンの独奏、走り高跳び、高等学校への受験勉強、学級委員などをやり、家が学校に近かったので非常に便利だった。身体は細くよく風邪をひいた。

この思い出を振り返って考えたこと

　多方面で活躍でき、楽しく過ごすことができた。練習は苦しかったが自分の好きな分野で力を発揮でき充実していたという。よい思い出が多く頑張っていた。

③テーマ「人生で成功したこと」

　中学時代にバイオリンの独奏をやった。練習は母に言われてやっていたが、先生が優しい方で、よく指導していただいた。感謝の気持ちで一杯である。走り高跳びで校内のチャンピオンになった。大学時代には地元にサークルの合唱団を招いて音楽会を開催したりした。仕事でうまくいったことなどを思い出した。

この思い出を振り返って考えたこと

　困難な出来事に遭遇した当時は気分が滅入って憂鬱であり早く逃げ出したいという気持ちといろいろ苦労した思い出とがある。よい思い出は鮮明に思い出すことができ、いつまでも心の支えとなって

いる。当時は悩みが多く、苦い経験や面白くなかったこともあったが、ある面ではマイナス面ばかりではなく、プラス面にも働いていると考えられるようになった。

④Bさんの変化

　「否定的回想」と「積極的回想」の両方の得点が高かったが、プログラム後には「否定的回想」が改善している。人生満足度、POMSは「抑うつ－落ち込み（DD）」「怒り－敵意（AH）」「活気（V）」に改善がみられた。GHQ-28に関しても「身体症状」「不安・不眠」「社会的障害」が改善した。

5. CGLRT プログラムの特徴と実施の限界や留意点

　CGLRTプログラムが効果をもたらしたのは次のような要素によってである。まず一つ目は、LRという要素である。これは発達段階に沿って回想を行うため、本人が固執している人物や出来事のみならず人生全体をまんべんなく想起していく。また、ホームワークとして出題されている記録表やワークシートによって、グループで共有する前に回想を書くことは、セルフモニタリングの機能を果たすこととなる。モニタリングによって自己洞察を促進させることができた。また、LRの内容は小グループで表出したり、グループで共有されたりした。このように自己の内面で回想されるのみならず、グループによって受容されることで、自己受容が促進された。グループ参加者による肯定的なフィードバックによって、否定的な内容が肯定的な内容に再構成された。グループで交流することの意味や、回想することが快適な体験であると感じた参加者が多くいた（表 5-2-2）。

　他方で、今回のプログラムは健康高齢者と否定的回想傾向の高い

高齢者との混合グループであった。グループの過程でなされる LR の内容によって会話の促進がなされ、グループの親和性が高まり結果としてグループ内の発言が肯定的なものとなった。健康高齢者の発言は肯定的な内容であることが多く、発言によって影響が相互に与えられ肯定的な考え方へと変化が促された。

　他方で、認知療法・問題解決療法の要素でもある心理教育の内容は、否定的思考を改善し、人生の再評価を促すものとなった。結果として内的な回想の否定的な側面の改善につながるような内容となった可能性がある。

　では、CGLRT の実施の限界や留意点はどのようなものだろうか。まず、対象者が出題されているホームワークを実施できるということが大切である。文章の構成ができ執筆できる力があるということである。また、心理教育がなされたときに、内容が理解できたり思考をモニタリングできるということも大切となる。となると、認知機能に障害がある人にはこのプログラムでは限界がある。また、聴力に衰えがある人については事前に把握できなかったため、十分な配慮を行うことができなかった。配慮の工夫を施すために必要な情報については、申し込み段階で聞いておくことが大切となろう。合理的配慮を行った上で実施するためには、補助者が必要である。合理的配慮を補足しながら実施することが必要となる。以上のことを十分考慮することができるなら、CGLRT とは抑うつ症状を予測する要因である「否定的回想」にアプローチし改善を促すことができるプログラムだといえる。

表 5-2-2　CGLRT 参加者の感想

新しい発見・気づきに関する内容

・思い出を振り返るうちに、困難を乗り越えたときのことを思い出し私の心に新しい活力が生まれたような気がします。

・過去の嬉しかったこと、喜ばしいこと、成功したことよりも悲しかったこと、困ったこと、苦しかったことのほうが材料豊富で忘れられません。

グループで得られたことに関する内容

・これまで、自分の思い出をこれほど赤裸々に語ったことはありませんでした。参加した同世代の方々と話し合っているうちに、それぞれの人々への親しみや親近感が増し、私自身も穏やかな気持ちになると同時に、すっきりした気持ちになりました。

・これまでのセミナーと違って、皆さんとコミュニケーションがとれ、どなたとも親しくお話ができ、楽しい雰囲気で学ぶことができました。

・皆さんの熱心さに感心しました。

・講師と受講者が相互に意見を交換し合い、受講生同志で話を聞くことができることが非常に親近感がもてた。

・皆さんが、同じ世代を過ごした人で初めてお会いした人とは思えない親しさがありました。

・過去を振り返ることなどあまりなかったのに、○○さんがたくさんのご苦労を立派に乗り越えられたのを聞いてこの人はすごいなと思いました。

・相手の方の話を聞くことも重要であるということがわかった。

表 5-2-3　CGLRT 参加者の感想（続き）

回想の意義に関する内容

・これまで自分自身を系統だって振り返ったことはなかった。このセミナーに参加してじっくりと振り返ることができました。

・これを機会に自分の過去を振り返ることができ、いろいろと整理ができた。

・老いにいたるまで、他人に開くことがなかった心の扉を敲かれて、素直に己のこし方を振り返る。それはまったく新しい思い出となった。

認知療法的要素の意義

・否定的なイメージの減らし方がとても参考になった。

書くことの利点

・毎回のセッションでホームワークがあったことは、聞きっぱなしにならず、自分の中にとどめるという意味ではよかった。

・女房や子ども、親戚にも口にしたことがないことをホームワークで書きました。おかげさまで胸がすっきりした感じです。

第3節　軽度抑うつ症状のある高齢者のために心理療法の要素を取り入れたLRT ──グレーゾーンの症状を有する人のためのLRT

第1節と第2節では比較的健康度の高い高齢者の中で、否定的得点の高い人と健康高齢者の混合グループでのプログラムの効果の検証を行った。第3節では、軽度抑うつ症状を有する高齢者にLRTに心理療法の要素を盛り込みながら行った実施例[1]を紹介する。

1. 心理療法の要素を取り入れたLRTの方法と統計学的検討での効果

LRとは人生の軸に従って一定の手順で語りを展開する方法として知られている。今回は、対象者に語りたい話題を自分で選んでもらい、それを自由に展開してもらうものであった。

大規模調査によってスクリーニングされた軽度抑うつ症状を有する65歳以上の高齢者から面接依頼に承諾した人13名（男性9名、女性4名）（平均年齢70.8歳 SD4.7 年齢幅65-78歳）を対象に、LRT群とWLC群に分け効果評価を実施した。LRT群では、特別なテーマについて設定せずに語られた内容をより具体的に語ってもらうことに留意して話の手がかりを与えながら、1回90分の面接を2週間に1回10回行った。面接の特徴は、毎回語られた内容の記録をクライエントにみてもらい、必要に応じて修正したり補足しながら語ってもらうようにお願いした。まずその回で語られた内容を文章化し、それを次の回の始めに読んでもらった。読んでみて補足したいことや連想されることを、次の回では語ってもらうこととした。また、聞き手は語り手の話す内容を丁寧に記録できるように聞かせてもらい、話の筋がわかりづらいところなどは追加の質問をして聞いた。

LRTでは自分史の冊子（図5-3-1）を作成することを目標としたところもあり、クライエントにとって大切な思い出の写真などを持参してもらった。また仕上がった自分史は通読して、再度追加の内容などを加えてもらい感想などをうかがった。

図 5-3-1　自分史の冊子

　導入のガイダンスでは「人生のお話を伺います。語りたいことを自由に語ってください」といった内容のものだった。聞き手は共感的に積極的関心をもつように話をできるだけ丁寧に聞くことを心がけた。LRTでは、人生の話を聞く以外にも、現在抱えている悩みについても耳を傾けていく。語られる話はクライエントが抱えている本質的な悩みである可能性がある。困りごとなどにも耳を傾けながら、クライエントの回復力を支えていくこととした。心理療法的な要素を加味した面接でもある。

　すべての面接は著者が担当した。事前・事後テストで、抑うつに

関するアセスメントを行った。2要因の混合計画の分散分析を行ったところ、抑うつ症状に関する尺度 (CES-D) において交互作用に有意差がみられた（F=78.26, p <.01）。WLC群に比べて、LRT群は、実施前に比べて実施後には抑うつ症状が低減していることが示された（図5-3-2）。以下ではLRT群に参加した人のなかから1名の事例を紹介する。

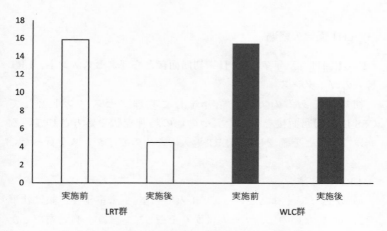

図5-3-2　LRTの実施前と実施後のCES-Dの変化

2. 事例の概要

Cさん　77歳。女性　主婦　きょうだいは3人、長女（異母）、次女（異母）、Cの順番

　夫とは3年前に死別している。家族は娘が3人おり、長女（他県に在住）、次女（海外に在住）、三女（同居）。高齢者大学に協力を得てアンケートに添付した募集をみて応募してもらった。うつ病と医学的に診断されたことはないが、軽度の抑うつ症状があるため、

グレーゾーンの対象者として選定し、依頼をして 2 週間に 1 回、10 回の面接に来てもらった。CES-D[1] 14 点／このテストの Cut off ポイントは 18 点，高齢者大学校（N=572）のこのテストの平均点は 10.89（7.45）であった。対象者には M.I.N.I. に含まれている質問項目なども実施し、精神障害などはなく服薬もしておらず他の医療機関にはかかっていないことを確認した。

3．LRT 面接の経過

（1） 1 回目　X 年 7 月 12 日　初回面接と心理アセスメント、LRT 導入のガイダンス

　初対面であるので自己紹介をして心理アセスメントとして CES-D や初回面接を行った。その他の精神症状や処方されている薬はないことを確認した。LRT 導入のためのガイダンスを行った。

① LRT の内容

　〔娘が送ってくれたといって、1 人で来室。〕来室早々、娘は仕事を持っていないのに、ゲームばかりをやっています。自営業だったので、年金もわずかなものしかなく、それで体を壊したら、お金が無駄になってしまうので、できるだけお金がかからないように、健康を保つようにしてきました。

　4 月に夫の三回忌がすんだところです。15 年間介護をしてきました。夫が亡くなったのは 4 月、ちょうど 80 歳の誕生日の日でした。どうか 80 までは生きていてほしいと祈っていました。葬儀屋さんがバースデーケーキを用意してくれました。14 年間で 3 回もペースメーカーを取り換えました。いつも心臓を気にしていました。動脈解離という病で A 病院にかかっていました。A 病院の有名な先生のお宅に 3 回いき、無我夢中でお願いをしたところ、手術を担当

してくれました。夫の兄が夫の病気のことでは相談にのってくれました。

　お見合い結婚でしたが、もう相思相愛で恋愛のようなものだと兄弟からも親戚からも言ってもらいました。夫と一緒にスイス旅行もできました。山形の出羽三山、長野県の駒ケ根や穂高にも行きました。

　入院中に腎臓が悪くなり、透析をしましたが、夫がとても嫌がり、食事療法で治療するといって、おかげで私も味の薄いものをいただくようになり、自分の体調がとても良くなりました。夫のおかげと思っています。夫は運転をやめたら、少し呆けてしまいました。それで高速道路も一区間だけ運転してもらうなど、少しでもできることをやってもらったら回復してきました。

　夫は大腿骨を骨折して、車いすでしたが、回復して歩くことができるようにもなりました。「大丈夫、なんとかなるわ」と私は努めて明るくふるまってきました。私はいろいろと心配をするのですが、外面にはあまりそれを出さないようにしています。明るくふるまうように心がけています。夫も決して弱音を吐くことはありませんでした。

②セラピストが受けた印象

　娘の話を最初に訴えている。道中でなんらかのやりとりがあったかもしれない。心配の核心には娘の行く末のこともあると想定される。15年間の介護の末、3回忌を終えられた。大変な介護の中で、自分の体調がよくなったことは夫のおかげだとして、物事の良い面をみようとされている。妻としての義務を果たした達成感もある。いろいろと心配をかかえてはいるものの、深刻な事態を乗り越えたことについて明るい雰囲気がある。

（2）2回目　X年7月16日　前回の記録を確認してLRTを実施する

① LRTの内容

　わたしはT町で生まれました。父は毛織物の指導でB（地名）に来ていました。その後ある会社を立ち上げました。染料を使って織物を直す会社でした。きょうだいは、長女と次女と三女の私でした。長女と次女は前妻の子どもでした。2人の姉は前妻と一緒にC（地域名）に住んでいました。前妻はD（地域名）に来るのは嫌だということで父と離婚したそうです。後で私の母が父の後妻として入りました。2人の姉のうち、次女はひがみっぽいところがあり、実母はとても気を遣いました。それで、私は担任の先生の実家のあるE町（地名）に小学1年生の夏休みから2年生までの1年間、お世話になることになりました。リアカーで家財道具と飼っていた犬のKを乗せて行きました。

　4つの小学校に行きました。小学5年生（F小学校）のときに、叔父叔母の住むG（県外）のH（地名）というところにお世話になりました。しつけは厳しかったです。たとえば、家には足を洗わないと入ってはいけないし、朝はトーストが1枚しか食べられません。でも、お手伝いさんは私と同じくらいの年で、一緒に映画にも行きました。私は日本舞踊を習っていました。三味線と長唄も習いました。言葉が違っていたので、いじめに遭いました。それでなんとかH（地名）の言葉を話そうと努力しました。中学からI学院というところに行きましたら、シスターが授業を教えてくださいました。小さくてのどかな学校でした。

　中2の時には預かってもらっていた家の叔父さんが脳溢血で倒れたので、家のあるBに戻り、K高等学校に編入しました。この高等学校では、英語の学習についていくことが難しかったと思います。私はここまでよくやってきたと思います。人との集団生活が苦手で

したが、でもお友達と一緒だとにぎやかにやるのが好きです。昔は、お買い物も「つけ」でできました。月に200円ものお小遣いをもらい、少女小説と少しのお菓子を買いました。それで、金銭感覚があまりできていないのかもしれません。

　［3人の娘の話になる］長女は、教員になりました。でもとてもしっかりしすぎていて上から目線で厳しいんです。義理のお母様とすんでのところで縁が切れそうになってしまいました。次女は美術系に進学し、海外に行って結婚をしました。次女の結婚相手は事業で失敗をしてうつになってしまいましたが、マッサージの勉強を3年間勉強して開業しました。三女は働いていません

②セラピストが受けた印象

　異母姉との微妙な関係でご苦労があったかもしれない。叔父さん、叔母さんに預けられたことがあり苦労されている。知らない家に預けられ、厳しい環境で育成されているが、そこに馴染もうと努力されてきた。

　自分でもよくやってきたと評価されている。娘についての心配は常に抱えている。

（3）3回目　X年8月8日　前回の記録を確認してLRTを実施する

① LRTの内容

　主人とは23歳で結婚しました。当時、夫は27歳でした。そのとき、夫は小中学校の地理の教員をしていました。4月に結婚して、そのときはまだ教員の奥様という地位でした。とても幸せでした。子どもたちにも慕われていました。特に、男の子には。野球をやっていたので、4、5人くらいの子が家にもよく来ていました。小学校のときの児童の一人は夫と長く文通をしていました。夫が亡くなる4、

5年前までとても長いお付合いがありました。「先生がいたから今の僕があるんです」と言ってくれる人がいました。主人が亡くなったときにも来てくれました。ところが、夫は家と外とでは全く違う人なんです。

　結婚して1年後、父が倒れたんです。教員である旦那様ということで、父の跡取りとして周囲がとても期待してくれてたんです。最初はよかったんです。工場にも野球のチームができました。ところが、父は朝8時から出勤して朝礼をやっていたんです。ところが、主人は朝礼が「ばかばかしい」と言って朝礼に出ていかないんです。それで私が代わりに朝礼を行ったのです。でもそれは主人のプライドを傷つけ腹を立て、私をばかにするようになりました。

　母は86歳で脳梗塞になりました。3年と3ヶ月母を介護しました。主人は「施設に入れろ」とは言いませんでした。たまに「どうだい」と声をかけてくれました。母は右半身に麻痺がありましたが頭はしっかりしていました。テレビを見ることもできました。だから感情は残っていました。朝8時前に朝食、10時におやつ、12時に食事、15時におやつ、夜に食事と。食事もよく作りました。右手は使えなかったんですが、左手は動いたので、スプーンを使って自分で食べていました。食事なんかも、「カツがいい？うなぎは？」と言って聞きましたら、うなずくんです。食事はよく召し上がってました。亡くなる1年前まで、色紙や千代紙を用意して、のりも用意して貼り絵をしてもらってました。そういうことは私できたんです。児童科を出たおかげでしょうか。だけど、誰かのお葬式のときだったでしょうか。施設に預けたんです。足が何かに挟まっても「痛い」と言えないんです。それで足が破傷風のようになってしまって、足に薬をつけたり、ずっとしていました。最後は腸閉塞で亡くなりました。

　夜10時以降になると、歌の練習をしました「一番はじめは一の

宮……」といった感じで練習しました。次は「ふるさと」それで最後は「むすんで開いて」をやりました。介護の大変さは誰にもわかってもらえませんでした。工場の女性従業員で「Dちゃん」が見守ってくれてすごく助かったのですが、最後は皮肉を言いました。母を敷地内にある家庭菜園まで散歩につれてってくれました。それで「トマトがなったね」とか母に話しかけてくれました。その人は主人と同じ年でした。どんなにか助かったか。Dちゃんは、「だけどね……結婚する前は、すごいお嬢さんだったんだね。人生というのは良いことも悪いこともあるもんだよ。人間とはこういうものじゃないですか」と言いました。私には家も工場もあったから、きっと、うらやましいという気持ちでDちゃんは見ていたこともあったでしょうね。

　とりわけ、誇れるのは母です。自分の人生をとうとう語りませんでした。祖父は山の下の方で農業をしている女の人をその子どもと一緒にもらったんです。ある時、奥さんの腿のところにめんちょうができてお寺さんに相談に行ったら、「お寺1000軒お参りに行きなさい」と言われました。言いつけどおりお参りしているうちに治り、それでついに、祖父はお寺の住職にお仕えする人となりました。7回忌のときにそのようなお話を聞きました。

　15, 6歳の時に、母は化粧品会で働いていました。それで父と出会いました。父はすでに奥さんもいて、女の子が二人いました。母はなけなしの千円を持っていましたが、父のために使ったかもしれません。私の娘二人も「おばあちゃんはどれだけ偉いか、お母さんは足下にも及ばないよ」と言います。父は芸者遊びをする人でした。タクシーの光が見えたらすぐに出ていかないと「門が開いてない」と言って、またどこかに泊まりに行ってしまう。ワンマンでどうしようもない父でした。父はちょっと意見が違うと母や子どものほほを叩くんです。それを見るのが辛くて、私は家を出たいと思ってい

ました。

　血のつながっていない義姉二人は、なにかにつけて、私と自分たちの扱いの違いについて気にしていました。ひがみっぽいところがありました。下の義姉が、長寿のお祝いのときに、一緒に過ごしていたときのことをいろいろと話しました。その話の中に、後妻に入った私の母のことを、自分と妹とで扱いに差がないか、じーと見ていたと言いました。お洋服にしても、お弁当の玉子焼きにしても、冷蔵庫を開けたりして、後妻の母が自分（義理の姉）に向ける気持ちに新しい妹（私）と違いがないかどうか、よく見ていたのだそうです。

　上の義姉は59歳でくも膜下出血で亡くなりました。上の姉のだんな様は、年に2回ほど、お嫁さんの実家だから、ということで家の実家に来ることがありました。それで母はいつも夜中の2時3時まで話の相手をしていました。母が80歳になったときに、「代わるわ」と言って、私が話相手になりました。そんな時、主人は寝てしまって出てこないわけです。3時4時まで話していることもありました。義兄は上の義姉に私のことを「あいつはいいやつだ」と言ってくれました。ところが、そのことも、下の義姉は「あんたは、お姉さんが辛くなるようなことをやったのよ」と言う。下の義姉の夫は「えらいね、よくやるね」とほめてくれたり、私の肩を持ってくれます。その夫は、下の義姉に手をあげることがあると聞きました。父のお葬式のときに、「あんたの家が本家だから」ということで、こちらでお葬式は執り行いました。そうしたら上の義姉は「私がしたかった」という。「それだったらやったらよかったのに」と、義兄は言いました。

　父は、「お母さんのためにおまえは家にいてくれ」「嫁に行くなら、おれを殺してから行け」という具合でした。とにかく、夫が養子になってくれるなら結婚してもいいとのことでした。夫は養子という立場をずっと恨みに思って、私に当たっていたのかもしれませ

ん。それなら、そうと、早く言ってくれたらよかったのよ。かえっ
てこちらも迷惑ですよ。甥と姪の結婚式の招待状がきたときに、「俺
は行かんぞ」と言っていたのに、のこのこ普段着で出てくるんで
す。それでカメラを持って。それで私が恥をかくんです。それから、
家にホステスさんから電話があって、「〇〇ちゃん（夫の名前）い
る？」って言うんです。母は、これまでの父のこともあったので「あ
んたそんなことで腹立ててどうするの」と言うんです。母は偉いと
思いました。母は父の代わりにそういう人にお手当を持って行くの
が仕事でした。母はそういったホステスさんの面倒も最後まで看ま
した。その方は60いくつで亡くなりました。

　11月に、夫が足がしびれるということで、脳梗塞だったらいけ
ないとのことで、R病院に行きましたら、そこではみられないとの
ことでした。S病院に行きました。大動脈乖離という重病で、石原
裕次郎と同じ病名でした。2年間、手術するのしないのとやってい
ましたら、8cmになり、S病院の先生が、恩師がT病院にいますと
のことで、雨の中をその恩師の先生を訪ねに行きました。そこで見
てもらうと、3万人に一人くらいの珍しい病気だということでした。
U病院の先生は、「骨折したときに、ギブスをしたらすぐ車椅子の
生活だよ。すぐ転院して」と言ってくれました。15年間病気、病
気でした。

　ところが、主人は病気をしてから人がまるで変わりました。北海
道から沖縄まで、車でいろんな所に私を連れて行ってくれました。
私は主人と一緒になれて、幸せだったと思っています。あるとき、
主人に、「君にまた恋してる」という坂本冬美の歌が好きだと聞い
たことがあって、亡くなってから、葬儀屋さんに何の歌が好きかを
たずねられて、この曲だと言うと、式の時にかけてくださいました。
それで、このとき初めてこの曲の歌詞をよく見て、主人の私に対す
る思いが伝わってきたんです。それで全部を水に流せたんです。夫

婦って、夫が亡くなってからでも新しく絆が与えられるんですね。

②この回について

　夫に対する否定的な過去の思い出、母親自身のご苦労をよく知っていること、義理の姉二人とも微妙な関係があったものの、その二人の姉も実の母親と離れて寂しい思いをしたかもしれないし、辛い人生だったことがＣさんに分かってきます。母親の介護の苦労について誰もわかってくれなかったあげく、助けてくれたＤちゃんから厳しいことを言われたことも語られます。夫の15年間病気病気の生活と介護、夫が養子という立場を情けなく感じていて、それを妻に当たっていたかもしれないことに気づきます。病気をした後に夫が一緒に旅行に行ってくれたこと、亡くなった後に、夫の深い愛情に改めて気づいたことなど、語りながら周囲の人の気持ち、Ｃさん自身の気持ちに気づいていくようでした。

（4）　4回目　Ｘ年8月22日　前回の記録を確認してLRTを実施する
① LRT の内容

　主人は、家を一歩出るとほとんど怒鳴ることもなく、とても優しい人でした。これが主人の写真です（写真）。素敵な写真でしょう。この主人のお顔がとても好きなんです。

　長女はＡというんです。娘の友人は皆気が強くて。その影響で長女も気が強くなりました。夫には娘の出産日について「こんなに早く生まれるのは俺の子じゃない」と、「前の男の子どもだろう」と、ずいぶんいじめられました。また、長女が頭が悪いと、「俺の子じゃない」と言われるのが嫌で一生懸命教育しました。小さい頃、英会話を習わせたんですけど、神経質な子で。出かけるときに熱が出るんです。生まれたときは、2500ｇしかなく食の細い子だったんです。

父親に数学を教えてもらったときには、「なんでわからないのか」、と叩かれたりしたこともありました。テレビも厳しく規制され、アニメとか漫画は見せてもらえませんでした。中学校の卒業制作には、アニメの原画を描いていました。主人も絵が好きでした。長女は主人によく似ているんです。読書が好きでした。4人ぐらいのグループで3、4時間勉強していました。戸隠に、4人で登り、遭難したことがあったんです。宿から出かけたまま帰らないということで、夜中に主人と飛んでいきました。鉄砲水が出て高いところに避難していたということでした。近くにいた人も避難させたそうです。そんな勇気のある強さが備わっていたんですね、娘には。

　他方で一人っ子のように我が強いところがありました。お見合いはかなりの数をこなしました。結婚したのはお見合いのときに、相手の親戚の方が強く勧めてくれた人でした。体格がよく、ラグビーの選手でとある有名大学の出身です。娘も気が強いんですけど、お母様もかなり我が強い方です。転勤族だった娘夫婦が県外に家を建てたのですが、お母さんに家に来ていただいたときは平日が多くて、対応が大変でした。だから、「金曜日の晩に来ていただけませんか」と娘が言うと「自分勝手な」という印象をもたれてしまい、長女の義母とトラブルになってしまいました。娘はそのトラブルにもとても対応できません。「うちの娘が迷惑をかけまして……」と私が謝ると、「なんでそんなことを言うの」と娘に怒られて。だからもう、申しません。娘の夫は胃がんになってしまい、10年近く私とは疎遠になってしまいました。それで、ある旅館で一席設けて、これで仲直りをしようとしたら、その旅館の人にお料理のことであちらのお母様が苦情を言い、トラブルになってしまいました。長女も父親に似て、ヒステリックで気が強い。長女は、ご主人とけんかをすると夜明けまで話し合いをする。帝王切開で生まれた長男（孫）は大きく生まれて難産でした。

主人は、お寺の檀家総代代表をやっていました。住職さんは甥御さんを後継ぎとして育てていらした。住職さんが亡くなった後で、実の娘さんがすごい剣幕で、「自分が後を継ぐ」と言いました。主人は娘さんが嫌いでした。それで、お寺と縁を切るということになりました。それで主人のお葬式はお寺さん抜きでいたしました。

　夫は市議会議員の補欠選挙に駆り出されたことがありました。衆議院議員で、○党で出馬、800票で惜しくも敗退。でも落選しても応援していただいた方のお返しをしていくんです。5年間くらい、したでしょうか。いろいろな宗教団体にも挨拶に行きました。15分間光を当てていると、おできなんかが直るんです。夫は「頼むから宗教にだけは関わるな」と言いました。

　その後、お寺とは一切関わりません。お葬式の時はお通夜は家でやりました。お式は式場でやりました。68人くらいの規模で、お花をたくさん入れて、御嶽山のかたちの祭壇にしてもらいました。ベートーベンの第五をかけました。だけど音はあんまり聞こえなかったみたい。あのとき、お寺で住職の座を辞した甥御さんにお寺の跡取りになってほしかった。あのお寺の娘さんは、住職であるお父さんに対する扱いもよくないのこと。檀家総代はよく見ています。そうそう。私たちのお葬式のときは、ご町内にはお知らせをしていないのに、ご町内の方は喪服を着て立ってくださっていました。

　娘は、49歳で教員になっていて、53歳までやっているんだけど、「なるべくしゃべらないようにしているの」という。そうでないとけんかになるから、という。私なんかは、娘によく「お母さんはすぐでまかせをいう」と言われます。心の中では批判的なのに、口からはいい言葉が出てしまう。本当のことを言ったら、（いざこざが）続きますもの。できませんもの。だから、あまり言葉では言わずに、やっていることは反対のことをやるんです。

②この回について

　ご長女を育てられたご苦労やその後も長女の義母との関係を調整しようとすると長女が怒ってしまうので手を焼いている。ただ、結婚相手の義母も難しい人のようで、調整しようにもなかなか難しい。育て方はどうだったかと見直したりもされた。一生懸命教育した結果、教員にもなった。ただ気が強いので、人とこじらせてしまうようなところがあるという。お寺に関して不信感のあるご主人の言葉を守ってお寺なしでお葬式を執り行ったことなどを語られる。生き方として何も間違ってはいないと感じられるが、娘のことや結婚相手の母親との関係で、思うようにならない悩みを抱えていらっしゃることも理解した。

（5）5回目　X年9月12日　前回の記録を確認してLRTを実施する

① LRTの内容

　夫の介護のときに、お友達によく言われたんです。「あなたがしょげていたら、旦那さんも元気をなくすわよ」と。だから私も夫に、この人のそばにいれば自分は大丈夫だと思わせたかった。だけど、最後にデイサービスに夫に行ってもらったのは、私の間違いでした。「お父さん、足が丈夫にならないよ」と言われたので無理に連れて行ってもらったんです。でも本人はすごく嫌がったんです。夫は心臓が悪く、昔から動かない人でした。動かないから身体にもよかったんでしょうね。社会では、夫を嫌がる人は誰もいませんでした。青少年補導員というのもやっていて、それの長にもなった。テレビドラマがあって、それの応援にNHKにも行きました。でもそれが少なからずプレッシャーになったんでしょうね。それから心臓が悪くなったんだと思います。

　この前、長女が手に怪我をしてしまって、家に手伝いに行ったん

です。それがもう、うちの中はとってもきちんとしています。でも
人への思いやりは欠けていて、自分の言いたいことだけ言って、厳
しいんです。「今度来たときに新幹線代は払うわ」と言ってもうあ
れこれとこき使うんです。私は気持ちは若い頃と同じで、いろいろ
と前のめりで動きます。スピードは遅くなりましたけど。でも、寝
るときにはぐったりと疲れてしまうんです。やっぱり体は若い頃と
違うんです。

　次女は、海外に行ったまま、もうそこがいいということで帰って
はきません。旦那さんもううつ病になってしまっています。三女がわ
が家にいるんですけど、これがまた「がみがみ」と厳しいんです。
結婚はしておらず一人者でして。「お母さんがしっかりしていない
から心配で一緒に住まないといけない」と思っているんです。お弁
当も私が作っています。この前は、「残り物でいいんだからね」と
言われて、少しほっとしています。娘たちは私に、「財産も残さな
いで無駄遣いばかりする」と責めるんです。うちでやっているアパー
トがあって、そこの住民の方に、盆暮れに商品券を差し上げてご挨
拶をすると、「そんなことする必要がない、無駄遣いをして」と言
われてしまうんです。私は、住民の方ともいい関係でいたいし、で
きればみなさんとお食事するようなこともしたいと思っています。
私は確かに老後の貯えとかあまり考えていないんです。だから財産
なんかは何も残らないんです。娘にはそこを責められるんです。私
の生命保険で、お葬式なんかすればいいようになっているんです。

②この回について

　夫をデイケアに預けてしまったことを悔やんでいる。夫は昔から
心臓が悪かったのに、より負担をかけるようなことをしてしまった
という。長女の手伝いに行ったが、思いやりがなく疲れてしまった。
次女は海外から帰ってこない。三女は家にいるが、がみがみ自分勝

手なことをいうことなど娘達に関する苦労が語られる。労いが少なく、やってもらって当然だ、という対応をされるところで働くことは本当に疲れることだろうと思った。この回は否定的な内容が多く語られた。

（6）6回目　Ｘ年9月26日　前回の記録を確認して LRT を実施する

① LRT の内容

　うちの三女のきちんとしたところは、母親似なんです。経済的にしっかりしたところは父親に似ています。毎年この時期に私は、知人たちにぶどうを配るんです。それが全部で 10 万円くらいになるんです。娘は「しっかりしたところに差し上げるんでしょうね」と心配するんです。母が「内緒ね」と言っていたのがよく分かります。

　三女は、私のことを「お母さんみたいな悪妻、お父さんは本当に我慢したのよ」とか言うんです。昔はお父さんのことが嫌いだったこともあったはずなのに「パパはかわいそう。お母さんがわがまますぎるから」と言うんです。私は確かに勝手に決めちゃうところもあったんですけど。でも、三女と一緒に住んでいるおかげで椿姫のオペラがあると、「一緒に行こう」と言ってくれて、予約もしてくれるんです。だから娘と一緒に住んでいて良かったと思うんです。でもうちの子は厳しいんです。職場を変わりましたでしょ。「下の人に命令するだけして、実際動かす力がないのよ。上司は」とか「残業する必要なんてない」とか愚痴を言い、私が聞き役をしているんです。大学の図書館に勤めましたでしょ。娘は網膜剥離で片眼がほとんど見えないんです。でも見えなくてもパソコンを打ち込むことはできるんです。司書をやっていたときには、ある書店が図書館をほとんど牛耳ってしまって。それも別の地域の方で。話が通じないんですって。「そちらの地域の方は熱いですね」とか言われるんで

すって。いつも職場では好き嫌いがあるんです。人間関係が繊細なんです。もう少し幅がないといけないですね。でも私は咎めることが下手なんです。「言わぬが花」じゃないですけど。どのように言い返したらいいかわからないんです。

　三女はこの町から出たいって言ってます。この地域だと、仕事をやめて家にいると、だれかが心配するんです。「娘さんどうして家にいるの」と言われたりもします。「お母さんの勧めで高校に行ったけど、学校に合わなかった。児童科に入ったけど何も楽しいことがなかった。お母さんのせいで学校に入れられた」というんです。小さい頃からピアノを習わせたり、いろんなことをやったけどみんな中途半端。もっとのびのびやらせたらよかったかと思うんです。

　海外に住む次女は東南アジアのお友達がよくしてくれると聞いています。英会話の夏の宿題で絵本を作って、メリー（仮名）っていうんですけど、見てくれて英語にしてくれたんです。それで「ドラマチック性がないね」と評価もしてくれたんです。日本にメリーさんを娘が連れて来たんです。本当によい方に巡り会えて、とても信頼できる。その人が「今日はB（次女の名前）とけんかしたよ、どっちが悪いと思う」そういうときに、相手を立てながら、上手にその場で私は言えるんです。どうしてか、普段だったら言えないのに上手に言えるんです。どうして言えるのか、不思議な感じがします。でも、私は嫌いな方はとことん嫌い。その方が来るときに「一緒だ、嫌だわ」と思っていると、なぜかその方が怪我をして来られなくなったりします。その人は何か人に親切にしてもらっても「あの人が好きでやっているんじゃない」とちょっと変わった言い方をするんです（感謝をしない）。他の方もみんなその人のことが嫌いなんです。でもね、あるとき、その方のことがよく分かったことがあったんです。それですんなりと受け入れられるようになったんです。
②この回について

298

　この回は本人の回想から離れて最も本人が語るべき話に入っていく。手をこまねいている三女の話になる。経済的にしっかりして、お金を遣うことについてがみがみ言うところがあって、母親として辛いところである。しかし三女と暮らしていて良かったこともある。一緒に暮らしているおかげでお芝居などにも一緒に行くことができたという。ただ、この三女、自分の生きてきた道を自分の責任として引き受けることができず、母親にやや八つ当たり気味の面がある。それに対してもう少し自由にやらせた方がよかったかと育児を反省したりもするＣさんである。また三女の周囲への厳しい言葉を聞くと、寛容さが少し足りないと苦々しくも思っている。ただ、仕事を辞めて家にいることに関して、地域の人々が気にかけすぎのところを三女自身辛く思っている。また、視覚に障害があることについても触れられている。そんな三女のことを叱ろうとしても、本人が辛いことになるだろうと分かっており、厳しいことが言えない。母親としてやるせない思いをしていることも伝わってくるのである。

（7）7回目　X年10月12日　前回の記録を確認してLRTを実施する

① LRTの内容

　短大を出た後で、洋裁学校で出会ったお友達は、みんなご商売関係の家の方でした。社長夫人になった方も多く、結婚の時期や子どもが出来たのも同じような時期でした。旅行を年に1回くらいで1泊で出かけました。子ども達や夫も誘って出かけました。夫達はゴルフやマージャンをやっていました。この5人がいたので、他のお友達をつくる必要がありませんでした。

　短大に行きましたら、児童科だったので、ピアノを習い、日舞も週に3回ほどありました。授業が終わった後に、映画や宝塚をよく見に行きました。越路吹雪や春日野八千代を見に行きました。夢の

ような時間でした。高等学校のときは、歌舞伎クラブだったので他のお友達よりもよく知っているほうでした。立ち見席もあって、その当時は90円で見ることができました。

　短大のときのお友達と一緒に「あじさいグループ」をつくりました。山に行くときには、電車の貨物のところにも乗ったりしました。そういうアイデア、私はすごかったのよ。蓼科に出かけるときには、お友達の実家の丁稚の男の方がついて来てくれて、お供をしてくれたりしました。冬はスキーにも行きました。川の土手のところでお揃いの全円スカート（丸いスカート）を作って川の土手に座ったりしました。

　お友達と出かけると、女の方は人のうわさが大好きです。私は聞き上手なので、聞くだけですけど。景色を見に行くんですけど、もう、噂話。ただ、ただ、情けないですね。他の方は展覧会に行くときなんかはよく下調べをしているんでしょうね。すーと行ってしまう。もっと丁寧に見たらいいのに。私はとにかく丁寧に見ます。パンフレットは後でゴミになるのでもらいません。でも他の方はよく覚えているのよね。洋裁学校のときのお友達はハイクラスの方が多く、ハイクラスのものの考えをします。私には考えられない。歌舞伎は、株をもっていらっしゃるので、いつも特別な良い席で見る。「私が出してあげる」と言って券をくれる。でもそのお返しをしなくちゃいけないから「お食事でも」ということになる。娘は「お金がかかるならつき合わなきゃいいでしょう」という。オペラに行きますでしょう。最近のオペラは、装飾があまり派手派手しくないですね。

　昨日は、M（デパートの名称）に行きました。1万円しか現金を持って行かず、できるだけ節約しようという考えでした。ところがすてきなスラックスとスカーフとセーターがありまして、お友達にその場で借金をして7万円以上の買い物をしました。その後、娘に「なんでお母さんは娘にお金を残そうとしないの」と怒られました。

②この回について

　昭和の優雅な時代ののどかで華やかな思い出話が語られた。歌舞伎やオペラ鑑賞などの文化的な生活は、とても優雅な気持ちに導かれる。その反面、お金に厳しい状況を現実的にわかっている娘からかなり身勝手なことを言われるが、現実的な状況を認識させられ、その辛さも語られた。

（8）8回目　X年10月26日　前回の記録を確認してLRTを実施する

① LRTの内容

　［アルバムから大切な写真をみせてくれる］後ろ左からAちゃん、Bちゃん、真ん中はCちゃん、前左から私、Dさん、Dさんはリーダー、結婚相手が自動車屋さん、早く結婚したので、子育ても上手でした。これが「あじさいグループ」で、私の家で撮りました。

　これは、私がみんなとお伊勢さんに行ったときの写真で2歳頃のものです。不安な顔をしています。母がいて、姪がいて、私と兄弟のように育った人がいます。あと、これは、大学の自動車クラブに参加させてもらったときのこと。21歳の時でした。友人のお兄さんが大学生で、「出ろ出ろ」と言われて出ました。運転できるのは私だけでしたから。

　踊りの発表会がありました。当時は日本舞踊のある流派があって、お師匠の名前をとって、八千代（仮名）という芸名でした。お稽古は火、木、土と週3回のお稽古があって、本通りの近くにお稽古場があって、高校の帰りに市電に乗ってお稽古をして、それからまた市電に乗って帰りました。踊りは嫌いでした。でも父が長唄や三味線をやったりしてしていましたから。踊りの発表会のときにはチケットを買うんですが、お父さんにはプライドがあって、たくさん買ってみんなにあげていました。私の義姉は別の流派の踊りをやっ

ていましたが、ムチで打たれたこともあるくらい厳しいお稽古だと
言っていました。まん中の姉はそういうことは一切やらず、本ばか
り読んでいました。

　当時はいろんなことは親まかせでした。親にも経済力がありまし
たし。「お嫁に行きたい」と言ったら、「俺を殺してから行け」と言
われました。姉も好きな人がいたけど一緒にはなれませんでした。
夫は婿養子になってくれました。主人は、6月にお見合いをして、
それから旅行に一度だけ行きました。稲穂が実る前で、ずっと何時
間も歩きました。「俺について来れるならついて来い」ということ
でしょうか。ハイヒールのかかとが折れてしまいました。それでも
連れ添って50年にもなりました。何回別れたいと思ったかしれませ
ん。でも母を悲しませることだけはすまいと思っていました。な
ぜ、母を悲しませることはすまいと思ったのか。母はとても苦労し
ていた人なんです。

　父親を失った母は上京して父の働く会社で私の父と出会いまし
た。すでに父には奥さんがいて、子どもも5人いました。父がこち
らにご商売で来るというときに、前の奥さんは、「行かない」と言っ
たんです。そして前の奥さんは離婚しないと言っていたんです。私
が6歳のときに、前の奥さんは癌で亡くなってしまったんです。そ
れで私と義姉は同居することになったんです。義姉は、反抗期もあっ
たでしょうが、ずっと母を恨んでいました。また、私は結婚後に自
分の戸籍を見たときに、前の奥さんの子どもということになってた
んです。そういうことは母の口から一度も聞いていないんです。

　実母が亡くなったときに、私の娘が見ていたんですけど、義理の
姉は一晩中ずっとお棺の前で恨み言を言っていたんですって。それ
も私の父親が女の人にいい加減だったせいだと思うんです。だから
私もずっと人の心を気にしながら生きてきたんです。もっと人に任
せてもいいのに。もちろん、父と母の幸せな日々もあったのだと思

302

います。だからそうやって日陰の立場でも長く生きてこられたんだと思うんです。

②この回について

　アルバムの中の大切な写真の数枚を持参してくれた。この写真の中の「あじさいグループ」のメンバーを見せてもらった。伊勢神宮に行ったとき、大学の自動車クラブに参加したとき、日本舞踊の発表会のときの写真も見せていただいた。夫が養子になってくれたこと。夫との結婚には長期間にわたる我慢が必要だったこと。しかし母のために離婚してはいけないと思ったことなどが語られた。母親は後妻として、父の傍若無人ぶりにも耐えながら生きた。自分が前妻の子どもとして戸籍に登録されていたことを後で知ることになったその衝撃は、さぞや大きかっただろうと思われる。母親には義姉たちの手前、気を遣っていたことで表立ってあまり甘えることができなかったのではないだろうか。

（9）9回目　Ｘ年 11 月 15 日　前回の記録を確認して LRT を実施する

① LRT の内容

　［写真を見せてくれた］。これは子どもたちの写真です。左からＡ君（男の子）、Ｂさん（女の子）、うちの娘、Ｄさんの子ども（女の子）です。Ａ君は、お母さんが、ちょっときつい言い方をするから、あんまり私と仲良しじゃなかったんですけど、一番の出世頭ですね。Ｇ（地名）で社長さんになって、車の中で会議ができるような、長くて大きな車で迎えに来てくれました。

　これはうちの庭に大きな桜の木があって、それを毎年見に来てくれました。この犬は、盲導犬なんです。4 年間家にいてそれで亡くなりました。（中略）母は無口な人でしたけど、心の大きな人でした。

Ａさんは経済学部を出ているので、細やかで会計に詳しくとてもうるさい方です。以前に友人たちと一緒に旅行に行ったときに、会計が私だったんですね。そしたら足りなくなっちゃった。そしたら、すごく怒ったんです。だからそこからＡさんとはあまり仲が良くなかったんですね。でも、大腿骨を骨折して弱ってきています。いつもそっけないメールがくるんですけど。

　Ｂさんは、小学校のとき南区に住んでいて、伊勢湾台風に遭っているんですね。それで何事にも慎重になってしまって、細やかな方です。Ｄさんは口数が少ないんですけど、間違いはないんですね。それにみんなの嗜好もよく把握しているんです。言葉が信頼できる方ですね。この方々が「洋裁学校」のときの集まりです。

　私が抜けるとシーンとしてしまいます。私がおしゃべりなんですね。ＡさんとＢさんは考えられないくらいお金持ちです。ご主人はサラリーマンなんですけど、いろいろきちんとされてお金を残された方です。それで、「私はお金持ちだからね」と言って私に帽子を買ってくれました。そんな風にとっても気風がいいんです。皆さんには、本当に教えられます。安心して集まれます。他のグループではそうはいかないんです。年をとると人間の棘がやわらかくなります。「洋裁学校」のお友達は、趣味が特にないんです。でも立派なのは、みんなが人の趣味は自由にやらせてくれます。

　私はカラオケが好きです。シャンソンを歌います。越路吹雪さんの「愛の賛歌」や歌謡曲を少し歌います。「野ばら」もドイツ語で歌います。「箱根八里」も歌います。高校は「メサイア」があって、卒業してからも歌っていました。

　友人のＥさんのことは、高校のときに、「きれいな方が先生の御用をされているんだ」と思っていました。でもお顔に似合わず、きさくな方です。「メサイア」をずっと続けてらっしゃいました。でもご主人様やお姑さんとの折り合いが悪くて、お会いすると愚痴

ばっかりでした。Ａさんは、経済のことはしっかりしていらっしゃるのですが、一般常識に欠ける方で、お箸の持ち方や食べ方なんかでもご主人様にいろいろと注意をされていらっしゃいました。でも世の中お金だという考えをしっかりお持ちでした。Ａさんは男の方をぼろくそに言います。だから、私の主人はＡさんが嫌い。それでも「洋裁学校」のお友達の輪に中にいたから、Ａさんと付き合えたんだと思います。Ａさんのお嬢さんも、女子大学に行ったんです。この方に育ててもらって大丈夫かしらって思っていたんです。でも、子ども達は二人とも立派になりました。今は、Ａさんも棘がなくなってきたように思いました。先日、LINE でＡさんからとても思いやりのあるメールが届いたんです。だから、「娘さんが書いたの」って聞いたんです。そして「ちょっと、いつもメールがそっけないんじゃない」って注意することができたんです。私も年をとって、強くなったんでしょうか。言えたんですね。亡くなった主人も、あんなに嫌いだったＡさんとまた、仲良く付き合うことができるようになって「なんだ」とか言っているでしょうね。

②この回について

　交友関係の話が中心となる。あまり主人から好まれていなかったＡさんの話を中心として、年月を経て棘がなくなってきたＡさんとまた素直に言葉を交わすことができるようになったという。いつも言いたいことを言えなかったが、注意をすることができるようになった自分自身を発見している。

(10)　10 回目　Ｘ年 11 月 29 日　全体の記録を確認して LRT を実施する。心理アセスメント実施
① LRT の内容

　私は、これから絵本を書いてみたいと思っています。私の言葉で

私小説を書いてみたいと思っています。先日三十日間チャレンジというので、絵本を作ったんです。また、こうやってお話しを聞いてもらって、それが自信につながったというか、とても貴重な体験だったと思っています。

　先日、クリスマスでプレゼント交換をしたんですね。私が出したものは、600円くらいのものだったのに、私がもらったのは、それに比べると高いものではなかったんです。「どうして、こういうものが出てくるのかしら」と少しだけ寂しく思っていたんです。

　家に帰ったら、三女がお菓子のチャペルを作っていたんです。その入口に、ちょうど私のもらった天使のオブジェが入ったんです。すてきでしょう。こんな風に私は怒りきれないところがあるんです。それで素敵な出来事に変換することができたんです。

②この回について
　この回は今後のことについての
話となった。また、クリスマスプ
レゼントでもらった天使のオブ
ジェは決して高額なものではな
かったものの、お菓子の教会に
ぴったりの素敵な飾りとなった。
ものごとを肯定的に転換されるよ
うになった。

４. 心理療法の要素を付加した LRT を実施する際の留意点

（１）心理療法的要素を付加した LRT の意味について

　LRT では、当事者のニーズをふまえた必要性のある内容にセラピストが焦点を絞ることが、抑うつ感の低減のためには不可欠であったことが示唆される。

　他方で、今回は抑うつ症状の重篤度の高い人ではなかった。今回は地域に在住しているが、医療機関にかかるほどではないレベルの抑うつ症状をかかえた人、グレーゾーンの方を対象にした事例である。

　うつ病は、高齢期に陥ってしまうと自力で回復することが困難となる。そのためにグレーゾーンの段階で回復を促し、それ以上の重い症状になる前に予防的措置をとっておくこともひとつの方策となる。LRT の面接をきっかけとして経度の抑うつからの回復がなされていった。

（２）多面的方式アセスメントの必要性

　支援対象者にできるだけ早くアクセスするためには、心理的状況、生活的状況のアセスメントが必要となる。一方で、心理アセスメントがなされないと関係性に関わる重要な観点を見逃すこともある。抑うつ障害の重度の人、発達障害や PTSD などの複合的な症状を抱える人、身体障害者手帳を交付されている人、がんなどの身体疾患を有している人などは生活上のストレスを重複して抱えている可能性があるため、その人の状況をよく把握し必要性に合った支援につなぐことが大切となる。

　他方、抑うつ症状のある高齢者の生活は複雑で多岐にわたる問題

を抱えている。生活環境の中に明確なストレス要因がある場合には
それを除去するための環境調整と現実的な問題解決が必要なことが
ある。たとえば、在宅介護者であったことや、8050問題のように
家族の中に引きこもりのような人がいたり、そのほか心理的問題を
抱える人がいることもある。他方で、回復力につながるようなレジ
リエンスを対話のなかで発見していくことが大切となる。

　高齢期には、事務的な作業が伴うような様々な手続きが必要と
されることが多い。自らが介護をされることを予想しての家のリ
フォームや、高齢のご家族を亡くした心痛の渦中に相続の問題が発
生するなど負担がはかり知れない。加齢による問題には、「否認」
が生じやすくなるため、自らの老いの準備ができる人は加齢に関す
る意識が高い人であろう。こうした多くの問題に対しては、介護が
生じた後、あるいは死別が生じた後にやむを得ずその時できること
に対応したり、うつ症状を抱えながらの事務的手続きを行うため、
判断力が低下したり作業が困難になることもある。事務的な負担感
を減らすサポートや心理的支援が不可欠となる。

（3）多面的な生活の場での支援を行えるように専門機関にもつな
ぐという課題

　支援対象者に、経度ではなく比較的重めの症状がある場合は、心
理療法の支援以外にも、必要に応じて地域包括支援センターや保健
センターといったように地域の支援機関に依頼することも大切であ
る。しかしながら、本人が自分自身で生活を維持していきたいとい
う希望があるような状況では、専門機関への相談に至らないような
こともある。人によっては大きな悩みを抱えていることもあるもの
の、脳の機能的な問題が背景にあることが原因で困難で支援が必要
な具体的内容を人に話したり、明確な支援内容を求めることができ

ない場合もある。丁寧に話を聞くと同時に、必要な支援の提案ができるとよいだろう。

　そのほかにも支援が難しい場合もある。例えばすでに行政窓口とのトラブルが生じている場合である。地域包括支援センターは、行政窓口と一体化しているため、そこに相談することに困難を抱えている人もいる。また、社会に対して不信感のある高齢者もいる。そうした場合には行政窓口と仲介するためのアドボカシーを行ったり、関係性を調整する専門性の高い心理学的支援が大切となる。

　家族関係に問題を生じている場合には、それを調整するためのアプローチが必要である。家族が非機能な状態となっている場合もある。実に多面的で現実に対応した支援を行うことが大切となる。そのようななかで、LRTには、問題に直接的に焦点を当てたアプローチではないが、完全に問題からはそれた状態での肯定的な人生の諸側面に焦点を当てることができるという利点がある。こうしたアプローチは関係性に困難を生じている人との対話を促し健康な側面を見出す可能性を含んでいる。肯定的な対話を行いながら、その人の困難な側面を支えるきっかけを探ることができるかもしれない。

コラム：初めての高齢者施設でのボランティア

　1997年頃指導教員に導かれ大学の近隣にある老人施設にボランティアに週1で通うこととなった。ここでは、認知症の方との対話のなかで、普通の会話も展開でき有意義な時間を過ごすこともできた。戦争や空襲の深刻さを教えてもらった。教員として働いていた方などは、自分が認知症で、施設で大変な思いをされているにも関わらず、「ボランティアは大変でしょう」と気にかけていただいた。高齢者のためのレクリエーションの時間は週に数回ほど開催され、

その時間は集会室に高齢者が集い、折り紙を折ったり歌を歌ったりする。少しでも利用者と楽しみを分かち合おうという方向性があった。自分の意志で参加を選択できる人はよいが、認知症を患っていてほとんど寝たきりの人は、車いすに乗せられて次々に集会室に移動させられてくる。自分の意志で参加するというよりも参加させられているといった人もなかにはいる。

　集会を自発的に見物し、歌や折り紙に参加することができる人は自立度の高い人や身体的な機能に障害のない人に限られており、重度の精神障害や認知症の大半の人は、寄る辺のない時間を過ごしていた。そういった状況は今はだいぶ改善されているのだろうか。

第6章　自分で行うレミニッセンス・セラピー

第1節　日誌法

　日誌法とは、レミニッセンス・セラピー（以下 RT）を文章で執筆しながら行う方法である。主にライフレビューで用いられる質問を基本として作成するが、想起される思い出に関する認知的側面（価値観や考え方）についてアプローチすることでストレスや軽い抑うつ状態から回復することを目的とした。この方法は、これまでの RT に関連した多くの研究を参考にし、自分でできる方法として考えた。一般的に RT は他者に開示することが基本となっているが、この方法は開示を控えたい内容などの場合でも一人で書いておくことができる。人に見せたくないような場合は削除したり捨てたりしてもよいのである。また、こうしたことを書きながら、人に見せたり語ったりしてもよい部分を事前に自分のなかで確認することもできる。

　以下のような枠組みと質問を用意した。質問は以下の内容を用意したが、自分で設定してもよい。自分で自分史のための記録を残し、自らがセラピストになるといったイメージである。

1. 実施の基本的枠組み

　日誌法は一日1時間以内で終了する。週に2回まで実施し2か月間 16 日間継続することを想定した。体調が悪いときや都合のつかないときは無理に実施しない。日誌法はできるだけ静かな場所を選び、一人で行う。書いた後、見直すことができる時間帯を選ぶ。で

きれば A4 サイズのノートやコピー用紙、何に記載してもよい。PC
で記入することもできる。記載する量は決まってはいない。1回1
時間と決めて終了する。毎回時間を決めて行うこととする。修了し
た後は、現在の予定やこれから何をするかという未来志向に切り替
え、過去をイメージした後には気持ちを現在に向け切り替えていく。
過去に思いを馳せるままにするのではなく、最後はしっかりと現在
のことに切り替えて終了する。

　その日の項目内容が自分に合っていない場合には、合っているも
のを選んで行う（「選択項目」）。また、項目はすべて行う必要はなく、
自分に合うようにアレンジして設定してもよい（例えば、「懐かし
の料理」「ファッション」「好きな小説」「海外赴任」「転勤」「ペッ
トとの暮らし」「訓練の時代」など）。

2. 目標の設定

　日誌法を1日分1時間だけやって気持ちが満足する人もいれば、
その日誌を基本資料として、創作物（小説、絵画その他の作品）に
生かしていこうという人もいる。また、この日誌法をきっかけにし
て新しいことを始めようと考える人もいるかもしれない。目標に
よって打ち込み方や集中力が異なってくるかもしれない。ここでは
心を回復させるためのセラピーを目的とした枠組みを考えたので、
できればこの枠組みに沿ってやっていただきたい。長さや頻度は、
かかえているストレスの大きさにもよる。たとえば、何も書く気持
ちになれないような時は無理をする必要はない。身体を休ませると
いう方法を優先させる。また、人によっては、自分が満足のいく内
容だけ選んで書き、満足したり気持ちが回復していくことができれ
ばそれでよいと思う。日誌法はやってみて意味があると思う人だけ
が実施するのがよいだろう。

3. 記憶の手がかりとなる材料

　漠然と思い出すだけでなく、手がかりなども用意してみる。次のようなものがきっかけとなって、思いがけない内容が想起されることもある。

　アルバム、故郷のウェブサイト、昭和の写真集、郷土史、博物館、古地図、文芸作品（児童文学・小説）、風景写真、描画（家の間取りを絵に描いてみる）、おもちゃ、駄菓子、その土地の民話や昔話、アニメ、漫画、映画、古いポスター、ホーロー看板、銭湯、同時代を生きている人の自分史、流行歌・歌、観光案内のパンフレット、地域の名産品を展示する場所、古い雑誌、古い新聞記事、古いハギレ、昔の料理本、文房具、古い商店街・地下街、古い鮮魚店、商店、昔ながらの酒屋、古い喫茶店、古いデパート、祭りの写真や動画、集合墓地、路面電車の痕跡、昔のグルメガイド、古道具屋、災害の痕跡、記念碑、道祖神、お地蔵様、老舗旅館、数々の自然環境、海、湖、森、林、畑、花、果樹園、古い農機具、そのほか「第5節　記憶の手がかりとなる資料の具体例」（p.332〜）にも資料を掲載した。

4. 踏み込んで調査したい人

　日誌法として書くだけでなく、踏み込んで地域のことをいろいろと学習したり調査したい人は自由に行ってもらいたい。新たな発見があったり有意義な体験となることだろう。

5. 日誌法

　以下の項目に従って執筆する。

（1）1日目（故郷）

・生まれた場所、地域、風土、生まれた病院、地域の特産物、近くにある山や川、郷土史、昔話、生まれた地域の特徴とはどのようなものか。

・父母、きょうだいのこと。父母、きょうだいの価値観はどのように形成されたか。生きた時代背景はどのようなものか。

・自分の名前は誰がどのようにつけたか、なぜこの名前になったか。

・どのような子どもだったか。

・おぼろげに覚えている記憶はなにか。

・感謝できることはあるか（例えば無事に生まれたことなど何でもよい）。

・どのような故郷だったか。今思い出すとどのような気持ちになるか。

・本日の予定や明日以降の今週の予定（クールダウンのための項目）。

（2）2日目（幼い頃）

・幼い頃の遊び、遊び仲間、主な遊び場、失敗談、武勇伝。

・子どもにとってのミステリーとしての民話・伝説・都市伝説。

・父母やきょうだいとの思い出。

・出かけた先、地域の祭り、サーカス、イベント、思い出のレストラン。

・保育園、幼稚園、友達との思い出。

・思い出の食事風景や好きな料理や食べ物。

・感謝できること（例えば幼稚園に通えたことなどなんでもよい）。

・どのような時期だったか。今思い出すとどのような気持ちになるか。

・本日の予定や明日以降の今週の予定（クールダウンのための項目）。

（3）3日目（小学校1・2年生）
・小学校、学校の周囲、学校周辺の遊び場、校庭、学校で飼育した動物。
・学校までの通学路、一緒に通っていた人、主な服装。
・休み時間の過ごし方、給食や弁当のこと、掃除。
・遠足や行事の思い出。
・先生や友達、授業、教科書のこと、主な文房具、ランドセルの中身。
・主な遊び、読んでいた図書や雑誌、その他。
・小学1・2年生の頃の主な思い出、武勇伝、失敗談。
・この時期の親やきょうだいとの思い出。
・感謝できること（例えば小学校に通えたことでもなんでもよい）。
・どのような時期だったか、今思い出すとどのような気持ちになるか。
・本日の予定や明日以降の今週の予定（クールダウンのための項目）。

（4）4日目（小学校3・4年生）
・小学校、学校の周囲、学校周辺の遊び場、校庭、学校で飼育した動物。
・学校までの通学路、一緒に通っていた人、主な服装。
・休み時間の過ごし方、給食や弁当のこと、掃除、行事。
・先生や友達、授業、教科書のこと、主な文房具、ランドセルの中身。
・主な遊び、読んでいた図書や雑誌、好きなこと。
・小学3・4年生の頃の主な思い出、武勇伝、失敗談。
・遠足や行事の思い出。

・この時期の親やきょうだいとの思い出。
・感謝できること（例えば小学校に通えたことやお世話になった
　人）。
・どのような時期だったか、今思い出すとどのような気持ちにな
　るか。
・本日の予定や明日以降の今週の予定（クールダウンのための項
　目）

（5）5日目（小学校5・6年生）
・小学校、学校の周囲、学校周辺の遊び場、校庭、学校で飼育し
　た動物。
・学校までの通学路、誰と通っていたか、主な服装。
・休み時間の過ごし方、給食や弁当のこと、掃除。
・先生や友達、授業、教科書のこと、主な文房具、ランドセルの中身。
・主な遊び、読んでいた図書や雑誌、その他。
・小学5・6年生の頃の主な思い出、武勇伝、失敗談。
・遠足や修学旅行や行事のこと。
・部活動やがんばっていたこと。
・この時期の親やきょうだいとの思い出。
・感謝できること（例えば小学校に通えたことやお世話になった
　人）。
・どのような時期だったか、今思い出すとどのような気持ちにな
　るか。
・本日の予定や明日以降の今週の予定（クールダウンのための項
　目）。

（6）6日目（中学生）
・中学校の周囲、遊び場、校庭、校内の好きな場所。

・学校までの通学路、どのように通っていたか、制服、普段着。
・休み時間の過ごし方、給食や弁当のこと、掃除、行事。
・先生や友達、授業、教科書のこと、主な文房具、学生鞄の中身。
・遠足や修学旅行の思い出。
・主な遊び、読んでいた図書や雑誌、その頃の趣味、流行っていたもの。
・中学生の頃の主な思い出、武勇伝、失敗談。
・部活動やがんばっていたこと。
・この時期の親やきょうだいとの思い出。
・感謝できること（例えば中学校に通えたことやお世話になった人）。
・どのような時期だったか、今思い出すとどのような気持ちになるか。
・本日の予定や明日以降の今週の予定（クールダウンのための項目）。

（7）7日目（高校生）
・高校の周囲、遊び場、校庭、校内の好きな場所。
・学校までの通学路、どのように通っていたか、制服、普段着。
・休み時間の過ごし方、給食や弁当のこと、行事。
・先生や友達、授業、教科書のこと、主な文房具、学生鞄の中身。
・主な遊び、読んでいた図書や雑誌、その頃の趣味、流行っていたもの。
・高校生の頃の主な思い出、武勇伝、失敗談。
・部活動やがんばっていたこと。
・修学旅行や遠足の思い出。
・このころの親やきょうだいとの思い出。
・感謝できること（例えば高校に通えたことやお世話になった人）。

・どのような時期だったか、今思い出すとどのような気持ちになるか。
・本日の予定や明日以降の今週の予定（クールダウンのための項目）。

（8）8日目（選択項目：その他の学校生活）
・専門学校、専修学校、大学、大学院。
・学校の周囲、遊び場、校内の好きな場所。
・学校までの通学路、どのように通っていたか、普段着。
・休み時間の過ごし方、昼食など、学校行事。
・先生や友達、授業、教科書、鞄の中身。
・主な遊び、読んでいた図書や雑誌、その頃の趣味、流行っていたもの。
・その頃の主な思い出、武勇伝、失敗談。
・サークル活動やアルバイト。
・旅行、合宿について。
・このころの親やきょうだいとの思い出。
・感謝できること（例えばその学校に通えたことやお世話になった人）。
・どのような時期だったか、今思い出すとどのような気持ちになるか。
・本日の予定や明日以降の今週の予定（クールダウンのための項目）

（9）9日目（選択項目：最初の職業生活）
・初めての職業経験（バイト、非常勤、パートタイマー、常勤）。
・主な業務。
・職場の周囲、職場の近くの名所、好きでよく行った場所。

・職場までの経路、どのように通っていたか、服装。

・お客さんとの思い出。

・旅行の思い出。

・業務の休み時間の過ごし方、昼食など、行事。

・上司のこと、どのような方だったか、同僚のこと。

・主な趣味、読んでいた図書や雑誌、流行っていたもの。

・その頃の主な思い出、武勇伝、失敗談。

・趣味の活動。

・この時期の親やきょうだいとの思い出。

・感謝できること（例えばその仕事に就けたことやお世話になった人）。

・どのような時期だったか、今思い出すとどのような気持ちになるか。

・本日の予定や明日以降の今週の予定（クールダウンのための項目）。

（10）　１０日目（選択項目：ほかの職業生活）

・職業経験（バイト、非常勤、パートタイマー、常勤）。

・職場の周囲、職場近くの名所・旧跡、好きでよく行った場所。

・職場までの経路、どのように通っていたか、服装。

・お客さんとの思い出。

・業務の休み時間の過ごし方、昼食など、行事。

・上司のこと、同僚のこと。

・主な趣味、読んでいた図書や雑誌、流行っていたもの。

・その頃の主な思い出、武勇伝、失敗談。

・趣味の活動。

・この時期の親やきょうだいとの思い出。

・感謝できること（例えばその仕事に就けたことやお世話になっ

た人)。
- ・どのような時期だったか、今思い出すとどのような気持ちになるか。
- ・本日の予定や明日以降の今週の予定（クールダウンのための項目）。

(11) １１日目（選択項目：家事の思い出）
- ・毎日の家事の苦労・工夫。
- ・家事のなかで好き嫌いはあるか（洗濯、洗い物、掃除、買い物、料理、家計簿、庭仕事、その他家の手入れ、町内の用事、その他）。
- ・やらないと決めたことはあるか。
- ・誰かに任せたものはあるか。
- ・とりわけ丁寧に行ったことは何か。
- ・苦労したことは何か。
- ・こだわりはあったか。
- ・近所づきあい。
- ・感謝できること（例えばお世話になった人）。
- ・特別な思い出はあるか。
- ・思い出すとどのような気持ちになるか。
- ・本日の予定や明日以降の今週の予定（クールダウンのための項目）

(12) １２日目（選択項目：旅行の思い出）
- ・どこに行ったか。旅先を決めたいきさつ。
- ・誰と行ったか、何泊したか、どこの宿泊施設に泊まったか。
- ・どうやって行ったか、車、鉄道、新幹線、飛行機。
- ・どのような名所・旧跡があったか。
- ・どのような食事だったか。

・旅先での思い出はあるか。
・思い出の場所はあるか。もう一度行ってみたいか。
・感謝できること（例えばお世話になった人）。
・思い出すとどのような気持ちになるか。
・本日の予定や明日以降の今週の予定（クールダウンのための項
　目）。

(13)　１３日目（選択項目：健康に関すること・健康法の思い出）
・これまでかかった病気・怪我。
・どのような治療をしたか。
・健康法。
・一人でやっているか、だれかと一緒にやっているか。
・どのような方法か、何かコツはあるか。
・継続するための工夫はあるか。
・感謝できること（例えばお世話になった人）。
・思い出すとどのような気持ちになるか。
・本日の予定や明日以降の今週の予定（クールダウンのための項
　目）。

(14)　１４日目（選択項目：趣味の思い出）
・何がきっかけで始めたか。
・どのような趣味か。
・どんなところが好きか。
・どのようなところが楽しいか。
・趣味に関して感謝できること（例えばお世話になった人）。
・これからやってみたいことはあるか。
・本日の予定や明日以降の今週の予定（クールダウンのための項
　目）

(15) １５日目（選択項目：人づきあい（家族を含めた））
・どんな出会いか、どこで知り合ったか。
・どのような方か、どのような性格か。
・どのような付き合いだったか。
・その人にお世話になったこと、またお世話したこと。
・人づきあいに関して感謝できること(例えばお世話になった人)。
・思い出すとどのような気持ちになるか。
・本日の予定や明日以降の今週の予定（クールダウンのための項
　目）

(16) １６日目（選択項目：人生を振り返ってみて）
・人生を振り返ってみて思うこと。
・もう一度同じ人生を送りたいか。
・あるいはどのような人生を歩んでみたいか。
・感謝できることや人。
・これからどのように生きていきたいか。
・本日の予定や明日以降の今週の予定（クールダウンのための項
　目）

**コラム　精神的反すう（ネガティブな思い出が繰り返されてしま
　　　う思考）が生じたときの対策**

　ストレスの多い体験をしてしまうと、人は心のなかで何度も繰り
返しそのことを考えてしまうようなことがある。反すうとは、ネガ
ティブな内的な感情状態を伴って繰り返し思い出すことをいう。抑
うつ的反すうは気分にも依存する。抑うつや怒りが生じているとき
ほど起こりやすい。レミニッセンスを一人でおこなっているときに

留意したいのが反すうである。ストレスの多いときほど、反すうが生じることになるが、持続するとより抑うつ気分を深めてしまうというものである。ノーレン・ホークセマら (Nolen-Hoeksema *et.al.*)[1]は1993年にうつ病の反すう思考について検討し、受動的な反すう思考のある人は、問題解決スタイルのある人よりもより重篤なうつを経験する傾向があるとした。また、適応的反すうと不適応的な反すうがあることも指摘されている[2]。適応的な反すうは、具体的でプロセスに焦点を合わせた明確な思考を特徴とする。不適応的な反すうとは、抽象的で根拠のない悲観的結末や被害感のようなものが連想されるのみであり、反すうを行った後でぐったりとした情緒不安をもたらす。

　すなわち、反すうとは抑うつ症状を悪化させる問題思考である。「反すう思考への介入」として「反すう結果の強調」「問題解決」「感覚体験への注目」「目の前の課題への再注意」「反すう思考からの気そらし」が推奨されている[3]。日誌法は一人で内省的に実施するものであるため「反すう」が生じないとは限らない。自分で行う「反すう」予防を、以上の推奨事項を参考にして考えたので示しておく。

(1) 反すうのネガティブな結果の確認をするようにとの推奨である。生じたネガティブ思考の繰り返しに関し、「この考え方は、今、自分にとって有益か」と自問する。結果として益する情緒に至らないのであれば、きっぱりそれを繰り返し考えるのはやめるようにする。

(2) 反すう思考には、なんらかの抱える問題が含まれていることがある。もしそのようなことがあれば、そこにある問題を明確にし積極的な問題解決にむけた具体的な方法を考えたり誰かに相談したりする。もし問題解決がされれば、「反すう」せずすむようになるのである。ときには、問題が複雑で解決策

が容易に見つからないものがあるかもしれない。例えば、どうにもならないような困難な問題に多くの人は直面することがある。たとえば遠距離に住む親の元にすぐに駆けつけることができないというような心配である。そのような場合には、即席にでも心を落ち着かせるマネジメント（呼吸法、瞑想、ヨガ）を行う。心の沈静化を求めるものであっても、スポーツなどのように気分を切り替えられるものなら何でもよい。

(3) マインドフルネス[4)]とは、「今この瞬間に価値判断することなく、注意をむけること」と定義されている。その瞬間の景色、音、匂い、その他の感覚に気づくようにすることである。日誌法で過去の思いにとらわれたときには、現在に意識をしっかりと戻し、今感じている瞬間瞬間の体験や感覚を大切にするということである。また、外出をして、空の色を見たり町の音を聞いたり、その時の風が運んでくる香りを大切にしたり、自分がどのような感覚を今感じているかについて気づいておくことなどとなろう。

(4) 自分自身の回想をじっくり行うことから注意が逸れて、「反すう」し始めたときには、10分間だけ、目の前の課題に注意を戻す再注意の練習を行う。このときは、反すうしないように、目の前の課題に没頭するということが大切となる。仮に日誌法をしているようなときに「反すう」がなされるようであれば、一度机から立ち上がり、書くことをやめて体を動かしたり、別の没頭できる活動に集中してみることも大切である。反すうから完全に気持ちがそれたところで、また日誌の続きを書くのである。

(5) 「反すう」からの「気そらし」も対処として推奨されている。例えば、運動したり、料理などの家事をするなどである。また、歌ったり、早口言葉の練習や、発声練習、楽器の演奏などで

もよい。また、辛い体験を考えるのではなく、自分が人に感
謝できる体験、または自分に対して感謝できる体験をできる
だけたくさん考えてみることなどもできるだろう（必要なと
きに食事ができること、ゆっくり眠れるベッドがあること、
快適なリネンがあること、部屋が掃除されていること、呼吸
ができること、仕事ができること、人と話ができること、歩
くことができること、静かな場所で本が読めることなど）。要
は、別のことにすっかり集中でき、いい気分でいるというこ
とが「反すう」の対策には必要なのである。

1) Nolen-Hoeksema,S.,Morrow,J.,& Fredrickson,B.L.(1993). Response styles and the duration of episodes of depressed mood. *Journal of Abnormal Psychology*, *102*, 20-28.

2) Watkins,E.,R.,Scott,J.,Wingrove,J.,Rimes,K.A., Bathurst,N.,Steiner,H. et al.(2008). Rumination-focused cognitive behavior therapy for residual depression:A case series. *Behavior Research and Therapy*, *45*, 2144-2154.

3) Martell, C.R., Dimidjian, S., & Herman-Dunn, R.(2010). *Behavioral Activation for Depression: A Clinician's Guide.* New York: The Guilford Press. （クリストファー・R・マーテル・ソナ・ディミジアン・ルース・ハーマン-ダン著　坂井誠・大野裕［2013］. セラピストのための行動活性化ガイドブック―うつ病を治療する10の中核原則. 創元社. pp.135-154）

4) Kabat-Zinn, J.(1994). *Wherever you go,there you are: Mindfulness meditation in everyday life.* New York: Hyperion. （田中麻里監訳［2012］. マインドフルネスを始めたいあなたへ―毎日の生活でできる瞑想. 星和書店).

第2節　家庭でのレミニッセンス・セラピーを用いた雑談

　家庭の中での交流としてレミニッセンス・セラピー（以下 RT）を使ってみるのはどうか。自分の小さいころのアルバムを見せ合うことから話が始まるということもあるだろう。または、地域の古い写真でもよい。

　家庭での雑談は、普段あまり話をしないような家族にあえて聞いてみると、思いがけない話が出てくることもある。親戚の家に訪ねて行っても、とりたてて話題がないということも多いものだ。話のネタとして古い写真や RT のテーマを提供してみてはどうだろう。わざわざ RT だとか蘊蓄を述べる必要はない。RT の枠組みを家庭内で試しに使ってみるのである。とりわけ、高齢の親戚などで一人で暇を持て余しているようなら、訪ねて行ってすぐにできるだろう。RT を使った身近なところのボランティアというわけである。認知症が回復するとか、そこまで期待はしない方がよいかもしれないが、対話するということはものを考えたり、感性を刺激したりするということでもある。あながち回復を期待できないわけではないだろう。

　これまでの研究でも、継続して行うことで抑うつ症状の回復や BPSD の回復などの効果が報告されている。専門家が行うような質の高い交流とはならないかもしれないが、お互いの QOL を高めるつもりでやれるだけのことはやってみてはどうか。雑談を行って副作用が出たとか、身体によくない症状が出たとかという話はあまり聞いたことはない。薬物療法などとは異なり、副作用がないのが RT のよいところでもある。また、やっていくと、「この人はこの頃の話題になると、辛い経験とか深刻な話が出てくる」とかその人のことがよくわかってくるのである。その人が同じことを何度も話すならば、やや軽度な深刻さがあるといってもよい。むしろその話になると口をつぐんでしまう、といった行動は、PTSD やその関連の

診断などが疑われ深刻度はより大きいかもしれない。

　以下の光景は、遠方の親戚を訪ねてた際に昔の写真をみせながら雑談をしている風景である。なんとなく始まった雑談ではあるが、20分くらいの時間であってもそれなりに会話が続き盛り上がった。密度の濃い時間を過ごせたのである。

A：「小学校なんて遠い道のり1時間くらいかけて歩いていったよね」
B：「そうだなあ、よく歩いたなあ」
C：「馬車に乗せてもらったりしたよね。雪の日なんか『ほれ、のってけ』って、みんな乗せてくれたもんね。みんな優しかったよね」

図6-2-1　親戚同士で交流している場面

　RTは、良好な関係性のもとではたやすく開始することができる。ところが関係が機能不全に陥っている場合には、実施が困難なことが多い。ないがしろにされてしまった負の関係性が蓄積されており、関係が喪失している場合さえある。家族の会話は、経済的な側面の

相続に関連するような利害を含んでいたり、責任感から相手の行動を修正しようと諮りすぎたりしていると、相互の不信感が伴い機能が喪失してしまうこともある。

　家庭内に心の問題を抱えている人がいる場合もある。それに伴うコミュニケーションの不全や機能不全で関係が喪失していることもあるだろう。また、一対一の関係にはその一人ひとりをとりまく人々との関係が影響を及ぼしていることもある。

　そうした機能不全の家庭の関係性の回復には、ある程度時間が必要である。即座に回復させることは難しい。自分たちの家族関係がどのようになっているかについて、第三者（公認心理師や臨床心理士など）に相談し、調整をはかる必要があるかもしれない。

　個別のRTで得られる情報というのは、時間軸を巻き戻したところの関係である。家庭内の現在の関係が困難な人でも、子ども時代の関係や昔の肯定的な関係を思い出すことができる。現在の関係が難しい場合には、記憶を遡ったその時の関係を再度思い出しつつ、そこから何か調整できることがないか探ることができるかもしれない。人と人との関係性は、その人の記憶の連続から成り立っている。負の記憶を一度保留にし、肯定的な記憶を思い出すことによる関係の回復の可能性を考える手がかりが存在していることもある。

第3節　電話やオンラインでのレミニッセンス・セラピー

　遠方に家族や祖父母や親戚が住んでいることもある。施設や病院を利用している人は、感染症などで対面が困難な状況もあるだろう。RT は電話やオンラインでも行うことができる。スマートフォンなどでスピーカーの機能を使えば小グループの対話を実施することができる。また PC やタブレットを用いてオンラインで実施することもできる。10 ～ 20 分程度の短時間でもできる。「自分史を作る」、「近況を聞きたい」など理由が示されるとよい。「今日はどうでしたか」と通常での近況を尋ねると、「普通だよ」といったワンパターンな対話になりがちである。

　目的のあるインタビューをしてみると、それなりに意味深い話ができ、また対話相手のことをよく知るきっかけとなる。20 分くらいあれば、かなりいろいろな話を聞くことができる。対面で目的を説明して事前に依頼をし、ある程度関係を構築してから実施することが望ましい。都合のつく時間を聞いてから実施できるとよいだろう。

　以下に、20 分くらいかけて、もともと古くからの知人である A さん（女性）に電話で聞いたレミニッセンスの事例を示す。

A さん（女性　昭和 14 年生まれ）の電話でのレミニッセンスの事例

　山梨県塩山で生まれる。家は茅葺き屋根の家。父親は魚屋でした。小学校は分教場でした。生徒は 20 名くらいの小さな学校でした。弁当は、さつまいもだとかそういうものでした。学校で誰かに盗られてなくなってしまうこともありました。それで家に帰ると「どうしたの」と聞かれ、「とられてなくなっちゃった」と伝えました。当時は家で鶏を飼っていて、卵などはいつでも食べることができました。川に行けば「はや」という

川魚が釣れました。

　当時は軍国主義で防空壕への避難訓練もやりました。甲府のほうに焼夷弾が落ちたという話を聞きました。そういえばそっちの方面の空が赤くなっていたのを思い出しました。映画を観るのに、学校で小劇場に連れて行ってもらいました。「かぐや姫」を見ました。サイレント映画で、語り部の人が語るというものでした。家の台所には囲炉裏と竈がありました。天井には白蛇がいました。井戸があり釣瓶でくみ上げます。

　働くようになると、「○○」というお菓子屋さんがあり、そこで住み込みで働くようになりました。渋谷のデパートで働いたこともあります。池袋に「ドラム」というジャズ喫茶があり、ミッキーカーチスや平尾昌晃などが歌をうたっていました。美空ひばりの歌は昔から好きで聞いています。

第4節　旅で自分のルーツや過去にふれる

　自分の生まれた地、学校、育った町の周辺をもう一度歩くという回想旅行である。幼い頃の通学路は、その道すがらいろいろなことがあったはずである。大人になってから歩くとあっという間に小学校に到着してしまう。大きいと思っていた神社は、猫の額ほどの小さな神社だった。時の経過とともに、思い出とはかけがえのないものだということがわかる。

　自分の故郷の町を、できたら一人で探索してみると面白い発見ができる。そこそこ広いと思っていた川は本当に細い用水路になっているし、かなり急勾配であったであろう小学校の裏山は数十歩で上がれる傾斜だったりする。子どものときに気が強くて怖かった友達が、とても穏やかですてきな婦人になっていたりする。その頃は本当に何もかもが刺激的だった。当時は大きかったのに今見るとこじんまりしているサイズ感のギャップに驚いたりする。その頃感じていたことと全く異なるタイムトラベルである。引っ越しが多かった人は、昔住んでいた場所に行くのもよいだろう。その当時のことについて新しい発見があるかもしれない。

　戸籍謄本から両親の生まれた場所をたどったり、祖父・祖母や曾祖父・曾祖母の住んでいたところに出かけてみたりする。なぜかとても馴染みのある雰囲気の場所だったり、食べるものがすべておいしく感じられたりして不思議な気持ちになるものである。ご先祖様に守られているような温かい安心した気持ちがしたりもする。

第5節　記憶の手がかりとなる資料の具体例

　レミニッセンス・セラピーの記憶の手がかりとなる資料の具体例を示してみた。嗜好性は人によって全く異なる。一人ひとり異なる人生に関わる資料がある。

1. 昭和の日常を展示する博物館

　東京都大田区にある「昭和のくらし博物館」[1]は建築家であった小泉和子の父が、昭和26年に建てた典型的な昭和の家である。昭和41年には縁側つきの六畳間が増築されている。住宅金融公庫の融資をその当時に受けた家である。家財も衣類もそのまま残る。竈や火鉢、洗い張りの張り板や洗濯板や井戸があり、高度成長期以前の戦後のくらしの面影がそのまま残る。お茶の間の情景には、ちゃぶ台、お櫃、神棚、柱時計など昭和の食卓の生活感がそのまま伝わってくる。

　愛知県北名古屋市歴史民俗資料館[2]は、昭和30年代の懐かしい情景を展示している。名鉄犬山線西春駅で下車して、歩きで30分くらいはかかる場所にある。外観は一般的な町の図書館という風情である。1、2階が図書館、そして3階にあがると予想もしないような別世界が広がるのである。家屋の建て壊しの際に、不要となった農具や生活用具が寄贈されてこのような風景が出来上がったという。地域の人々が資料を持ち寄って昭和のある風景を再現している。

　大阪府の児童文化史研究家であった入江正彦は、日本の子ども文化を理解するための、ありとあらゆる資料の収集を行っていた。それはおもちゃ、書籍、印刷物、生活用品、文房具、教育資料、商業資料、絵画、写真などである。こうした子ども文化に関するコレクションは、入江氏が2000年にご逝去後、遺族によって2003年に兵

　庫県立歴史博物館に一括寄贈されることとなった。兵庫県立歴史博物館[3]には昭和初期の子ども文化として、書籍や教育資料、光学器械などさまざまな資料によって子どものすべてが展示されている。

　漫画関連の文化施設も、昭和の日常を想起させる。2006年に京都府に設立された、図書館機能と博物館機能を併せ持つ総合漫画施設の京都国際マンガミュージアム[4]である。それは昭和初期建造の小学校の校舎のなかにある。漫画喫茶と異なるのは、漫画の解説や歴史年表など、その漫画一つ一つの情報が提供されている。さらには、膨大な漫画30万点があり、読みそびれてしまったあるいは入手困難な漫画などを手に取ってその場で読むことができる。まんが関連施設[5]には、「長谷川町子美術館」（東京都世田谷区）、「いがらしゆみこ美術館」（岡山県倉敷市）、「宝塚市立手塚治虫記念館」（兵庫県宝塚市）など多くの施設がある。

　そのほか、昭和時代を感じられるような博物館・資料館[6]には、以下のような場所もある。江戸東京博物館（東京都墨田区）、江戸東京たてもの館（東京都小金井市）、昭和館（東京都千代田区）がある。「あいち銭湯資料館」（愛知県名古屋市中区）などの小さな資料館も貴重である。

　そのほか戦争関連の資料館[7]は押さえておきたい。年輩の両親や祖父・祖母が思い出を語るときには、その体験をふまえたほうがよいだろう。いくつか代表的な場所をあげておく。広島平和記念資料館（広島県）、長崎原爆資料館（長崎県）、ひめゆり平和記念資料館（沖縄県）、わだつみのこえ記念館（東京都）、東京大空襲戦災資料センター（東京都）、靖国神社遊就館（東京都）、大阪空襲を語り継ぐ平和ミュージアム（大阪府）、ピース愛知（愛知県）などがある。

2. 昭和の佇まいの残る場所を巡る

　一人でも、だれかと出かけてもレミニッセンスが引き出されてしまう場所がある。住まいの近くには必ずある古い史跡、神社仏閣の観光地の土産物屋、居酒屋、喫茶店にも昭和風情が残る。商店街は昭和の店の集合体でもある。改修の遅れた古い物件といえばそうだが、年月を経て、醸成され味わいを残す襤褸（ぼろ）がある。以下に個人的に面白そうと感じた場所[8]を選定して示したが、他にも多くの場所があるだろう。

　観光地も兼ねた場所としては、函館公園こどもの国（北海道函館市）、横川駅からめがね橋までのアプトの道の遊歩道（群馬県安中市）、桐生ヶ丘遊園地（群馬県桐生市）、栃木県足尾銅山観光（栃木県日光市）、宝登山ロープウェイ（埼玉県秩父市）、吉野大峰ケーブル（奈良県吉野郡）、東京タワー（東京都港区）、京都タワー（京都府京都市）などがある。

　その時代の農村集落を再現した場としては、遠野ふるさと村（岩手県遠野市）、妻籠宿（長野県南木曽郡）、馬籠（岐阜県中津川市）である。

　昭和の風情のある駅舎には、JR東京駅、JR上野駅、JR奈良駅、JR門司港、JR神戸駅、JR小樽駅、JR西岩国駅、JR横須賀駅などがある。単線などの小さな駅にもみるべきものがたくさんある。

　神社仏閣の参道である。伊勢神宮のおはらい町・おかげ横丁（三重県伊勢市）、高崎観音山丘陵（群馬県高崎市）、豊川稲荷（愛知県豊川市）、豊川稲荷東京別院（東京都港区）、千代保稲荷（岐阜県海津市）。これらの参道には昔ながらの土産物屋が並ぶ。

　商店街は古い鮮魚店、酒屋、商店といった懐かしさの集合体である。一例を示す。十条中央商店街（東京都北区）、下北沢駅前食品市場（東京都世田谷区）、長者町繊維街、円頓寺商店街、大門通、

筒井町商店街（愛知県名古屋市）、通町商店街（岡山県倉敷市）、山王市場通商店街（大阪府大阪市）、玉二商店街（大阪府大阪市）、瀬戸商店街（愛知県瀬戸市）、旦過市場（福岡県北九州市）、祇園商店街（京都府京都市東山区）、第一牧志公設市場（沖縄県那覇市）などである。

　昭和風情の漂う喫茶店もある。トリコロール（東京都中央区）、さぼうる（東京都千代田区）、名曲喫茶らんぶる（東京都新宿区）、珈琲亭ルアン（東京都大田区）、カヤバ珈琲（東京都台東区）、洋菓子・喫茶ボンボン（愛知県名古屋市）、喫茶コンパル大須本店（愛知県名古屋市）、カフェグリンデルワルト（上高地帝国ホテル内）、和洋食喫茶若草堂（三重県伊勢市）、イノダコーヒ本店（京都府京都市中京区）、高砂屋珈琲店（山形県高畠町）などがある。

3. 文芸作品

　仙花紙に印刷された雑誌や小説が戦後に売られていた。児童文学[9] では「ビルマの竪琴」、「ノンちゃん雲に乗る」、「二十四の瞳」は映画化もされている。ラジオ番組との一体化された作品も多い。尺八の前奏から始まる「新諸国物語」は熱狂的な人気ぶりであった。高度成長期になると出版業界が好景気となり多くの文芸作品や翻訳が出版されるようになった。「コタンの口笛」、「ながいながいぺんぎんの話」、「龍の子太郎」などの長編も普及した。外国文学では「ロミオとジュリエット」、「星の王子様」、「ラング世界童話全集」、「指輪物語」、「モモ」が出版された。

　1965 年〜 1980 年頃の著作物で日本語に当時翻訳されていた外国文学作品[10] とそれ以外の日本文学の作品[11] を中心に紹介する。出版社の景気もよく多くの作家が活躍していた。トーマス・マン『魔の山』、ノサック『弟』、ギュンター・グラス『ブリキの太鼓』、マ

ルロー『人間の条件』、ル・クレジオ『大洪水』、スタニスワフ・レム『ソラリスの陽のもとに』、ボールドウィン『もう一つの国』、バルガス・リョサ『緑の家』、ガルシア・マルケス『百年の孤独』、ラスプーチン『生きよ、そして記憶せよ』などが翻訳されていた。日本文学では、小島信夫『抱擁家族』、井伏鱒二『黒い雨』、三浦綾子『塩狩峠』、山崎豊子『白い巨塔』、遠藤周作『沈黙』、丸山健二『夏の流れ』、五木寛之『蒼ざめた馬を見よ』、野坂昭如『火垂るの墓』、司馬遼太郎『坂の上の雲』、石川達三『青春の蹉跌』、吉行淳之介『暗室』、渡辺淳一『花埋み』、有吉佐和子『恍惚の人』、檀一雄『火宅の人』、村上龍『限りなく透明に近いブルー』、島尾敏雄『死の棘』、泥の河『宮本輝』、宮尾登美子『一絃の琴』などが出版されている。主な文芸作品 [12] を表 6-5-1 に示した。

表 6-5-1　主な文芸作品（1930 ～ 1989 年）

西暦	邦暦	主な文芸作品
1930	昭 5	放浪記, 真知子
1931	昭 6	どんつき△
1932	昭 7	日本幼児詩集△
1933	昭 8	若い人, 人生劇場
1934	昭 9	風の又三郎△, 雪国
1935	昭 10	魔法△, 狐狩り△
1936	昭 11	いのちの初夜, 風立ちぬ
1937	昭 12	ジョン万次郎漂流記
1938	昭 13	幻談
1939	昭 14	咲き出す少年群△
1940	昭 15	怒りの葡萄 *, 走れメロス, 路傍の石
1941	昭 16	グスコー・ブドリの伝記△, 良寛物語△, 菜穂子
1942	昭 17	風と花びら△, おじいさんのランプ△, 山月記
1943	昭 18	動物ども△, 細雪
1944	昭 19	海のたましひ△
1945	昭 20	女の一生
1946	昭 21	白痴, 暗い絵
1947	昭 22	太陽よりも月よりも△, ノンちゃん雲に乗る△

1948	昭 23	ビルマの竪琴△, 帰郷, 人間失格
1949	昭 24	足摺岬, 夕鶴
1950	昭 25	リツ子・その愛
1951	昭 26	母のない子と子のない母と△, 異邦人 *, 嘔吐 *
1952	昭 27	二十四の瞳△
1953	昭 28	星の王子様 *
1954	昭 29	夜明け朝あけ△
1955	昭 30	みじかい夜のお月さま△, 太陽の季節
1956	昭 31	セロ弾きのゴーシュ△, 夜と霧
1957	昭 32	コタンの口笛△, ゼロの焦点
1958	昭 33	人間の条件
1959	昭 34	だれも知らない小さな国△, にあんちゃん
1960	昭 35	龍の子太郎△, 私は赤ちゃん
1961	昭 36	ぬすまれた町△, 火宅の人
1962	昭 37	いやいやえん△, 徳川家康 1 ～ 18
1963	昭 38	三月ひなの月△, 竜馬が行く
1964	昭 39	ライ麦畑でつかまえて *, 楡家の人びと
1965	昭 40	氷点, 抱擁家族, 黒い雨, ソラリスの陽のもとに *
1966	昭 41	塩狩峠, 沈黙, 白い巨塔
1967	昭 42	天使で大地はいっぱいだ△, 火垂るの墓
1968	昭 43	あめのひのおるすばん△, 坂の上の雲
1969	昭 44	ほろびた国の旅△, 魔の山 *
1970	昭 45	グリックの冒険△, 青春の門, 花埋み
1971	昭 46	戦争を知らない子供たち
1972	昭 47	地べたっ子さま△, 恍惚の人, ブリキの太鼓 *
1973	昭 48	風と木の歌△, 人間の条件 *,
1974	昭 49	兎の眼△, カモメのジョナサン *
1975	昭 50	霧のむこうのふしぎな町△, 播磨灘物語
1976	昭 51	誰もしらない△, モモ *
1977	昭 52	指輪物語△*, 弟 *, 死の棘, 泥の河
1978	昭 53	それいけズッコケ三人組△, 不毛地帯
1979	昭 54	胡蝶の夢, 遠雷
1980	昭 55	ぼくらは海へ△, ノストラダムスの大予言
1981	昭 56	窓際のトットちゃん, 緑の家 *
1982	昭 57	悪魔の飽食, 天窓のあるガレージ
1983	昭 58	積み木くずし, おしん
1984	昭 59	天璋院篤姫, 白夜を旅する人々, 脱皮 *
1985	昭 60	愛人 *

△は児童文学、* は外国作品

1986	昭 61	シングル・セル
1987	昭 62	ノルウェイの森, キッチン
1988	昭 63	尋ね人の時間
1989	昭 64/平 1	孔子

4. 映画 [13]

　戦後は GHQ による検閲があり国家主義、仇討ち、暴力的な内容は禁じられ、公開禁止となった映画や内容が大幅改編となったものも多い。昭和 26 年に検閲が撤廃された。その後「日活」をはじめ大手映画会社や個人が映画製作を再開すると、国際映画祭 [14] で受賞するなどまたたくまに世界の映画大国となった。

　小中学校では講堂に白幕が張られて上映されることもあり、児童生徒のみならず家族や地域の人々が集まった。1950 ～ 60 年代には、各地に大小各種の映画館が点在していた。昭和 37 年には 13 億人強の観客がいたが、その後激減する [15]。テレビの普及が影響していると言われる。

　昭和 29 年頃から子どもむけラジオ劇でもあった「新諸国物語」「笛吹童子」、「紅孔雀」などが映画化され大ヒットした。円谷英二の特撮技術による「ゴジラ」、「ゴジラの逆襲」、「キングコング対ゴジラ」はマタンゴ、ラドン、モスラ、キングギドラなどの怪獣ブームを引き起こした。アメリカ映画がかなり多く公開されていた。ディズニー [16] の作品も戦後上映できるようになった。また西部劇、ターザンシリーズ、活劇物では「手錠のままの脱獄」、「怪傑ゾロ」、「スーパーマン」などが上映された。ヒッチコックの名作などでは「ダイヤル M を回せ」、「めまい」、「サイコ」など刺激ある作品が多い。子どもたちが好きな怪奇物では「怪人フランケンシュタイン」や「吸血鬼ドラキュラ」、SF では「禁断の惑星」がある。1950 年代後半

を象徴する青春映画として石原慎太郎の芥川賞受賞作を映画化した
作品「太陽の季節」は世間に衝撃を与えた。弟の石原裕次郎も出演し、
新しい若者像として「太陽族」という言葉ができた。小林旭の「渡
り鳥シリーズ」も人気だった。ジェームス・ディーンの「エデンの
東」、「理由なき反抗」なども若者の心を打った。

　「戦争もの」としては、「長崎の鐘」などが上映されている。この
頃には森繁久彌主演の「社長」シリーズに続き、植木等とクレージー・
キャッツの「無責任」シリーズが人気であった。加山雄三の「若大将」
シリーズも人気であった。三隅研次の「釈迦」や勝新太郎の「座頭市」
シリーズなども流行した。任侠映画も戦後しばらくすると上映され
るようになり、沢島忠の「人生劇場・飛車角」では鶴田浩二と高倉
健が共演し戦中・戦後のノスタルジアを描いた。吉永小百合は人気
であり、「キューポラのある街」「伊豆の踊子」「愛と死を見つめて」「愛
と死の記録」など多くの作品で主演をつとめた。主な国内映画作品
と外国映画作品 [17] を表 6-5-2 に示した。

表 6-5-2　主な上映作品（1932 ～ 1990 年）

西暦	邦暦	主な日本映画	主な外国映画
1932	昭 7	生まれてはみたけれど, 忠臣蔵	自由を我等に, 人生案内, 三文オペラ
1933	昭 8	出來ごころ, 瀧の白糸, 夜ごとの夢	制服の処女, 巴里祭, 犯罪都市
1934	昭 9	浮草物語, 隣の八重ちゃん	商船テナシチー, 会議は踊る, にんじん
1935	昭 10	妻よ薔薇のやうに, 街の入墨者	最後の億万長者, 外人部隊, ロスチャイルド
1936	昭 11	祇園の姉妹, 人生劇場　青春篇	ミモザ館, 幽霊西へ行く, オペラハット
1937	昭 12	限りなき前進, 蒼氓, 愛怨峡	女だけの都, 我等の仲間, どん底

1938	昭 13	五人の斥候兵, 路傍の石, 母と子	舞踏会の手帖, オーケストラの少女
1939	昭 14	土, 残菊物語, 土と兵隊, 兄とその妹	望郷, 格子なき牢獄, ブルグ劇場
1940	昭 15	小島の春, 西住戦車長伝, 風の又三郎	民族の祭典オリンピア第一部, 駅馬車
1941	昭 16	戸田家の兄妹, 馬, みかへりの塔	外国映画の上映中止のため選出が中止
1942	昭 17	ハワイ・マレー沖海戦, 父ありき	外国映画の上映中止のため選出が中止
1943	昭 18	無法松の一生 *, 姿三四郎 *	外国映画の上映中止のため選出が中止
1944	昭 19	戦時下のため休刊	外国映画の上映中止のため選出が中止
1945	昭 20	戦時下のため休刊	外国映画の上映中止のため選出が中止
1946	昭 21	大曾根家の朝, わが青春に悔なし	我が道を往く, 運命の饗宴, 疑惑の影
1947	昭 22	安城家の舞踏會, 戦争と平和	断崖, 荒野の決闘, 心の旅路, 町の人気者
1948	昭 23	酔いどれ天使, 手をつなぐ子等	ヘンリイ五世, 我等の生涯の最良の年
1949	昭 24	晩春, 青い山脈, 野良犬, 破れ太鼓	戦火のかなた, 大いなる幻影, ママの思い出
1950	昭 25	また逢う日まで, 帰郷, 暁の脱走	自転車泥棒, 情婦マノン, 三人の妻への手紙
1951	昭 26	麥秋, めし, 偽れる盛装	イヴの総て, サンセット大通り, わが谷は緑なりき
1952	昭 27	生きる, 稲妻, 本日休診	チャップリンの殺人狂時代, 第三の男
1953	昭 28	にごりえ, 東京物語, 雨月物語	禁じられた遊び, ライムライト, 探偵物語

1954	昭29	二十四の瞳,女の園,七人の侍	嘆きのテレーズ,恐怖の報酬,ロミオとジュリエット
1955	昭30	浮雲,夫婦善哉,野菊の如く君なりき	エデンの東,洪水の前,旅情,スタア誕生
1956	昭31	真昼の暗黒,夜の河,カラコルム	居酒屋,必死の逃亡者,ピクニック,リチャード三世
1957	昭32	米,純愛物語,喜びも悲しみも幾年月	道,宿命,翼よ!あれが巴里の灯だ,抵抗
1958	昭33	楢山節考,隠し砦の三悪人	大いなる西部,ぼくの伯父さん,老人と海
1959	昭34	キクとイサム,野火,にあんちゃん	十二人の怒れる男,灰とダイヤモンド,さすらい
1960	昭35	おとうと,黒い画集,笛吹川	チャップリンの独裁者,甘い生活,太陽がいっぱい
1961	昭36	不良少年,用心棒,永遠の人	処女の泉,ウエストサイド物語,草原の輝き
1962	昭37	私は二歳,キューポラのある街	野イチゴ,ニュールンベルグ裁判,怒りの葡萄
1963	昭38	にっぽん昆虫記,天国と地獄	アラビアのロレンス,奇跡の人,シベールの日曜日
1964	昭39	砂の女,怪談,香華,赤い殺意	突然炎のごとく,沈黙,かくも長き不在,沈黙
1965	昭40	赤ひげ,東京オリンピック	8 1/2,コレクター,明日に生きる,野望の系列
1966	昭41	白い巨塔,こころの山脈,紀ノ川	大地のうた,市民ケーン,マドモアゼル
1967	昭42	上意討ち,日本のいちばん長い日	アルジェの戦い,欲望,気狂いピエロ,戦争は終わった
1968	昭43	神々の深き欲望,黒部の太陽	俺たちに明日はない,ロミオとジュリエット
1969	昭44	心中天網島,私が棄てた女,少年	アポロンの地獄,真夜中のカーボーイ,ifもしも…

1970	昭 45	家族,戦争と人間,どですかでん	イージー・ライダー,サテリコン,ストライキ,Z
1971	昭 46	儀式,沈黙,婉という女,真剣勝負	ベニスに死す,ライアンの娘,小さな巨人
1972	昭 47	忍ぶ川,軍旗はためく下に	フェリーニのローマ,ラスト・ショー
1973	昭 48	津軽じょんがら節,仁義なき戦い	スケアクロウ,ジョニーは戦場へ行った
1974	昭 49	砂の器,華麗なる一族,望郷	フェリーニのアマルコルド,叫びとささやき
1975	昭 50	ある映画監督の生涯,祭りの準備	ハリーとトント,愛の嵐,アリスの恋
1976	昭 51	青春の殺人者,男はつらいよ	タクシードライバー,カッコーの巣の上で
1977	昭 52	幸せの黄色いハンカチ,竹山ひとり旅	ロッキー,ネットワーク,鬼火
1978	昭 53	サード,曾根崎心中,愛の亡霊	家族の肖像,ジュリア,グッバイガール
1979	昭 54	復讐するは我にあり,太陽を盗んだ男	旅芸人の記録,木靴の樹,ディア・ハンター
1980	昭 55	ツィゴイネルワイゼン,影武者	クレイマー・クレイマー,ルードウィヒ
1981	昭 56	泥の河,遠雷,陽炎座	ブリキの太鼓,秋のソナタ,普通の人々
1982	昭 57	蒲田行進曲,さらば愛しき大地	E.T.,1900 年,炎のランナー,黄昏
1983	昭 58	家族ゲーム,細雪,戦場のメリークリスマス	ソフィーの選択,ガープの世界,ガンジー
1984	昭 59	お葬式,Wの悲劇,瀬戸内少年野球団	ワンス・アポン・ア・タイム・イン・アメリカ
1985	昭 60	それから,乱,火まつり,台風クラブ	アマデウス,路,ファニーとアレクサンデル

1986	昭 61	海と毒薬，コミック雑誌なんかいらない！	ストレンジャー・ザン・パラダイス
1987	昭 62	マルサの女，ゆきてゆきて，神軍	グッドモーニング・バビロン！，プラトーン
1988	昭 63	となりのトトロ，TOMORROW/明日	ラストエンペラー，フルメタル・ジャケット
1989	昭 64/平 1	黒い雨，どついたるねん，千利休	ダイ・ハード，バベットの晩餐会，紅いコーリャン
1990	平 2	櫻の園，少年時代，死の棘	非情城市，フィールド・オブ・ドリームス

※キネマ旬報ベスト・テンより抜粋　＊は戦時のため休刊となり、「映画評論」による

5. 流行歌

　戦前の七・七禁令、戦後の蓄音機の焼失のなか、焼け跡で楽器を演奏した楽士が歌う青空楽団や「歌声喫茶」などから流行歌や歌手が息を吹き返してきた。「リンゴの唄」、「帰り船」である。その頃は、「ブギ」[18]の流行や「逆コース」と言われた時期があった。ジャズブームなども起こり、1952 年にはルイ・アームストロングが来日している。ジャズと和文化の融合としての流行歌である「テネシー・ワルツ」や「想い出のワルツ」がヒットした。ハワイアンやタンゴ、シャンソンも流行していた。シャンソン喫茶には「十字路」「銀巴里」などがあった。人々の歌に関する文化は多様化していた。

　戦後の悲しみに寄り添う歌「お富さん」、「岸壁の母」がヒットした。1950 年代後半は農村から都市に移動する人々に寄り添う望郷の唄、都会派を象徴するムード歌謡「有楽町で逢いましょう」、アメリカ文化の象徴でもあるエルビス・プレスリーやポール・アンカを代表とするロカビリーが流行し平尾昌晃らによるカヴァーも生まれた。また、青春歌謡「いつでも夢を」、ポップス、グループサウンズが

花開く。「歌声喫茶」も繁華街には広がっていた。

　時代をうつし出し慰める歌が 1950 〜 1960 年代は多い。サラリーマンの自嘲的な「スーダラ節」が流行した。「ああ上野駅」には集団就職の少年少女の心情が歌われた。「見上げてごらん夜の星を」は定時制高校に学ぶ若者をテーマにした歌である。安保闘争で疲れた学生の心を慰めた「アカシアの雨が止む時」などがある。1966年にはベンチャーズやビートルズが来日し日本のポップスに影響を与えた。「いざなぎ景気」の中、フォークブームが生じる。他方で日本のポップス [20] も安定した流行を保っていた。テレビが普及すると歌謡番組はアイドル全盛期の時代となり視覚的効果が歌手には求められるようになる。歌だけでなくルックスやアクション、ダンス、衣装、背景効果を包含したかたちに様変わりしていく。この時代に人々の共感を集めた昭和の歌の効果は高い。主な流行歌を表6-5-3 [21] に示した。

表6-5-3　主な流行歌（1930 〜 1989 年）

西暦	邦暦	流行歌
1930	昭 5	すみれの花咲く頃, 祇園小唄
1931	昭 6	丘を越えて, 酒は涙か溜息か
1932	昭 7	満州行進曲, 涙の渡り鳥
1933	昭 8	東京音頭, 十九の春, 島の娘
1934	昭 9	赤城の子守唄, 国境の町, 急げ幌馬車
1935	昭 10	二人は若い, 旅傘道中, 大江戸出世小唄
1936	昭 11	忘れちゃいやよ, 東京ラプソディ
1937	昭 12	人生の並木道, 別れのブルース, 青い背広で
1938	昭 13	愛国行進曲, 雨のブルース, 支那の夜
1939	昭 14	出兵兵士を送る歌、愛馬進軍歌
1940	昭 15	誰か故郷を思はざる, 暁に祈る, 湖畔の宿
1941	昭 16	出せ一億の底力, 元気で行かうよ

1942	昭 17	進め一億火の玉だ, 大東亜決戦の歌
1943	昭 18	少国民進軍歌, お使ひは自転車に乗って
1944	昭 19	同期の桜, ラバウル小唄, ラバウル海軍航空隊
1945	昭 20	りんごの歌
1946	昭 21	東京の花売り娘
1947	昭 22	炭坑節, 夜のプラットホーム, 東京ブギウギ
1948	昭 23	異国の丘, 湯の町エレジー, 憧れのハワイ航路流行
1949	昭 24	トンコ節, 銀座カンカン娘, 長崎の鐘, 青い山脈
1950	昭 25	水色のワルツ, イヨマンテの夜, 夜来香, ベサメ・ムーチョ
1951	昭 26	ぼくは特急の機関士で, 越後獅子の唄, 上海帰りのリル
1952	昭 27	ゲイシャ・ワルツ, リンゴ追分, 赤いランプの終列車
1953	昭 28	五木の子守唄, 街のサンドイッチマン, 君の名は
1954	昭 29	お富さん, オー・マイ・パパ, 岸壁の母
1955	昭 30	この世の花, 月がとっても青いから, 別れの一本杉
1956	昭 31	リンゴ村から, ケ・セラ・セラ, ここに幸あり
1957	昭 32	バナナ・ボート, 有楽町で会いましょう, 夜霧の第二国道
1958	昭 33	おーい中村君, 母さんの歌, チャンチキおけさ
1959	昭 34	南国土佐を後にして, 僕は泣いちっち, 黒い花びら
1960	昭 35	アカシアの雨がやむとき, 誰よりも君を愛す, 潮来笠
1961	昭 36	上をむいて歩こう, スーダラ節, 銀座の恋の物語, 君恋し
1962	昭 37	遠くへ行きたい, いつでも夢を, なみだ船, 下町の太陽
1963	昭 38	見上げてごらん夜の星を, 高校三年生, こんにちは赤ちゃん
1964	昭 39	アンコ椿は恋の花, お座敷小唄, 柔, 東京五輪音頭
1965	昭 40	知りたくないの, 愛して愛して愛しちゃったのよ
1966	昭 41	悲しい酒, 女のためいき, 星影のワルツ, バラが咲いた
1967	昭 42	真っ赤な太陽, 小指の思い出, 世界の国からこんにちは
1968	昭 43	花の飾り, ブルー・ライト・ヨコハマ, 三百六十五歩のマーチ
1969	昭 44	長崎は今日も雨だった, 夜明けのスキャット, 黒猫のタンゴ
1970	昭 45	知床旅情, 走れコウタロー, 圭子の夢は夜ひらく
1971	昭 46	よこはま・たそがれ, また逢う日まで, わたしの城下町

1972	昭 47	瀬戸の花嫁 , 喝采 , 結婚しようよ , 女のみち , 学生街の喫茶店
1973	昭 48	神田川 , 心の旅
1974	昭 49	昭和枯れすすき , 襟裳岬 , うそ
1975	昭 50	シクラメンのかほり
1976	昭 51	北の宿から , 横須賀ストーリー , およげたいやきくん
1977	昭 52	津軽海峡冬景色 , 北国の春 , 昔の名前で出ています
1978	昭 53	UFO, みずいろの雨 , いい日旅立ち , わかれうた
1979	昭 54	アメリカン・フィーリング , 魅せられて , 関白宣言
1980	昭 55	ハッとして！ Good, ダンシングオールナイト , 青い珊瑚礁
1981	昭 56	ルビーの指輪 , 恋人よ , 夏の扉 , 奥飛騨慕情
1982	昭 57	北酒場 , 聖母たちのララバイ , すみれ September Love
1983	昭 58	さざんかの宿 , 矢切の渡し , めだかの兄弟 , 悲しみが止まらない
1984	昭 59	十戒 , モニカ , 北ウィング , ワインレッドの心 , もしも明日が
1985	昭 60	ミ・アモーレ , 俺ら東京さ行くだ
1986	昭 61	仮面舞踏会 , 熱き心に
1987	昭 62	命くれない , 人生いろいろ , 愚か者
1988	昭 63	乾杯 , パラダイス銀河
1989	昭 64/ 平 1	川の流れのように , あした

6. 漫画

　戦前から街の文化として紙芝居があった。拍子木の音、紙芝居師の独特な言い回しとともに子どもたちが路地に集まってくる。「黄金バット」など数々の作品が子供たちを魅了していた。この作品は1960 年代後半にテレビ放送され、映画にもなった。少年・少女雑誌も多く出版されるようになった。コマワリがされている現在の漫画ではなく絵物語である。その内容は、空想科学小説（例「地球ＳＯＳ」）、ジャングル作品（例「ターザン」）、猛獣作品（昭和 30 年の「獣人ゴリオン」）、アメリカン・コミックス風作品（例「砂漠の

魔王」）や西部劇（例「荒野の決闘」）などである。赤本漫画の価格が上昇すると貸本屋[21]で借りる人が増えた。貸本屋専門の漫画誌もあり、絵物語と漫画を融合させた「劇画」という表現形態があった[22]。

　その後、少年少女雑誌に主にコマワリされた漫画が掲載され、漫画家の登竜門となっていた。手塚治虫はすでに昭和20年代から一目置かれ多くの作品を生み出していた。漫画雑誌（例「少年」、「漫画少年」、「少女」、「なかよし」）も多く出版されブームとなった。1960年代には「おてんば天使」、「鉄人28号」、「魔法使いサリー」が連載されていた。「月光仮面」はすでに民放のテレビで1958年に放映されていたが、同年漫画雑誌「少年クラブ」で連載が開始されている。「赤胴鈴之助」を描いた武内つなよしによる「少年ジェット」は「ぼくら」に1959年から連載された。同年に白土三平の「忍者武芸帳　影丸伝」が出版され、1961年には同じ著者による「サスケ」が「月刊少年」で連載された。1962年は赤塚不二夫の「おそ松君」が「少年サンデー」に連載された。1964年には藤子不二夫とスタジオ・ゼロによる「オバケのQ太郎」が「週刊少年サンデー」で連載され始めた。その後、多くの人気漫画がテレビアニメとなり放映されるようになった。主な漫画作品を表6-5-4に示した[23]。

表6-5-4　主な漫画作品（1930〜1990年）

西暦	邦暦	主な漫画作品
1930	昭5	長靴の三銃士
1931	昭6	漫画常設館
1932	昭7	のらくろ上等兵
1933	昭8	
1934	昭9	冒険ダン吉
1935	昭10	冒険ダン吉大遠征，タンクタロー
1936	昭11	コグマノコロスケ

1937	昭 12	日の丸旗之助
1938	昭 13	冒険ダン吉無敵軍
1939	昭 14	コグマノコロスケナカヨシ倶楽部
1940	昭 15	ネコ七先生, 火星探検
1941	昭 16	愉快な鉄工所, ヨクサン部隊
1942	昭 17	五少年漂流記, ハナ子さん
1943	昭 18	空の中隊, 絵物語・富士の山
1944	昭 19	
1945	昭 20	「漫画」復刊
1946	昭 21	サザエさん, ブロンディ
1947	昭 22	新宝島
1948	昭 23	冒険活動文庫, バット君
1949	昭 24	轟先生, デンスケ, あんみつ姫
1950	昭 25	プーサン、漫画のホームラン
1951	昭 26	痛快カウボーイ, アベコベ猛獣狩り
1952	昭 27	鉄腕アトム, 冒険ベンちゃん, 幌馬車
1953	昭 28	マント博士, 森の大王
1954	昭 29	おせんとコン平, そんごくう
1955	昭 30	黄金時代, 行ってしまった子
1956	昭 31	フクちゃん
1957	昭 32	山びこ少女, 幽霊タクシー
1958	昭 33	怪奇猫娘
1959	昭 34	忍者武芸帳, スポーツマン金太郎
1960	昭 35	ポンコツおやじ
1961	昭 36	少年エース
1962	昭 37	おそ松くん
1963	昭 38	8マン, 鉄人 28 号
1964	昭 39	オバケのQ太郎
1965	昭 40	墓場の鬼太郎, カムイ外伝
1966	昭 41	巨人の星, サイボーグ 009

1967	昭42	あしたのジョー, 天才バカボン
1968	昭43	アタック No.1, ハレンチ学園
1969	昭44	ドラえもん
1970	昭45	ド根性ガエル
1971	昭46	バビル2世
1972	昭47	ベルサイユのばら, デビルマン
1973	昭48	ブラックジャック, 釣りキチ三平
1974	昭49	どろろ, 三つ目がとおる, がきデカ
1975	昭50	まことちゃん, はいからさんが通る
1976	昭51	ガラスの仮面, 東大一直線
1977	昭52	銀河鉄道999
1978	昭53	パタリロ！, コブラ
1979	昭54	キン肉マン
1980	昭55	Dr. スランプ, 綿の国星
1981	昭56	タッチ, キャプテン翼
1982	昭57	風の谷のナウシカ
1983	昭58	美味しんぼ, 課長島耕作
1984	昭59	DRAGON BALL, AKIRA
1985	昭60	CITY HUNTER, 魁！！男塾
1986	昭61	ちびまる子ちゃん, 聖闘士星矢
1987	昭62	ジョジョの奇妙な冒険
1988	昭63	東京ラブストーリー
1989	昭64/平1	ベルセルク, 電影少女
1990	平2	SLAMDUNK, クレヨンしんちゃん

7. アニメ [24]

　1939年に映画法が公布され、戦時体制下となると国策に沿った映画製作や上映が前提となり娯楽映画やアメリカ映画は制限され

た。娯楽性のアニメーションは政岡憲三による「くもとちゅうりっ
ぷ」「すて猫のトラちゃん」「トラちゃんのカンカン虫」などである。
戦後は 1950 年頃から「白雪姫」などのディズニー長編映画が公開
されるようになった。CM 用アニメでは、服部時計店、サントリー
の「アンクルトリス」、ヤンマーディーゼルの「ヤン坊マー坊」な
どのキャラクターなどが 1950 年代には制作されていた。1956 年に
は日本初の大規模アニメスタジオである東映動画が発足し、「白蛇
伝」「少年猿飛佐助」「西遊記」などが制作された。1963 年に「鉄
腕アトム」が放送開始されると、手塚治虫は、虫プロダクションを
設立した。週 1 回 30 分の枠で連続放映する形式というのはこの頃
確立された。同じ年にはテレビ CM 用アニメ制作の TCJ による「仙
人部落」「鉄人 28 号」「8 マン」の放送を開始した。東映動画は、「狼
少年ケン」「太陽の王子ホルスの大冒険」「長靴をはいた猫」「どう
ぶつ宝島」「マジンガー Z」「キャンディ・キャンディ」などを制作
した。宮崎駿と高畑勲は東映動画の組合活動で 1968 年に出会う。
有名な多くの作品が生み出される。「巨人の星」「アタック No. 1」
「エースをねらえ」「あしたのジョー」などスポーツの分野でのスポ
コン（スポーツ根性）というジャンルができた。また、アニメとタ
イアップした商品も販売数を伸ばし、主題歌、お菓子の「おまけ」
として封入されているシールやおまけ、キャラクターが入った商品
もアニメの視聴率とともに人気となり一つの子どもの文化となって
いった。表 6-5-5 には主な作品 25) を掲載した。

表 6-5-5 主なアニメ作品（1930 ～ 1990 年）

西暦	邦暦	主なアニメ作品
1930	昭 5	難船ス物語，第壱篇猿ヶ嶋
1931	昭 6	黒ニャゴ
1932	昭 7	

1933	昭 8	力と女の世の中
1934	昭 9	のらくろ伍長
1935	昭 10	のらくろ一等兵
1936	昭 11	古寺のおばけ騒動
1937	昭 12	
1938	昭 13	のらくろ虎退治
1939	昭 14	
1940	昭 15	カチカチ山
1941	昭 16	ジャックと豆の木
1942	昭 17	金太郎
1943	昭 18	くもとちゅうりっぷ
1944	昭 19	
1945	昭 20	桃太郎海の神兵
1946	昭 21	桜（春の幻想）
1947	昭 22	すて猫トラちゃん
1948	昭 23	
1949	昭 24	
1950	昭 25	白雪姫，トラちゃんのカンカン虫
1951	昭 26	バンビ
1952	昭 27	ピノキオ
1953	昭 28	服部時計店（CM）
1954	昭 29	
1955	昭 30	やぶにらみの暴君、ファンタジア
1956	昭 31	わんわん物語
1957	昭 32	漫画ニュース、こねこのらくがき
1958	昭 33	白蛇伝
1959	昭 34	少年猿飛佐助
1960	昭 35	西遊記
1961	昭 36	安寿と厨子王丸
1962	昭 37	101 匹わんちゃん，ある街角の物語

1963	昭 38	鉄腕アトム, 狼少年ケン, 鉄人 28 号
1964	昭 39	ビッグ X
1965	昭 40	オバケのQ太郎, 宇宙エース
1966	昭 41	おそ松くん, 魔法使いサリー
1967	昭 42	リボンの騎士
1968	昭 43	巨人の星, サイボーグ 009
1969	昭 44	タイガーマスク, アタック No.1
1970	昭 45	あしたのジョー, 魔法のマコちゃん
1971	昭 46	天才バカボン, ルパン三世
1972	昭 47	デビルマン, マジンガー Z
1973	昭 48	ドラえもん, エースをねらえ！
1974	昭 49	宇宙戦艦ヤマト
1975	昭 50	タイムボカン, ガンバの冒険
1976	昭 51	キャンディキャンディ
1977	昭 52	ヤッターマン
1978	昭 53	未来少年コナン, 宝島
1979	昭 54	ベルサイユのばら
1980	昭 55	おじゃまんが山田くん
1981	昭 56	機動戦士ガンダム
1982	昭 57	あさりちゃん, 太陽の子エステバン
1983	昭 58	幻魔大戦, スプーンおばさん
1984	昭 59	北斗の拳
1985	昭 60	プロゴルファー猿
1986	昭 61	めぞん一刻
1987	昭 62	キテレツ大百科, アニメ三銃士
1988	昭 63	美味しんぼ
1989	昭 64/平 1	笑ゥせぇるすまん, 青いブリンク
1990	平 2	ちびまる子ちゃん, ふしぎの海のナディア

注

1-1

1) American Psychological Association (2014).Guideline for Psychological Practice with older adults. *American Psychologist*, 69(1), 34-65.

2) 表 1-1-1 は、American Psychological Association, *op cit*. (2014) を参考に作成した。

3) Scogin, F., Welsh, D., Hanson, A., Stump, J., & Coates, A. (2005). Evidence-based psychotherapies for depression in older adults. *Clinical Psychology: Science and Practice, 12(3)*, 222-237.

4) 他の世代に行われてきた介入を高齢者に合わせて行うことに関する示唆については以下の文献がある。Anderson,M.L., Goodman,J. & Schlossberg, N.K.(2012). *Counseling adults in transition: Linking Scholossberg's theory with practice in a adverse world*. New York: Springer., Knight, B.G.(2004). *Psychotherapy with older adults* (3rd ed.). Thousand Oaks, CA:Sage.

5) 高齢世代の特定の問題に対する心理療法に関する資料には以下の文献がある。Floyd, M., Scogin, F., McKendree-Smith, N.L., Floyd, D.L.,& Rokke,P. D.(2004). Cognitive therapy for depression: A comparison of individual psychotherapy and bibliotherapy for depressed older adults. *Behavior Modification, 28(2)*, 297-318., Gatz, M.(1998). Towards a developmentally-informed theory of mental disorder in older adults. In J.Lomranz (Eds.). *Handbook of aging and mental health* (pp.101-120). New York: Plenum Press., Scogin, F. & Shah, A. (2012). *Making evidence-based psychological treatment work with older adults*. Wasington, DC: American Psychological Association., Teri, L. & McCurry, S. M.(1994). Psychosocial therapies with older adults. In C.E. Coffey & J. L. Cummings(Eds.) *Textbook of geriatric neuropsychiatry* (pp.662-682). Washington. DC: American Psychiatric Press.

6) 行動療法、問題解決療法、社会環境修正に関する介入には以下の文献がある。Arean,P., Hegel.M., Vannoy,S., Fan.M.Y.,& Unutzer,J.(2008). Effectiveness of problem-solving therapy for older primary care patients with depression: Results from the IMPACT project. *The Gerontologist, 48(3)*, 311-323., Curyto, K. J.,Trevino, K.M., Ogland-Hand, S.& Lichtenberg, P.(2012). Evidence-based

treatments for behavioral disturbances in long-term care. In F. Scogin & A. Shah (Eds.) *Making evidence-based psychological treatments work with older adults* (pp. 167-223). Washington,DC: American Psychological Association., Logsdon, R. G., McCurry, S.M., & Teri, L.(2007). Evidence-based psychological treatments for disruptive behaviors in individuals with dementia. *Psychology and Aging, 22(1)*, 28-36.

7) 家族介護者のための介入には以下の文献がある。American Psychological Association,Presidential Task Force on Caregivers(2011). *APA Family Caregiver Briefcase*. Retrieved from：http://www.apa.org/pi/about/publications/caregivers/caregivers/index.aspx, Gallagher-Thompson, D. & Coon, D. W. (2007). Evidence-based psychological treatments for distress in family caregivers of older adults. *Psychologicay and Aging, 22*, 37-51., Qualls,S.H.(2008). Caregiver family therapy. In B. Knight & K. Laidlaw (Eds.), *Handbook of emotional disorders in older adults* (pp.183-209). Oxford: Oxford University Press.

8) 心理学的支援の選択について示された文献には以下のものがある。Gum, A. M., Arean, P. A., Hunkeler, E. ,Tang, L.,Kanton, W., Hichcock, P., Unutzer, J. (2006). Depression treatment preferences in older primary care patients. *The Gerontologist, 46(1)*, 14-22., Landreville, P., Landry, J., Baillargeon, L., Guerette, A., & Matteau, E. (2001). Older adults' acceptance of psychological and pharmacological treatments for depression. *Journals of Gerontology, Series B: Psychological Sciences and Social Sciences, 56(5)*, 285-291.

9) 心理学的支援の選択と継続の観点については以下の文献がある。Karel, M. J., Ogland-Hand, S., & Gatz, M. (2002). *Assessing and treating late-life depression: A casebook and resource guide*, New York: Basic Books., Mackenzie, C.S., Gekoski, W.L. & Knox, V.J. (2006). Age, gender, and the underutilization of mental health services: The influence of help seeking attitudes. *Aging & Mental Health, 10(6)*, 574-582., Knight, B.G., *op.cit.* (2004)., Pachana, N.A., Laidlaw, K., & Knight, B.G. (2010). *Casebook of clinical geropsychology: International perspectives on practice.* Oxford: Oxford University Press.

10) Knight, B. G. & Satre, D. D. (1999). Cognitive behavioral psychotherapy with older adults. *Clinical Psychology: Science and Practice, 6(2)*, 188-203.

11) American Psychological Association (2009). Psychotherapy and older adults:resource guide: http://www.apa.org./pi/aging/resorces/guides/psychotherapy/

(2022.10.23)

12) Pinquart, M. & Sorensen, S.(2001). How effective are psychotherapeutic and other psychosocial interventions with older adults? A meta-analysis. *Journal of Mental Health and Aging, 7,* 207-243.

13) レミニッセンス・セラピーが人生の体験を統合するための支持的な支援であると示したものに以下の文献がある。Scogin, F., Welsh, D., Hanson, A., Stump, J., & Coates, A. (2005).*op.cit.,* Shah, A., Scogin, F. & Floyd, M. (2012). Evidence-based psychological treatments for geriatric depression. In F. Scogin & A. ,Shah (Eds.). M*aking evidence-based psychological treatment work with older adults* (pp.87-130). Wasington, DC: American Psychological Association.

14) Hadjistavropoulos, T. & Fine, P. G. (2007). Chronic pain in older persons: Prevalence, assessment, and management. *Reviews in Clinical Geropsychogy, 16(3),* 231-241.

15) 終末期の課題への対応を示したものに以下の文献がある。Breitbart,W. & Applebaum, A.(2011). Meaning-centered group psychotherapy. In M.Watson & D.W. Kissane (Eds.). *Handbook of psychotherapy in cancer care* (pp.137-148). New York: Wiley., Haley, W.E., Larson, D.G., Kasl-Godley, J., Neimeyer, R.A. & Kwilosz, D.M.(2003). Roles for psychologists in end-of-life care: Emerging models of practice. Professional Psychology: Research and Practice, 34, 626-633., Qualls, S.H. & Kasl-Godley. J. (2010). *End-of-life issues, grief, and bereavement: What clinicians need to know.* Hoboken: Wiley.

16) Knight, B.G., Karel, M.J., Hinrichsen, G.A. Qualls, S.H. & Duffy, M.(2009). Pikes Peak Model for Training in Professional Geropsychology. *American Psychologist, 64,* 205-214.

17) CoPGTP(2013).Pikes Peak Geropsychology Knowledge and Skill Assessment Tool. version 1.4. : https://copgtp.org/ (2022.10.23).

18) コンピテンシーのレベルはそれぞれ次のような内容になっている。 N = Novice: 初心者：入門者レベルのスキルを有している。：集中的なスーパービジョンが必要、I = Intermediate: 中級者：いく分かの経験がある。：継続的なスーパービジョンが必要、A = Advanced: 上級者：しっかりとした経験があり、典型的な事例をうまく扱うことができる。：複雑な状況においてはスーパービジョンが必要である、P = Proficient: 熟練者：独立した仕事ができ、能力の限界もわきまえている。必要な時にスーパー

ビジョンやコンサルテーションを求めることができる、E ＝ Expert: 専門家：他者をコンサルタントする資源として役立つ。専門家として認められている。

19) 表 1-1-2 は CoPGTP, *op.cit.* (2013) を参考に作成した。この内容について老年臨床心理学会第 4 回大会で報告した。志村ゆず（2021）．老年臨床心理学の実践者のためのコンピテンシーモデルのための文献研究　日本老年臨床心理学会第 4 回大会抄録集 ,24.

20) 表 1-1-3 は CoPGTP, *op.cit.* (2013) を参考に作成した。

1-2

1) Jung, C.G.(1948). *Uber die Psychologie des Unbewussten* (C.G. ユング　高橋義孝訳（1986）．無意識の心理　人文書院）

2) Erikson, E.H.(1963). *Childhood and Society 2nd ed.* New York:W.W.Norton（仁科弥生訳（1977）幼児期と社会 I　みすず書房）

3) Erikson, E.H. & Erikson, J.M.(1997). *The Life Cycle Completed: A Review expanded ed.* New York: W.W. Norton（E.H. エリクソン・J.M. エリクソン　村瀬孝雄・近藤邦夫訳（2001）．ライフサイクル、その完結（増補版）みすず書房）

4) Erikson, E.H. & Erikson, J.M. *op.cit.*(1997).

5) 山中康裕 (1998). 老いの魂学　ちくま学芸文庫 , pp.128-129

6) 伊藤光晴・河合隼雄・副田義也・鶴見俊輔・日野原重明編 (1987). 老いの発見 4　老いを生きる場　岩波書店.

7) 河合隼雄 (1987). 老夫婦の世界　伊藤光晴・河合隼雄・副田義也・鶴見俊輔・日野原重明編　老いの発見 4　老いを生きる場　岩波書店.

8) 中井久夫 (1987). 世に棲む老い人　伊藤光晴・河合隼雄・副田義也・鶴見俊輔・日野原重明編　老いの発見 4　老いを生きる場　岩波書店.

9) この病院では、映画「痴呆性老人の介護」（岩波書店）（羽田澄子監督）が撮影され、昭和 57 年度芸術選奨文部大臣賞を受賞している。

10) 室伏君士 (1985). 痴呆老人の理解とケア　金剛出版 . pp.43-56

11) 野村豊子 (1995). 回想法とライフレヴュー　中央法規出版.

12) 黒川由紀子 (2005). 回想法―高齢者の心理療法　誠信書房.

13) 黒川由紀子 (2008). 認知症と回想法　金剛出版 . pp.57-65

1–3

1) Palmore, E. B. (1990). *AGEISM:Negative and Positive*. New York:Springer Publishing Co.（アードマン・B. パルモア　奥山正司・秋葉總・片多順・松村直道訳［1995］エイジズム　法政大学出版）

2) Butler, R. (1969). Ageism:Another form of bigotry, *The Gerontologist*, *9*, 243.

3) Kite, M. E. & Wagner, L. S. (2002). Attitude toward older adults. In T.D. Nelson(Eds.) *Ageism: Stereotyping and prejudice against older persons* (pp.129-161). Cambridge,MA:MIT Press.

4) 唐沢かおり (2018).　高齢者　北村英哉・唐沢譲（編）偏見や差別はなぜ起こる？　心理メカニズムの解明と現象の分析　ちとせプレス.

5) Tajfel, H. (1981). *Human groups and social categories: Studies in social psychology*. Cambridge: Cambridge University Press.

6) 古谷野亘・児玉好信・安藤孝敏・浅川達人（1997）.　中高年の老人イメージ SD 法による測定.　老年社会科学, *18(2)*, 147-152.

7) 堀薫夫(1996).「エイジングへの意識」の世代間比較　老年社会科学, *17(2)*, 138-147.

8) Martens, A. ,Greenberg, J. , Schimel, J.& Landau, M.J. (2004). Ageism and death: Effect of mortality salience and similarity to elders on distancing from and derogation of elderly people. *Personality and Social Psychology Bulletin*, *30*, 1524-1536.

9) 病気回避メカニズムによる偏見は、以下の論文を参考にした。石井国雄・田戸岡好香（2015）.　感染症脅威が日本における高齢者偏見に及ぼす影響の検討　心理学研究, *86*, 240-248, Duncan, L.A. & Schaller, M.(2009). Prejudicial attitude toward older adults may be exaggerated when people feel vulnerable to infectious disease: Evidence and implications. *Analyses of Social Issues and Public Policy*, *9*, 97-115.

10) Levy, B. R. (2003). Mind matters: Cognitive and physical effects of aging self-stereotypes. *Journal of Gerontology, Series B: Psychological Sciences and Social Sciences*, *58*, 203-211.

11) 南雲直二（2002）. 社会受容－障害受容の本質　荘道社.

12) 原田 謙（2021）エイジズム研究の展開とこれから　コロナ禍を超えて　老年社会科学, *43(3)*, 287-297.

13) Cary L.A., Chasteen AL. & Remedios J. (2017). The ambivalent agism scale:De-

veloping and validating a scale to measure benevolent and hostile ageism. *The Gerontologist*, *57(2)*, 27-36.

14) Levy, B. R. (2009). Stereotype Embodiment: A Psychosocial Approach to Aging. *Current Directions in Psychological Science*, *18(6)*, 332-336.

15) Levy, *opt.cit.*(2003).

16) Levy, B. R., Zonderman,A.,Slade,M.D.&Ferruci,L.(2009). Negative age stereotypes help earlier in life predict cardiovascular events in later life. *Psychological Science, 20,* 296-298.

17) Levy, *op.cit.* (2009).

18) Nelson, T. D. (2005). Ageism: Prejudice against our feared future self. *Journal of Social Issues*, *61(2)*, 207-221.

19) Nelson, T.D. (2011). Ageism: The strange case of prejudice against the older you. In R.L.Wiener & S.L.Willborn(Eds.) *Disability and aging discrimination:Perspective in law and psychology* (pp.37-47). New York : Springer.

1-4

1) 成田善弘 (1999). 共感と解釈―患者と治療者の共通体験の探索　成田善弘・氏原寛編　共感と解釈―続・臨床の現場から―　人文書院 .

2) APA(2014). Guideline for Psychological Practice with older adults. *American Psychologist*, *69(1)*,34-65.

3) 一般財団法人厚生労働統計協会 (2021). 国民の福祉と介護の動向・厚生の指標　増刊・第 68 巻第 10 号　通巻第 1067 号 , p.175.

4) 一般財団法人厚生労働統計協会 , 前掲書（2021）, p.175.

5) 調査に関しては、内閣府 (2021). 高齢者白書（令和 3 年版）日経印刷株式会社 図 1-1-8 (p.9) を参考にした。対象者は全国の 55 歳以上の男女。

6) 一般財団法人厚生労働統計協会 , 前掲書 (2021), p.175.

7) 以下の文献より図 1-2-2-11 を引用した。「必要になった場合の介護を依頼したい人」内閣府 , 前掲書（2021）

8) 以下の文献より図 1-2-2-13 を引用した。「要介護者等からみた主な介護者の続柄」内閣府 , 前掲書（2021）

9) もろさわようこ (2021). 新編　おんなの戦後史　筑摩書房

10) 西尾ゆう子 (2018). 老年期女性の心的世界　「枯れない心」に寄り添う　誠信書房

11) 氏原寛・山中康裕 (1994). 老年期のこころ　ミネルヴァ書房

12) Vacha-Haase, T., Wester, S. R., & Christianson, H. (2010). *Psychotherapy with older men.* New York:Routledge.

13) Mackenzie,C.S.,Gekoski,W.L.,&Knox,V.J.(2006).Age,gender,and the underutilization of mental health services:The influence of helpseeking attitude. *Aging & Mental Health, 10(6)*, 574-582.

14) Pepin, R., Segal, D.L. & Coolidge, F.L. (2009). Intrinsic and extrinstic barriers to mental health care among community-dwelling younger and older adult. *Aging & Mental Health, 13(5)*, 769-777.

15) Whitbourne, S.K. & Bookwala, J. (2015). Gender and aging : perspectives from clinical geropsychology. In Lichtenberg, P.A. & Mast, T. (Editors-in-Chief) *APA Handbook of Clinical Geropsychology:Vol.1.History and Status of the Field and Perspectives on aging.* Washington, D.C.: American Psychological Association (pp. 443-455)

16) Whitbourne, S. K. & Bookwala, J.,*op.cit.* (2015).

17) 女性と男性の自伝的記憶の差異については、以下の文献がある。Grysman, A. & Hudson, J. (2013). Gender differences in autobiographical memory:-Developmental and methodological considerations. *Developmental Review, 33,* 239-272., Abele, A.E. & Wojciszke, B.(2014).　Communal and agentic content in social cognition:A dual perspective model. *Advances in Experimental Social Psychology, 50*, 195-255.,　Karlsson, K.P., Sikstrom, S., Jonsson, F.U., Senden, M.G. & Willander, J. (2019). Gender differences in autobiographical memory: females latently express communality more than do males. *Journal of Cognitive Psychology, 31(7)*, 651-664.,　Dela Mata, M.L., Santamaria, A., Trigo, E.M., Cubero, M., Arias-Sanchez, *et al*. (2019). The relationship between sociocultural factors and autobiographical memories from childhood:The role of formal shooling. *Memory, 27(1)*, 103-114.

18) 女性は男性よりも情動を伴った記憶が多く表出されると示す文献には以下のものがある。Grysman, A., Merrill, N. & Fivush, R.(2017). Emotion,-gender,and gender typical identity in autobiographical memory. *Memory, 25(3)*, 289-297., Cross, S.E. & Madson, L.(1997). Models of the Self:Self-Construals and Gender. *Psychological Bulletin, 122*, 5-37.,　Dabis, P.J. (1999). Gender differences in autobiographical memory for childhood emotional experiences.

Journal of Personality and Social Psychology, 76, 498-510., Fujita, F., Diener, E. & Sadvik, E. (1991). Gender differences in negative affect and well-being: The case for emotional intensity. *Journal of Personality and Social Psychology, 61*, 427-434., Wang, O.(2013). Gender and emotion in every event memory, *Memory, 21(4)*, 503-511.

19）西尾 , 前掲書（2018）

20）Erikson, E.H. & Erikson, J.M. *op.cit.*(1997)

21）Erikson, E.H. & Erikson, J.M. *op.cit.*(1997)

22）西尾 , 前掲書（2018）

1-5

1）この節は、2021 年 3 月に開催された日本教育社会学会プロジェクト研究「高齢社会と社会教育」第 7 回研究会で与えられたテーマ「2025 年問題」で団塊世代を対象にした回想法とはどのようなものかという問を堀薫夫先生から与えられた。ここから着想を得て書き起こした内容である。

2）Shaie, K.W. & Baltes, P.B.(1975). On sequential strategies in developmental research: Description or explanation? *Human Development, 18*, 384-390.

3）子安増生（2008）コーホート　中島義明・安藤清志・子安増生・坂野雄二・繁桝算男・立花政夫・箱田裕司　心理学辞典　有斐閣　p.277.

1-6

1）日本学生支援機構 (2015). 教職員のための障害学生修学支援ガイド（平成 26 年度改訂版）独立行政法人日本学生支援機構学生生活部障害学生支援課

2）厚生労働省　老人保健福祉局 (2006). 老発第 0403003 号「痴呆性老人の生活自立度判定基準の活用についての一部改正について」

3）小薗真知子（監修）荒木謙太郎（著）(2021). 言語障害スクリーニングテスト（STAD）インテルナ出版.

4）森田秋子（2016）日常生活から高次機能障害を理解する認知行動アセスメント　三輪書店.

5）Raven, J.C., Court, J.H. & Raven, J. (1976). *Manual for the Raven's Coloured Progressive Matrices*. NCS Pearson,Inc., U.S.A.（杉下守弘・山崎久美子 (1993). 日本版レーヴン色彩マトリックス検査手引. 日本文化科学社.）

6）加藤伸司・下垣光・小野寺敦志・植田宏樹・老川賢三・池田一彦・小坂敦二・今井幸充・長谷川和夫（1991）．改訂版長谷川式簡易知能評価スケール（HDS-R）の作成．老年精神医学雑誌, *2*, 1339-1347.

7）杉下守弘（2012）．精神状態短時間検査 日本語版 MMSE-J 使用者の手引．日本文化科学社．

8）以下の文献を参照した。佐藤泰正（1988）．視覚障害心理学　学芸図書

9）新井千賀子（2014）．高齢者の視覚障害への対応　日本老年医学会雑誌, *51*, 336-341., 全国盲老人福祉施設連絡協議会編集委員（1994）．視覚障害老人を援助する人々のためのガイドブック　全国盲老人福祉施設連絡協議会．

10）視覚障害のある人のための配慮については以下の文献を参考にした。全国盲老人福祉施設連絡協議会編集委員（1994）．視覚障害老人を援助する人々のためのガイドブック　全国盲老人福祉施設協議会．

11）佐藤新治（2008）．聴覚障害児・者の理解と心理的援助　佐藤新治・田中新正・古賀精治編　障害児・障害者心理学特論　放送大学教育振興会

12）一般財団法人厚生労働統計協会, 前掲書（2021）

13）以下の文献を参照した。文部科学省（2020）．聴覚障害教育の手引き　言語に関する指導の充実を目指して, 竹田一則編著（2018）．よくわかる！大学における障害学生支援　こんなときどうする？　ジアース教育新社

14）村瀬嘉代子・河﨑佳子（2008）．聴覚障害者の心理臨床②　日本評論社

15）鄭仁豪（2017）．第3章　聴覚障害の心理とその支援　太田信夫監修　柿澤敏文編　シリーズ心理学と仕事　障害者心理学　北大路書房

16）藤原加奈江（2021）．失語症　大森孝一・永井知代子・深浦順一・渡邉修編　言語聴覚士テキスト第3版　医歯薬出版株式会社

17）種村純他（2011）．高次機能障害全国実態調査報告　失語症研究, *31(1)*, 19-31.

18）藤原, 前掲書（2021）.

19）同前

20）今村陽子（2000）.臨床高次機能評価マニュアル 2000　改訂第2版. 新興医学出版社.

21）小薗（監修）荒木（著）, 前掲書（2021）

22）吉野真理子（2009）．失語症のある人の生活参加を支援するアプローチ　コミュニケーション障害学, *26(1)*, 27-31.

23) 日本学生支援機構，前掲書（2015）

24) この内容は以下の資料を参考にしながら作成した。東京都福祉保健局障害者施策推進部計画課 (2014). 心のバリアフリーつながるやさしさハートシティ東京　障害を知る：https://www.fukushihoken.metro.tokyo.lg.jp/tokyoheart/shougai/（2022.10.23）

1-7

1 ）氏原寛・成田善弘 (2020). 新版　転移 / 逆転移　p.237.

2 ）成田善弘 (2020).　氏原寛・成田善弘編　新版　転移／逆 転移―臨床の現場から―　人文書院

3 ）松木邦裕（2020）．すべてが転移／逆転移……ではないとしても　氏原寛・成田善弘編　新版　転移／逆 転移―臨床の現場から―　人文書院 p.76.

4 ）李敏子（2020）．転移／逆転移の取り扱い方―人は何によって癒されるのか？　氏原寛・成田善弘編　新版　転移／逆転移―臨床の現場から―人文書院　p.106.

5 ）Joinson, C. (1992). Coping with compassion fatigue. *Nursing*, *22*, 116-122.

6 ）Solomon, Z. (1988). The effect of combat-related posttraumatic stress disorder on the family, *Psychiatry*, *51*, 323-329.

7 ）Figley, C.R. (1983). Catastrophes: An overview of family reactions. In C.R. Figley and H.I.McCubbin(Eds.), *Stress and the family:Vol.2. Coping with catastrophe(pp.3-20)*. New York: Brunner/Mazel.

8 ）Figley, C.R.(Ed.)(1995). *Compassion Fatigue: Coping with secondary traumatic stress disorder in those who treat the traumatized*. New York: Brunner/Mazel.

9 ）*ibid.*

10）Figley, C.R. & Ludick, M.(2017). Secondary Traumatization and Compassion Fatigue. In Gold,S.N. (ed.) *APA Handbook of Trauma Psychology: Foundations in Knowledge.*(pp.573-593), Wasington, D.C.: American Psychological Association.

11）Stamm, B.H.(2005) *Secondary Traumatic Stress:Self Care Issues for clinicians, researchers and educators*. Lutherville, MD: Sidran Press.（B.H. スタム 編 [2003]．二次的外傷性ストレス，誠信書房）．

12）Burnett, H.J. & Wahl, K.(2015). The compassion fatigue and resilience connection: A survey of resilience, compassion fatigue, burnout, and compassion satisfaction among trauma responders. *International Journal of Emergency Mental Health and Human Resilience, 17*, 318-326.

13) Figley, C.R. & Ludick, M. *op.cit.* (2017).

14) Neff, K. (2011). *Self-Compassion: The proven power of being kind to yourself* c/o Peters, Fraser & Dunlop Group Ltd.（クリスティン・ネフ著 [2021]. 新訳版　セルフ・コンパッション ［石村郁夫・樫村正美・岸本早苗監訳　浅田仁子訳］金剛出版）.

15) Shapiro, S.L., Astin, J.A., Bishop, S.R. & Cordova, M. (2005). Mindfulness-based stress reduction for health care professionals:Results from a randomized trial. *International Journal of Stress Management* 12, 164-176.

16) Ringenbach, R.(2009). A comparison between counselors who practice meditation and those who do not on compassion fatigue, compassion satisfaction, burnout and self compassion. *Dissertation Abstracts International, AAT3361571.*

2-1

1）Jeste, D.V., Blazer, D.G. and First, M. (2005). Aging-Related Diagnostic Variations: Need for Diagnostic Criteria Appropriate for Elderly Psychiatric Patients. *Biological Psychiatry, 58,* 265-271.

2）American Psychiatric Association (2013). *Desk reference to the diagnostic criteria from DSM-5,* Arlington, VA: *American Psychiatric* Publishing.（高橋三郎・大野裕監訳 ［2014］. DSM-5　精神疾患の分類と診断の手引き　医学書院）.

2-2

1 ）Zanetti, O., Geroldi, C., Frisoni, G.B., Bianchetti, A. & Trabucchi, M.(1999). Contrasting results between caregiver's report and diret assessment of activities of daily living in patients affected by mild and very mild dementia: The contribution of the caregiver's personal characteristics. *Journal of the American Geriatrics Society, 47,* 196-202.

2-3

1 ）Rist, P. M., Capistrant, B.D., Wu, Q., Marden, J.R. & Glymour, M.M. (2014).

Dementia and dependence: Do modifiable risk factors delay disability? *Neurology*, *82(17)*, 1543-1550.

2) Lenze, E.J., Schultz, R.., Martire, L.M., Zdaniuk, B., Glass, T., Kop, W.J., Jackson, S.A. & Reynolds, C.F. (2005). The course of fuctional decline in older people with persistently elevated depressive symptoms: Longitudinal findings from the Cardiovascular Health Study. *Journal of the American Geriatrics Society*, *53(4)*, 569-575.

3) ADL、IADL 低下によって抑うつが生じる可能性について指摘した文献がある。竹田徳則・近藤克則・吉井清子他（2005）．居宅高齢者の趣味生きがい—作業療法士による介護予防への手がかりとして—．総合リハビリテーション , *33(5)*, 469-476. ，杉浦正士・早川富博（2015）．高齢者の日常生活状況に関与する各種要因の解析　第Ⅰ報　—老研式活動能力指標およびうつ傾向評価に関与する因子の抽出—　日本農村医学会誌 , *64(2)*, 114-124.

4) Boström, Contradsson, Rosendahl, Nordström, Gustafson,& Littbrand (2014). Functional capacity and dependency in transfer and dressing are associated with depressive symptoms in older people. *Clinical Interventions in Aging*, *9,* 249-256. や Mlnac, M.E. & Feng, M.C. (2016). Assessment of Activities of Pily Living, Self Care and Independence. *Archives of Clinical Neuropsychology*, *31*, 506-516.

5) Lin, I.F. & Wu, H.S.(2011). Dose informal care attenuate the cycle of ADL/IADL disability and depressive symptoms in late life? *The Journals of Gerontology Series B: Psychological Sciences and Social Sciences*, *66(5)*, 585-594.

6) Mahoney, F.J. and Barhel, W.D. (1965). Functional Evaluation: The Barthel Index. *Maryland State Medical Journal, 14,* 61-65., 出村慎一・佐藤進（2004）．日常生活動作（ADL）を用いた高齢者の機能評価．体育学研究 , *49*, 519-533.

7) 永井将太・園田茂（2013）．Functional Independence Measure(FIM)：機能的自立度評価法．内山靖・小林武・潮見太蔵（2003）．臨床評価指標入門　適用と解釈のポイント．協同医書出版社.

8) 古谷野亘・柴田博・芳賀博・須山靖男（1987）．地域老人における活動能力の測定—老研式活動能力指標の開発—．日本公衆衛生雑誌 , *34*, 109-114.

9) 日本老年医学会 HP　高齢者診療におけるお役立ちツール 高齢者の機能

評価 DAC-8 の質問票　https://jpn-geriat-soc.or.jp/tool/index.html（2020.6.30）

10）Lawton, M. P. and Brody, E. M. (1969). Assessment of older people, self-maintaining and instrumental activities of daily living. *The gerontologist*, *9,* 179-186.

2-4

1）藤澤大介（2006）．高齢者のうつ病と関連する身体・精神疾患　大野裕編　高齢者のうつ病　金子書房.

2）尾鷲登志美（2009）．うつ病と甲状腺　三村將・仲秋秀太郎・古茶大樹　老年期うつ病ハンドブック　診断と治療社 ., p.28.

3）身体疾患によって生じるうつ症状については、以下の文献がある。尾鷲登志美, 前掲書（2009）, 中川威（2019）．高齢期における抑うつ症状の変化と身体的健康との関連—2つの縦断研究の統一的分析—．老年社会科学, *40(4),* 351-362.

4）更年期とうつ症状の関連については、高橋彩子・岡島由佳・飛田真砂美・高山悠子・平田亮人・谷将之・岩波明（2017）．特集　女性医学：最近のトピックス　更年期障害と更年期に好発する精神疾患　昭和学士会雑誌, *77(4),* 379-384. , 竹中加奈枝・酒井ひろ子（2021）．更年期女性のヘルスリテラシー、健康の社会的決定要因と更年期症状、生活習慣病、抑うつとの関連．日本衛生学雑誌, *76,* 1-10.

5）小野陽子・竹内武昭・対馬ルリ子・中村祐三・端詰勝敬（2021）．更年期障害の重症化に関係する要因について—身体感覚の増幅に着目して—女性心身医学, *25(3),* 175-182.

6）Baldwin, R.C.(2014). *Depression in Later life second Edition*, Oxford: Oxford University Press.

7）厚生労働省（2018）．高齢者の医薬品適正使用の指針 https://www.mhlw.go.jp/content/11121000/kourei-tekisei_web.pdf（2022 年 7 月 13 日閲覧）

8）Baldwin, R.C. *op.cit*. (2014).

9）American Psychiatric Association, *op.cit*.(2013).

10）舘野　歩(2020)．特集：老年期と心身医学　老年期のうつ病・抑うつ状態.心身医学, *60(4),* 304-309.

11）American Psychiatric Association ,*op.cit*. (2013).

2-5

1) American Psychiatric Association (2013). Desk reference to the diagnostic criteria from DSM-5, Arlington: American Psychiatric Publishing. （高橋三郎・大野裕監訳［2014］．DSM-5　精神疾患の分類と診断の手引き　医学書院）.

2) American Psychiatric Association ,*op.cit.* (2013).

3) 仮性認知症については、以下の文献を参照した。高橋祥友 (1998)．老年期うつ病　日本評論社., 宗未来 (2006)．高齢者のうつと認知症　脳血管障害との鑑別．大野裕編　高齢者のうつ病　金子書房. p.66.

4) 高齢者のうつ病の特徴は以下の文献を参照した。池田学(2009)．認知症．高次脳機能研究, *29(2),* 222-228., 武田雅俊 (2010)．高齢者のうつ病　日本老年医学会雑誌, *47,* 399-402., 舘野 歩 前掲書 (2020).

5) Butters, M.A., Becker, J.T., Nebes, R.D. , Zmuda, M.D. , Mulsant, B.H., Pollock, B.G. *et al.* (2000). Changes in cognitive function following treatment of late-life depression. *American Journal of Psyciatry, 157,* 1949-1954.

6) American Psychiatric Association ,*op.cit.* (2013).

7) American Psychiatric Association ,*op.cit.* (2013).

8) 前田潔・長谷川典子・山根有美子・柿木達也 (2011)．特集　認知症研究の最近の進歩　3学会それぞれの立場から認知症を極める　気分障害と認知症　精神神経学雑誌, *113(6),* 556-561.

9) 宇和典子 (2017)．高齢者うつ病—認知症の初期症状としてのうつ状態も含めて—精神科治療学, *32,* 増刊号, 315-318.

10) 武田雅俊　前掲書 (2010).

11) 藤瀬昇・池田学 (2012)．特集　うつ病と認知症の間　うつ病と認知症との関連について　精神神経学雑誌, *114(3),* 276-282.

12) 宗未来, 前掲書 (2006).

13) 高橋祥友 (2009)．こころの科学叢書　新訂老年期うつ病　日本評論社, p.72.

14) 杉下守宏 (2011)．総説：認知機能評価バッテリー．老年医学雑誌, *48,* 431-438.

15) Block, C.K. Johnson-Greene, D., Pliskin, N. & Boake, C. (2017). Discriminating cognitive screening and cognitive testing from neuropsychological assessment : implications for professional practice. *The Clinical Neuropsychologist, 31(3),* 487-500.

16) 長谷川和夫・井上勝也・守屋国光（1974）．老人の痴呆診査スケールの一検討．精神医学, *16*, 965-969.

17) HDS-R については以下の文献がある。長谷川和夫（2005）．HDS-R 長谷川式認知症スケール使用手引．三京房.，加藤伸司・下垣光・小野寺敦志・植田宏樹・老川賢三・池田一彦・小坂敦二・今井幸充・長谷川和夫（1991）．改訂版長谷川式簡易知能評価スケール（HDS-R）の作成．老年精神医学雑誌, *2*, 1339-1347.

18) MMSE-J については以下の文献がある。杉下守弘・腰塚洋介・須藤慎治・杉下和行・逸見功・唐澤秀治・猪原匡史・朝田隆・美原盤（2018）．MMSE-J（精神状態短時間検査　日本版）原法の妥当性と信頼性．認知神経科学, *20(2)*, 91-110., 杉下守弘（2012）．精神状態短時間検査 日本語版 MMSE-J 使用者の手引．日本文化科学社.

19) N 式精神機能検査は、以下の文献がある。福永知子・西村健・播口之朗ほか（1988）．新しい老人用精神機能検査の作成：N 式精神機能検査．老年精神医学, *5*, 221-231., 西村健・福永知子（1991）．N 式精神機能検査（Nishimura Dementia Scale），大塚俊男・本間昭（監修）高齢者のための知的機能検査の手引き．ワールドプランニング．pp.27-34.

20) MoCA については以下の文献がある。鈴木宏幸・藤原佳典（2010）．Montreal Cognitive Assessment (MoCA) の日本語版作成とその有効性について　老年精神医学雑誌, *21(2)*, 198-202., Fujiwara, Y. Suzuki, H.,Yasunaga, M. *et al.* (2010). Brief screening tool for mild cognitive impairment in older Japanese : validation of the Japanese version of the Montreal genitiveve Assessment. *Geriatrics & Gerontology International, 10*, 225-232., 鈴木宏幸（2018）．日本語版 Montreal Cognitive Assessment(MoCA) の実施と解釈における留意点. 老年精神医学雑誌, *29(11)*, 1145-1149,. Nasreddine, Z.S., Phillips, N.A., B'edrian, V. *et al.*, (2005). The Montreal cognitive assessment, MoCA: a brief screening tool for mild cognitive impairment. *Journal of the American Geriatrics Society*, *53*, 695-699.

21) CDT については以下の文献がある。Rouleau, I., Salmon, D.P., Butters, N. *et al.*,(1992). Quantitative and qualitative analyses of clock drawings in Alzheimer's and Huntington's disease. *Brain and Cognition, 18*, 70-87. 加藤佑佳・小海宏之・成本迅（2011）．認知症学　上：その解明と治療の最新知見―Ⅲ．臨床編認知症診断に用いられる評価法と認知機能検査各論．Clock

Drawing Test（CDT）．日本臨牀 69（増刊号 8），pp.418-422.

22) Mini-Cog については以下の文献がある。Borson, S., Scanlan, J.M. & Vita-liano, P.P. (2000). The Mini-Cog: A cognitive 'vital signs' measure for dementia screening in multilingual elderly. *International Journal of Geriatric Psychiatry, 15*, 1021-1027., Borson, S., Scanlan, J.M., Chen, P.J. *et al.*(2003). The Mini-Cog as a screen for dementia: Validation in a population based sample. *Journal of American Geriatrics Socie, 51*, 1451-1454., Borson, S., Scanlan, J.M., Watanabe, J. *et al*. (2006). Improving identification of cognitive impairment in primary care. *International Journal of Geriatric Psychiatry, 21*, 349–355.

23) ADAS については、以下の文献に掲載されている。本間昭（1991）．Al-zheimer's Disease Assessment Scale(ADAS)．大塚俊男・本間昭（監修）高齢者のための知的機能検査の手引き．ワールドプランニング．pp.43-52.，本間昭・福沢一吉・塚田良雄他（1992）．Alzeheimer's Disease Assessment Scale (ADAS) 日本版の作成．老年精神医学雑誌，*3*, 647-655., 加藤伸司・本間昭・欅木てる子（1996）．老年精神医学関連領域で用いられる測度質問式による認知機能障害評価測度（4）：Alzeheimer's Disease Assessment Scale (ADAS). 老年精神医学雑誌，*7,* 1355-1367.

24) FAB については以下の文献に詳細がある。Dubois, B., Slachevsky, A., Li-tvan, I. & Pillon, B. (2000). The FAB: A frontal assessment battery at bedside. *Neurology, 55,* 1621-1626.，高木理恵子・梶本賀義・神吉しづか他（2002）．前頭葉簡易機能検査(FAB)：パーキンソン病患者における検討. 脳と神経，*54,* 897-902.

25) Raven, J.C., Court, J.H. & Raven, J. (1976). *Manual for the Raven's Coloured Progressive Matrices.* NCS Pearson,Inc., U.S.A.（杉下守弘・山崎久美子[1993]．日本版レーヴン色彩マトリックス検査手引．日本文化科学社.）

26) コース立体組み合わせテストには、以下の文献がある。Kohs, S.C.(1920). The Block-Design Tests. *Journal of Experimental Psychology*, *3*, 357-376, 大脇義一（編）(1987)．コース立体組み合わせテスト使用手引．改訂増補版．三京房．pp.34-40.

27) ST については、次の文献に詳細がある。小海宏之（2015）．神経心理学的アセスメントハンドブック．金剛出版．小海宏之・若松直樹・川西智也(2022)．認知症ケアのための心理アセスメントと心理支援．金剛出版.

28) FVT について は、Spreen, O., Strauss, E.(1988). *A compendium of neurop-*

sychological tests: administration, norms, and commentary: second edition. Oxford University Press. New York.（秋元波留夫［監修］滝川守国・前田久雄・三山吉夫・藤元登四郎［訳］［2004］. 神経心理学検査法 第2版　創造出版, pp.227-233.）, 小海宏之（2015）. 神経心理学的アセスメントハンドブック. 金剛出版, 小海宏之・若松直樹・川西智也（2022）. 認知症ケアのための心理アセスメントと心理支援. 金剛出版.

29) 日本語版神経心理検査 RBANS については、以下の文献に詳細がある。山崎哲盛・吉田真奈美・熊橋一彦他（2002）.「アーバンス (RBANS)」神経心理テストによる高次脳機能評価. 脳と神経, 54, 463-471., 松井三枝（2009）. 日本語版神経心理検査 RBANS 標準化研究：標準値について. 富山大学杉谷キャンパス一般教育研究紀要, 37, 31-53., 松井三枝・笠井悠一・長崎真梨恵（2010a）. 日本語版神経心理検査 RBANS の信頼性と妥当性. 富山大学医学会誌, 21, 31-36., 松井三枝・長崎真梨恵・笠井悠一（2010b）. 日本語版神経心理検査 RBANS の標準化研究 (2)：基礎資料, 改訂標準値および換算表. 富山大学杉谷キャンパス一般教育研究紀要, 38, 87-133., 松井三枝・長崎真梨恵・笠井悠一（2011）. 日本語版神経心理検査 RBANS の標準化研究 (3)：総指標. 富山大学杉谷キャンパス一般教育研究紀要, 39, 17-30. アーバンス原版 (RBANS) については、以下の文献がある。Randolph, C., Tierney, M. C., Mohr, E. *et al.*, (1998). The Repeatabe Battery for the Assessment of Neuropsychological Status(RBANS): preliminary clinical validity. *Journal of Clinical Experimental Neuropsychology,* 20, 310-319., Randolph, C. (1998). *RBANS Manual-Repeatable Battery for the Assessment of Neuropsychological Status.* Texas: Psychological Corporation. Harcourt.,

30) Wechsler, D. (2008). *Administration and scoring manual for the Wechsler Adult Intelligence Scale-Fourth Edition.* San Antonio, TX：Pearson.（Wechsler, D. 著 日本版 WAIS-Ⅳ刊行委員会訳編［2018］. 日本版 WAIS-IV 知能検査　実施・採点マニュアル. 日本文化科学社.）

31) Wechsler, D. (1987). Manual for the Wechsler Memory Scale-Revised. San Antonio, TX：Pearson. （杉下守弘訳［2001］. 日本版ウェクスラー記憶検査法 [WMS-R]. 日本文化科学社.）

32) 鹿島晴雄・加藤元一郎（編著）（2013）. 慶應版ウィスコンシンカード分類検査・マニュアル. 三京房.

2-6

1 ）稲垣浩紀・井藤佳恵・佐久間尚子・杉山美香・岡村毅・粟田主一（2013）.
WHO-5 精神的健康状態表簡易版（S-WHO-5-J）の作成およびその信頼性・
妥当性の検討　日本公衆衛生誌 , *60(5)*, 294-301.

2 ）SRQ-D については、以下の文献がある。東邦大学心療内科 SRQ-D 研究
会編（2017）.　SRQ-DⅡ実施の手引　金子書房, 阿部達夫・筒井末春・
難波経彦・西田昴平・野沢彰・加藤義一・斉藤敏二（1972）. Masked
depression（仮面うつ病）の Screening test としての質問票（SRQ-D）に
ついて . 精神身体医学 , *12*, 243-247., 倉岡真澄佳・佐藤朝子・奥平祐子・
菅重博・鈴木聡子・久松由華・山田宇以・端詰勝敬・坪井康次（2007）.
SRQ-DⅡ 31 と SRQ-DⅡ 15 の信頼性・妥当性の検討：第 1 報 . 心身医学 ,
47, 855-863.

3 ）Beck, A.T., Steer, R.A. & Brown, G.K.(1996). *Manual for the Beck Depression
Inventory Second Edition.* NCS Pearson, Inc.（小島雅代・古川壽亮訳著 [2003].
日本版 BDI-II ―ベック抑うつ質問票― 手引き　日本文化科学社 .）

4 ）Olin, J.T., Schneider, L.S., Eaton, E.M., Zemansky, M.F. & Pollock, V.E.(1992).
The Geriatric Depression Scale and the Beck Depression Inventory as screening
instruments in an older adult outpatient population. *Psychological Assessment, 4*,
190-192.

5 ）Jefferson, A.L., Powers, D.V. & Pope, M.(2001). Beck Depression Inventory -II
(BDI-II) and the Geriatric Depression Scale (GDS) in older women. *Clinical
Gerontologist, 22,* 3-12.

6 ）Spitzer, R. L., Kroenke, K., Williams, J. B. W. *et al.*(1999). Validation and utility
of a self-report version of PRIME-MD: The PHQ Primary Care Study. *JAMA,
282*, 1737-1744.

7 ）村松公美子・上島国利（2009）. プライマリ・ケア診療とうつ病スクリー
ニング評価ツール：Patient Health Questionnaire-9 日本語版「こころとか
らだの質問票」. 診断と治療 , *97*, 1465-1473.

8 ）上島国利・村松公美子監修（2008）. こころとからだの質問票（PRI-
ME-MDTM　PHQ-9　日本語訳版）. 日本ファイザー社 .

9 ）上島国利・村松公美子監修（2008）. こころとからだの質問票（PRI-
ME-MDTM　PHQ-9　日本語訳版）計算機版 . 日本ファイザー社 .

10) SDS についての文献には以下のものがある。Zung, W. W. K. (1965). A self

rating depression scale. *Archives of general psychiatry, 12,* 63-70., 福田一彦・小林重雄（1973）．自己評価式抑うつ性尺度の研究　精神神経学雑誌, *75(10),* 673-679.

11）CED-D の詳細は、Radloff, L.S.(1977). The CES-D Scale.A self-report depression scale for research in the general population. *Applied Psychological Measurement, 1(3),* 385-401. 島悟・鹿野達男・北村俊則・浅井昌弘（1985）．新しい抑うつ性自己評価尺度　精神医学, *27,* 717-723.

12) Edelstein, B., Drozdick, L. & Ciliberti, C. (2010). Assessment of depression and bereavement in older adults. In P. Lichtenberg (Ed.) *Handbook on geriatric assessment* (2nd ed., pp.331-351). New York.: Wiley.

13）Haringsma, R., Engels, G.I., Beekman, A.F. & Spinhoven, P. h. (2004). The criterion validity of the Center for Epidemiological Studies Depression Scale (CES-D) in a sample of self-referred elders with depressive symptomatology. *International Journal of Geriatric Psychiatry, 19,* 558-563.

14) 藤澤大介・中川敦夫・田島美幸・佐渡充洋・菊地俊暁・射場麻帆・渡辺義信他（2010）．日本語版自己記入式簡易抑うつ尺度（QIDS-SR）の開発　ストレス科学, *25(1),* 43-52.

15) 中根允文編 (2004)．HAM-D 構造化面接 SIGH-D 星和書店.

16) 成田智拓・金直淑・中根允文他（2003）．構造化ハミルトンうつ病評価尺度（Structured Interview Guide for the Hamilton Depression Rating Scale:-SIGH-D) の信頼性と妥当性の検討　臨床精神薬理, *6,* 77-82.

17) 笠正明・人見一彦(1987)．包括的精神病理学評価尺度（日本語版）の紹介. 臨床精神医学, 16, 83-94.

18) 上島国利・樋口輝彦・田村かおる・三村將・中込和幸・大坪天平・山田光彦・栗田広(2003)．Montgomery Åsberg Depression Rating Scale (MADRS) の日本語訳の作成経緯．臨床精神薬理, *6,* 341-363.

19) Takahashi, N., Tomita, K., Higuchi, T. & Inada, T. (2004). The inter-rater reliability of the Montgomery- Åsberg Depression Rating Scale (MADRS) using a Structured Interview Guide for Montgomery- Åsberg Depression Rating Scale (SIGMA). *Human Psychopharmacology Clinical and Experimental, 19,* 187-192.

20) 稲田俊也（2013）．MADRS を使いこなす　改訂第 3 版　SIGMA を用いた MADRS 日本語版によるうつ病の臨床評価　株式会社じほう.

21) 杉下守弘・朝田隆・杉下和行（2017）．老年期うつ検査 -15- 日本版（GDS-15-J）　新興医学出版社 .

22) 加藤元一郎（2006）．標準注意検査法（CAT）と標準意欲評価法（CAS）の開発とその経過　高次脳機能研究 , *26(3)*, 76-84.

2-7

1) IES-R (Impact of Event Scale-Revised) 改訂出来事インパクト尺度日本語版は日本トラウマティックストレス学会の HP で公開されている。文献は、Asukai, N., Kato, H., Kawamura, N., Kim, Y., Yamamoto, K., Kishimoto, J., Miyake, Y. & Nishizono-Maher, A.(2002). Reliability and validity of the Japanese-language version of the Impact of Event Scale-Revised (IES-R-J): Four studies on different traumatic events. *The Journal of Nervous and Mental Disease*, 190, 175-182, Weiss, D.S.(2004). The Impact of Event Scale-Revised. In: Wilson, J.P., Keane T.M. (eds.), *Assessing psychological trauma and PTSD (Second Edition)*. New York: The Guilford Press, pp.168-189.

2) PDS-4 (Posttraumatic Diagnostic Scale DSM-IV) (外傷後ストレス診断尺度 DSM-IV 版) は日本トラウマティックストレス学会の HP で公開されている。

2-8

1) 高齢者との面接やアセスメントでのラポールに関する記述としては、以下の文献がある。Shue, C.K. & Arnold, L.(2009). Medical students' interviews with older adults: An examination of their performance. H*ealth Communication*, *24*, 146-155., Zarit, S.H. & Zarit, J.M.(2007). *Mental disorders in older adults:Fundamentals of assessment and treatment*. New York:Guilford.

2) Mohlman, J., Sirota,K.G., Papp, L.A., Staples, A.M., King, A. & Gorenstein, E.E.(2012). Clinical Interviewing with older adults, *Cognitive and Behavior Practice*, *19*, 89-100.

3) Snarski, M. and Scogin, F. (2006). Assessing depression in older adults. In Qualls, S.H. & Knight, B.G. *Wiley Series in clinical Geropsychology. Psychotherapy for depression in older adults*. New Jersey:John Wiley& Sons,Inc.

4) 倉光修(2003)．訓練生へのアドバイス . 心理臨床の技能と研究 . 岩波書店 . p.150.

5) 倉光修 , 前掲書（2003）.

6) 公認心理師の業務遂行上、秘密保持義務の例外事項の主要なものには次
の内容がある。1．クライエントの生命に危機が及ぶ場合、2．連携を
する場合、3．法的な問題上、4．社会保険に申請する場合などである。
詳細は、一般社団法人日本心理研修センター監修（2019）　公認心理師
現任者講習会テキスト改訂版．金剛出版.

3-1

1) Freud, S.(1905). Über Psychotherapie Winer medizinische Press. Freud, S.(1972).
Gesanmmelte Werke, Nachitragsband zur auffassung der aphasien. S. Fisher:
Frankfurt am Main. (渡邉俊之訳　解題　渡邉俊之・越智和弘・草野シュ
ワルツ美穂子・道秦泰三訳　（2009）フロイト全集 6　岩波書店)

2) Rechtschaffen, A.(1959). Psychotherapy with geriatric patients: a review of the
literature. *Journal of Gerontology*, 14, 73-84.

3) Thorndike, E.L. Bregman, E.O., Tilton, J., & Woodyard, E. (1928). *Adult Lear-
ning*. Macmillan.

4) 堀薫夫（2006）．エイジングの歴史．pp.10-11. 堀薫夫 編著　教育老年学
の展開　学文社.

5) Rechtschaffen, *op.cit.* (1959, 14)., pp.73-84.

6) *Ibid.*.,pp.82-83.

7) Erikson, E.H. (1950). *Childhood and Society.* New York: W.W. Norton & Com-
pany, Inc.（E.H. エリクソン　仁科弥生訳（1977）．幼児期と社会 1. みす
ず書房.）

8) Erikson, E.H. & Erikson, J.M.(1997). *The Life Cycle Completed*: *A Review. Expan-
ded Edition*. New York: W.W. Norton & Company, Inc.（E. H. エリクソン・J. M.
エリクソン (2001). 村瀬孝雄・近藤邦夫訳　ライフサイクル、その完結.
みすず書房.）

9) *Ibid.*,p.85.

3-2

1) Martin, L.J. (1944). *A Handbook for old age counsellors*. San Francisco: Geertz
Printing Co.

2) Butler (1963). The Life Review:the interpretation of Reminiscence in the aged.

Psychiatry, 26(1), 65-76.

3) Butler (1960). Intensive Psychotherapy for the Hospitalized Aged. *Geriatrics, 15,* 644-653.

3-3

1) 中井久夫 (1987) ．世に棲む老い人 老いの発見 第4巻：老いを生き る場 岩波書店 pp.157-158.

2) 山本悦子 (1987)．老人ホームに於けるソーシアル・ワークへの一考察 老人の語る思い出話をとおして 老年問題研究 , *10(1),* 57-68.

3) 大和三重 (1989)．欧米における回想研究の史的展開—機能別分類の試 み— 社会老年学 , *29,* 51-63.

4) 山中康裕 (1991)．老いのソウロロギー（魂学）．有斐閣.

5) 眞砂美紀 (1994)．老年期の現状－女の場合 氏原寛・山中康裕編 老 年期のこころ ミネルヴァ書房 p.67.

6) 鑪幹八郎監修 (1998)．精神分析的心理療法の手引き．誠信書房. pp.163-164.

7) Tom Kidwood 著 高橋誠一訳 (1995)．パーソンセンタード・ケア 筒 井書房.

3-4

1) McMahon, A.W. & Rhudick, P.J.(1967). Reminiscence in the aged:An adaptatio-nal response. In Levin, S. & Kahana, R.(Eds.) *Psychodynamic studies on aging.* New York: International Universities Press.

2) Lewis, C.N.(1971). Reminiscing and Self-Concept in old age. *Journal of Geron-tology, 26(2),* 240-243.

3) Havinghurst, R. & Glasser, R. (1972). An exploratory study of reminiscence. *Journal of Gerontology, 27,* 245-253.

4) Coleman, P.G. (1974). Measuring reminiscence characteristics from conversa-tion as adaptive features of old age. *International Journal of Aging and Human Development*, 5 , 281-294.

5) Boylin, W., Gordon, S.K., & Nefrke, M.F. (1976). Reminiscing and Ego Integri-ty in Institutionalized Elderly Males. *The Gerontologist, 16(2)*, 118-124.

6) Romaniuk, M. & Romaniuk, J.G. (1981). Looking Back: An Analysis of Remi-

niscence Functions and Triggers. *Experimental Aging Research*, 7, 477-489.

7) Wong, P. & Watt, L.(1991). What types of reminiscence are associated with successful aging? *Psychology and Aging*, 6, 272-279.

8) Kovach, C.(1991). Content analysis of reminiscence of elderly women. *Research in Nursing and Health, 14*, 287-295.

9) Webster, J.D. (1993). Construction and validation of the Reminiscence Functions Scale. *Journal of Gerontology*, 48, 256-262.

10) 長田由紀子・長田久雄（1994）．高齢者の回想と適応に関する研究．発達心理学研究, 5, 1-10.

11) 山口智子（2002）．高齢者の人生の語りにおける類型化の試み—回想についての基礎研究として　心理臨床学研究, 18, 151-161.

12) 太田ゆず・上里一郎（2000）．施設入所高齢者の回想と適応感との関連性について　ヒューマンサイエンスリサーチ, 9, 23-40.

13) 太田ゆず（2001）．高齢者に対する回想法の研究．早稲田大学大学院人間科学研究科　博士（人間科学）学位論文．未公刊

14) 野村信威・橋本宰（2001）老年期における回想の質と適応との関連．発達心理学研究, 12(2), 75-86.

15) Robitaile, A., Cappeliez, P., Coulombe, D. & Webster, J.D. (2010). Factorial structure and psychometric properties of the reminiscence functions scale. *Aging & Mental Health*, 14(2), 184-192,

16) 志村ゆず（2015）．改訂版ライフレビュー尺度の作成　日本心理学会第79回大会論文集．1032.

17) Havinghurst, R. & Glasser, R. (1972). An exploratory study of reminiscence. *Journal of Gerontology*, 27, 245-253.

18) Boylin,W., Gordon, S.K., and Nefrke, M.F. (1976). Reminiscing and Ego Integrity in Institutionalized Elderly Males. *The Gerontologist, 16(2)*, 118-124.

19) Brennan, P.L. & Steinberg, L.D. (1983-1984). Is reminiscence adaptive? Relations among social activity level, reminiscence and morale. *International Journal of aging and human development*, 18, 99-109.

20) 現在満足度や主観的幸福感との関連性を述べたものには、以下の文献がある。長田由紀子・長田久雄（1994）．高齢者の回想と適応に関する研究．発達心理学研究, 5, 1-10, 山口智子（2002）．高齢者の人生の語りにおける類型化の試み—回想についての基礎研究として　心理臨床学研究,

18, 151-161.

21) Coleman, P.G. (1974). Measuring reminiscence characteristics from conversation as adaptive features of old age. *International Journal of Aging and Human Development*, *5* , 281-294.

22) Lo Gerfo, M. (1980-1981). Three Ways of Reminiscence in Theory and Practice. *International Journal of Aging and Human Development*, *12*, 39-48.

23) Kovach, C. (1991). Content analysis of reminiscence of elderly women. *Research in Nursing and Health, 14*, 287-295.

24) 6 種類の回想に内容分析した以下の研究がある。Watt, L. & Wong,P. （1990）．A taxonomy of reminiscence and therapeutic implications. *Journal of Mental Health Counseling*, *12*, 270-278., Wong, P. & Watt, L. (1991). What types of reminiscence are associated with successful aging? *Psychology and Aging*, *6*, 272-279.

25) Romaniuk, M. & Romaniuk, J.G. (1981). Looking Back: An Analysis of Reminiscence Functions and Triggers. *Experimental Aging Research*, *7*, 477-489.

26) Webster, J.D.(1993). Construction and validation of the Reminiscence Functions Scale. *Journal of Gerontology*, *48*, 256-262.

27) Webster, J.D.(1997). The reminiscence functions scale:A replication. *The international Journal of Aging and Human Development ,44* ,137-148.

28) Robitaile,. *et al. op.cit.* (2010, *14*).

29) 太田ゆず・上里一郎（2000）．施設入所高齢者の回想と適応感との関連性について ヒューマンサイエ ンスリサーチ , *9*, 23-40.

30) 太田ゆず（2001）．高齢者に対する回想法の研究．早稲田大学大学院人間科学研究科 博士（人間科学）学位論文．未公刊

31) 志村ゆず（2015）．改訂版ライフレビュー尺度の作成 日本心理学会第79 回大会論文集．1032

32) Wong, P. & Watt, L. *op.cit.* (1991,*6*).

33) RFS については、Webster, J.D. *op.cit.* (1993,*48*). Robitaile,. *et al. op.cit.* (2010, 14). を参照されたい。

34) Cappeliez, P., O'Rourke, N., Chaudhury, H. (2005). Functions of reminiscence and mental health in later life. *Aging & Mental Health, 9(4)*, 295-301.

35) 太田ゆず・上里一郎 , 前掲（2000, *9*）

36) 太田ゆず, 前掲書（2001）

37) 太田ゆず，前掲書（2001）

3-5

1) RT の定義を問う初期の研究には以下のものがある。Molinari,V. and Rei-chlin, R.E.(1984-85). Life review reminiscence in the elderly: A review of the literature. *International Journal of Aging and Human Development*, *20*, 81-92., Kovach, C.(1990). Content analysis of reminiscence of elderly women. *Research in Nursing and Health.14*, 287-295., Thornton, S & Brotchie, J.(1987). Reminiscence: A critical review of the empirical literature. *British Journal of Clinical Psychology*, *26(2)*, 93-111.

2) Gibson, F. (1994). *What can reminiscence contribute to people with dementia?* In Bornat,J. (Eds). *Reminiscence reviewed.: Evaluation, achievement, perspectives* (pp.46-60). Buckinigham:Open University Press.

3) Pam Shuweitzer (2007). *Reminisence Theatre: Making Theatre from Memories.* London: Kingsley Publishers.

4) Gibson, F., *op.cit.* (1994). pp.46-60.

5) *ibid.* pp.44-60.

6) 1980 ～ 1990 年代の RT の効果研究は後出の表 3-6-1 ～表 3-6-9 を確認されたい。

7) Burnside, I. & Haight, B.K. (1992). Reminiscence and life review: analyzing each concept. *Journal of advanced nursing*, *17*, 855-862.

8) Haight, B.K.(1988). The therapeutic role of a structured life review process in homebound elderly subjects. *Journal of Gerontology*, *43(2)*, 40-44.

9) 野村豊子（1998）．回想法とライフレヴュー――その理論と技法――　中央法規．p.9.

10) *ibid.* , p.9.

11) RT を多面的に分類しようとした研究の流れでは以下の研究がある。Hendricks, J.(1995). *The Meaning of Reminiscence and Life Review*. New York: Baywood Publishing Co., Haight, B.K. & Webster, J.D.(1995). *The Art and Science of Reminising: Theory, Research,Methods and Applications.* Washington, D.C.: Taylor & Francis, Webster, J.D. & Haight, B.K.(Eds.) (2002). *Critical advance in reminiscence work:From theory to application*. New York:Springer-Verlag.

12) IIRLR（International Institute for Reminiscence and Life Review）の後継組織として現在の ICLIP(The Center for Life Story Innovation and Practice) がある。

13) Webster, J. D., Bohlmeijer, E. T.& Westerhof, G. J .(2010). Mapping the future of reminiscence: A Conceptual Guide for research and practice. *Research on Aging*, *32(4)*, 527-564.

14) SR の解説は、*ibid.*, pp.527-564 でなされているが、初期の代表的な SR には以下の文献がある。Sherman, E. (1987). Reminiscence groups for community elderly. *The Gerontologist*, *27*, 569-572, 野村豊子（1992）回想法グループの実際と展開−特別養護老人ホーム居住老人を対象として 社会老年学 ,*35*, 32-46., 黒川由紀子 (1995). 痴呆老人に対する心理的アプローチ. 心理臨床学研究 , *13(2)*, 169-179., 菅寛子 (2003). グループ回想法施行に伴うメンバー間の交流の質的変化. 老年社会科学 , *25(3)*, 315-324.

15) O'Leary, E. & Nieuwstraten, (2010). The exploration of memories in Gestalt reminiscence therapy. *Counseling Psychology Quarterly*, *14(2),* 165-180.

16) Sherman, E., *op.cit.* (1987, *27*).

17) Morgan, J.H.(2013). Late life Depression and the Counseling Agenda: Exploring Geriatric Logotherapy as a Treatment Modality. *International Journal of Psychological Research*, *6(1)*, 94-101.

18) Mahendran, R., Rawtaer, I., Fam, J., Wang, J., Kumar, A.P. Gandhi, M., Xu Jing, K., Feng., L. & Kua, E.H.(2017). Art therapy and Music reminiscence activity in the prevention of cognitive decline: study protocol for a randomized controlled trial. *Trials*, *18(324)*.

19) 今野義孝（2011）. 懐かしさ出会い療法 動作法による懐かしさの活性化をめざした回想法. 学苑社

20) Haight,B.K.(1988). The therapeutic role of a structured life review process in homebound elderly subjects. *Journal of Gerontology, 43(2)*, 40-44.

21) Birren, J.E. and Deutchman, D.E. (1991). *Guiding autobiography groups for older adults*. Baltimore : Johns Hopkins University Press.

22) Cappeliez, P. (2002). Cognitive-reminiscence therapy for depressed older adults in day hospital and long-term care. In Webster, J.D. & Haight, B.K.(Eds.), *Critical advances in reminiscence work: From theory to application* (pp.300-313). New York: Springer Publishing Company.

23) Westerhof, G.J., Bohlmeijer, E.T., van Beljouw, M.J. & Pot, A.M.(2010). Improvement in Personal Meaning Mediates the Effects of a Life Review Intervention on Depressive Symptoms in a Randomized Controlled Trial. *The Gerontologist, 50(4)*, 541–549.

24) Daniels, D., Boehnlein, J. & McCallion, P. (2015). Aging, Depression, and Wisdom: A Pilot Study of Life-Review Intervention and PTSD Treatment With Two Groups of Vietnam Veterans. *Journal of Gerontologica Social Work*, *58(4)*, 420-436.

25) Kiernat, J.M.(1979). The use of life review activity with confused nursing home residents. *The American Journal of Occupational Therapy*, *33(5),* 306-310.

26) Perrota, P. & Meacham, J. A. (1982). Can a reminiscing intervention alter depression and self-esteem? *The International Journal of Aging and Human Development*, *14(1)*, 23-30.

27) Georgemiller, R. & Maloney, H.N. (1984). Group Life Review and Denial of Death. *Clinical Gerontologist*, *2(4)*, 37-49.

28) Cohen の d とは平均値の差を標準化したものである。平均値の差の効果値（量）としてよく用いられる。

3-6

1) Kiernat, J.M. (1979). The use of life review activity with confused nursing home residents. *The American Journal of Occupational Therapy*, *33 (5)*, 306-310.

2) Perrotta, P. & Meacham , J.A.(1982) Can a reminiscence intervention aller depression and self-esteem? *International Journal of Aging and Human Development*, *14(1),* 23-30.

3) Lesser, L.W, Lazarus, R., Frankl, R. & Havasg, S. (1981). Reminiscence Group Therapy with Psychotic Geriatric Inpatients, *The Gerontologist*, *21(3)*, 291-296.

4) Hughston,G.A. & Merriam, S.B. (1983). Reminiscence: A Nonformal Technique for Improving Cognitive Functioning in the Aged. *The international Journal of Aging and Human Development*, *15*, 139-149.

5) Georgemiller, R. & Maloney, H.N. (1984). Group Life Review and Denial of Death. *Clinical Gerontologist*, *2(4)*, 37-49.

6) Fry, P.S. (1983). Structured and unstructured reminiscence training and depression among the elderly. *Clinical Gerontologist*, *1,* 15-37.

7) Harp Scates, S.K. Randolph, D.L. Gutsch, K.U. and Knight, H.V. (1986). Effects of Cognitive-Behavioral, Reminiscence, and Activity Treatments on Life Satisfaction and Anxiety in the Elderly. *The international Journal of Aging and Human Development*, *22 (2)*, 141-146.

8) Baines, S., Saxby, P. & Ehlert, K.(1987). Reality orientation and reminiscence therapy: a controlled cross-over study of elderly people. *British Journal of Psychiatry*, *151,* 222-231.

9) Goldwasser, A.N., Auenbach, S.M. & Harkins, S.W. (1987). Cognitive, affectictive, and behavioral effect of reminiscence group therapy on demented elderly. *International Journal of Aging and Human Development*, *25(3)*, 209-222.

10) Sherman, E.(1987). Reminiscence Groups for Community Elderly. *The Gerontologist*, *27(5)*, 569-572.

11) Haight, B.K. (1988). The therapeutic role of a structured life review process in homebound elderly subjects. *Journal of Gerontology*, *43(2)*, 40-44.

12) Rattenbury, C. & Stones, M.J. (1989) A controlled evaluation of reminiscence and current topics discussion groups in a nursing home context. *The Gerontologist*, *29(6),* 768-771.

13) Orten, J.D. Allen, M. & Cook, J.(1989). Reminiscence groups with confused nursing center residents: An experimental study. *Social Work Health Care*, *14(1)*, 73-86.

14) 抑うつの改善がみられた報告には以下の文献がある。Fry, *op.cit.* (1983, *1*), Goldwasser *et al. op.cit.* (1987, *25*). Rattenbury & Stones, *op.cit.* (1989, *29*).

15) 行動の改善がみられた報告には以下の文献がある。Kiernat, *op.cit.* (1979, *33*)., Baines *et al.*, *op.cit.* (1987, *151*). , Orten *et al.. op.cit.* (1989, *14*).

16) Harp Scates *et al.*, *op.cit.* (1986, *22*).

17) Hughston & Merriam , *op.cit.* (1983, *15*).

18) Georgemiller & Maloney, *op.cit.* (1984, *2*).

19) Haight, *op.cit.* (1988, *43*).

20) Perrotta & Meacham *op.cit.* (1982, *14*).

21) Fielden, M.A (1990) Reminiscence as a therapeutic intervention with sheltered housing residents: A comparative study. *British Journal of Social Work*, *20*, 21-44.

22) Youssef, F.A. (1990) . The impact of group reminiscence counselling on a de-

pressed elderly population. *Nurse Practitioner, 15*, 34-37.

23) Bachar, E., Kindler, S., Schefer, G. & Lerer, B.(1991). Reminiscing as a technique in the group psychotherapy of depression: A comparative study. *British Journal of Clinical Psychology, 30*, 375-377.

24) Cook, E.A. (1991). The effects of reminiscence on psychological measures of ego integrity in elderly nursing home Residents. *Archives of Psychiatric Nursing, 5*, 292-298.

25) 野村豊子（1992）回想法グループの実際と展開－特別養護老人ホーム居住老人を対象として　社会老年学, *35*, 32-46.

26) Haight, B.K. (1992). Long-term effects of a structured life review process. *Journal of Gerontology: Psychological Science, 47*, 312-315.

27) McMurdo, M. E. T. & Rennie , L. (1993). A controlled trial of ercise by residents of old people's homes. *Age and Ageing, 22*, 11-15.

28) Arean, P.A., Perri, M.G., Nezu, A.M. Schein, R.L. Christopher, F. & Joseph, T.X.(1993). Comparative effectiveness of social problem-solving therapy and reminiscence therapy as treatment for depression in older adults. *Journal of Consulting and Clinical Psychology, 61*, 1003-1010.

29) Stevens-Ratchfold (1993). The effect of life review reminiscence activities on depression and self-esteem in older adults. *American Journal of Occupational Therapy, 47*, 413-420.

30) Gibson, F.(1994). What can reminiscence contribute to people with dementia? In Bornat, J.(Eds). *Reminiscence reviewed.: Evaluation, achievement, perspectives* (pp.46-60). Buckinigham:Open University Press.

31) Namazi, K.H. & Haynes, S.R.(1994). Sensory stimuli reminiscence for patients with Alzheimer's disease. *Clinical Gerontologist, 14*, 29-46.

32) 黒川由紀子(1995). 痴呆老人に対する心理的アプローチ. 心理臨床学研究, *13(2)*,169-179.

33) Tabourne, C.E.S. (1995). The effects of a life review program on disorientation, social interaction and self-esteem of nursing home residents. *International Journal of aging and human development, 41*, 251-266.

34) Cook, E.A. (1991). The effects of reminiscence on psychological measures of ego integrity in elderly nursing home Residents. *Archives of Psychiatric Nursing, 5*, 292-298.

35) Haight, B.K., Michel, Y. & Hendrix, S.(1998). Life Review:Preventing despair in newly relocated nursing home residents:Short-and long-term effects. *International Journal of Aging and Human Development*, *47*, 119-142.

36) 中村敏昭・佐々木直美・柿木昇治・森川千賀子（1998）．高齢者集団療法における回想法の試み．集団精神療法, *14(2)*, 177-182.

37) 有薗博子・佐藤親次・森田展彰・松崎一葉・小田晋・牧豊（1998）．高齢者に対するニオイを用いた回想療法の試み．臨床精神医学, *27(1)*, 63-75.

38) 橋木てる子・下垣光・小野寺敦志（1998）．回想法を用いた痴呆性老人の集団療法 心理臨床学研究, *16*, 487-496.

39) 森川千鶴子（1999）．重度痴呆性高齢者のグループ回想法がQOLにもたらす効果．看護学総合研究, *1(1)*, 61-67.

40) 林智一（1999）．人生の統合期の心理療法におけるライフレヴュー．心理臨床学研究, *17*, 390-400.

41) Ashida (2000). The effect of reminiscence music therapy session on changes in depressive symptoms in elderly persons with dementia. *Journal of Music Therapy*, *37(3)*, 170-182.

42) 田高悦子・金川克子・立浦紀代子・和田正美（2000）．在宅痴呆性高齢者に対する回想法を取り入れたグループケアプログラムの効果．老年看護学, *5 (1)*, 96-106.

43) Watt,L.M. & Cappeliez,P. (2000). Integrative and instrumental reminiscence therapies for depression in older adults: Intervention strategies and treatment effectiveness. *Aging and Mental Health*, *4*, 166-177.

44) Brooker, D. &Duce, L. (2000). Wellbeing and activity in dementia: A comparison of group reminiscence therapy , structured goal-directed group activity and unstructured time. *Aging and Mental Health*, *4(4)*, 354-358.

45) Fry, P.S. & Barker, L.A. (2002). Female survivors of abuse and violence: The influence of storytelling reminiscence on perceptions of self-efficacy, ego strength, and self-esteem. Webster, J.D. & Haight, B.K.(Eds.) *Critical advances in reminiscence work: From theory to application.* (pp.197-217) New York : Springer Publishing Company.

46) Maercker, A.(2002). A Life-review technique in the treatment of PTSD in elderly patients.rationale and report on three single cases. *Journal of Clinical Gerop-*

sychology, 8, 239-249.

47) 松田修・黒川由紀子・斎藤正彦・丸山香（2002）回想法を中心とした痴呆性高齢者に対する集団心理療法―痴呆の進行に応じた働きかけの工夫について．心理臨床学研究, *19(6)*, 566-577.

48) 佐々木直美・上里一郎（2003）．特別養護老人ホームの軽度痴呆高齢者に対する集団回想法の効果の検討．心理臨床学研究, *21(1)*, 80-90.

49) Serrano, J.P. , Latorre, J.M. , Gatz, M. and Montanes, J.(2004). Life Review Therapy Using Autobiographical Retrieval Practice for Older Adults with Depressive Symptomatology. *Psychology and Aging, 19*, 272-277.

50) Sivis, R.(2005). The effect of a reminiscence group counseling program on the life satisfaction of older adults. *Middle East Technical University Graduate School of Social Science, Thesis*.

51) Wang, J. (2005). The effects of reminiscence on depressive symptoms and mood status of older institutionalized adults in Taiwan. International Journal of Geriatric Psychiatry, *20*, 57-62.

52) 野村信威・橋本宰(2006)．地域高齢者に対するグループ回想法の試み 心理学研究, *77*, 32-39.

53) Stinson, C. & Kirk, E.(2006). Structured reminiscence: an intervention to decrease depression and increase self-transcendence in older women. *Journal of Clinical Nursing, 15*, 208-218.

54) Bohlmeijer, E., Westerhof, G.J. & Emmerik de Jong, M. (2008). The effects of a new narrative life-review intervention for improving meaning in life in older adults: Results of a pilot project. *Aging and Mental Health, 12*, 639-646.

55) Bohlmeijer, E., Kramer, J., Smit, F., Onrust, S. & van Marwijk, H.(2009). The effects of integrative reminiscence on depressive symptomatology and mastery of older adults. *Community Mental Health Journal, 45(6)*, 476-484.

56) Chiang, K., Chu, H., Chang, H., Chung, M., Chen, C., Chiou, H. & Chou, K.(2009). The effects of reminiscence therapy on psychological well-being, depression, and loneliness among the institutionalized aged. *International Journal of Geriatric Psychiatry, 25*, 380-388.

57) Stinson, C.K. ,Young, E.A. & Kirk, E.(2010). Use of a structured reminiscence protocol to decrease depression in older women, *Journal of Psychiatric and Mental Health Nursing, 17*,665-673.

58) Westerhof, G.J., Bohlmeijer, E.T., van Beljouw, M.J. & Pot, A.M.(2010). Improvement in Personal Meaning Mediates the Effects of a Life Review Intervention on Depressive Symptoms in a Randomized Controlled Trial. *The Gerontologist*, *50(4)*, 541–549.

59) 奥村由美子（2010）．認知症高齢者への回想法に関する研究―方法と効果― 風間書房．

60) de Medeiros, K., Mosby,A., Hanley, K.B., Pedraza, M.S. & Brandt, J.(2011). A randomized clinical trial of a writing workshop intervention to improve autobiographical memory and well-being in older adults. *International geriatric Psychiatry*, *26*, 803-811.

61) Korte, J., Bohlmeijer, E.T., Cappeliez, P., Smit, F. & Westerhof, G.J. (2011). Life-review therapy for older adults with moderate depressive symptomatology: A pragmatic randomized controlled trial. *Psychological Medicine*, *42*, 1163-1173.

62) 河合千恵子・新名正弥・高橋龍太郎（2013）．脆弱な高齢者を対象とした心理的 QOL 向上のためのライフレビューとライフストーリーブック作成プログラムの効果．老年社会科学, *35(1)*, 39-48.

63) Lamers, S.MA, Bohlmeijer, E.T., Korte, J. and Westerhof, G.J. (2014). The Efficacy of Life Review as Online-Guided Self-help for Adults: A Randaomized Trial. *Journal of Gerontology, Series B: Psychological Science and Social Sciences*, *70(1)*, 24-34.

64) Keisari, S. & Palgi, Y.(2017). Life-crossroads on stage: integrating life review and drama therapy for older adults. *Aging and Mental Health*, *21(10)*, 1079-1089.

65) Ren,Y., Tang, R., Sun, H. & Li, X.(2021). Intervention effect of Group Reminiscence Therapy in Combination with Physical Exercise in Improving Spiritual Well-being of the Elderly. *Iran Journal of Public Health*, 50(3), 531-539.

66) Dauglas, S., James, I. & Ballard, C. (2004). Non-pharmacological interventions in dementia. *Advances in Psychiatric Treatment*, *10*, 171-179.,

67) レビュー論文には、Dauglas, *et al. op.cit.*. (2004, *10*).，黒川由紀子・斎藤正彦・松田修（1995）．老年期における精神療法の効果評価―回想法をめぐって―．老年精神医学雑誌, *6,* 315-329.，野村豊子（1996）．回想法 痴呆性高齢者へ回想法 グループ回想法の効果と意義 看護研究, *29(3)*, 53-70.，田高悦子・金川克子・天津栄子・佐藤弘美・酒井郁子・細川淳子・

高道香織・伊藤麻美子（2005）．認知症高齢者に対する回想法の意義と有効性－海外文献を通して―．老年看護学, *9(2),* 56-63., Park , K., Lee, S. Yang, J., Song, T. and Hong, G.S.(2019). A systematic review and meta-analysis on the effect of reminiscence therapy for people with dementia. *International Psychogeriatrics, 31(11),* 1581-1597.、Macleod, F, Storey, L. Rushe, T. and McLaughlin, K.(2021). Towards an increased understanding of reminiscence therapy for people with dementia: A narrative analysis. *Dementia, 20(4),* 1375-1407, などがある。

68) 野村 , 前掲（1996, *29*）．

69) Gibson, *op.cit..* (1994), pp.46-60.

70) 黒川 , 前掲（1995, *13*）

71) BPSD の効果には以下の文献がある。Tadaka, E. and Kanagawa, K. (2007) Effects of reminiscence group in elderly people with Alzeheimer disease and vascular dementia in a community setting. *Geriatrics and Gerontology International, 7,* 167-173., O' Shea *et al.,*(2014). The impact of reminiscence on the quality of life of residents with dementia in long-stay care. *International Journal of Geriatric Psychiatry, 29,* 1062-1070.

72) 佐々木・上里 , 前掲（2003）, 奥村 , 前掲書（2010）．

73) 認知症高齢者を対象に対人関係の側面の効果を扱った報告では、以下の文献がある。Coteli, M., Manenti, R. & Zanetti, O.(2012). Reminiscence Therapy in Dementia.Maturitas, *72(3),* 203-205., Woods, B., O'Philbin, L., Farllel, E.M., Spector, A.E. & Orrell, M.(2018). Reminiscence therapy for dementia. *Chocrane Library.*

74) 認知症高齢者への抑うつ症状への効果の報告には以下の文献がある。Duru Asiret & Kapucu, S. (2016). The effect of reminiscence therapy on cognition, depression, and activities of daily living for patients with Alzeheimer disease. *Jourarnal of Geriatric Psychiatry and Neurology, 29,* 31-37.

75) Woods *et al.*, *op.cit..*(2018).

76) Kiernat, J. M. , *op.cit..* (1979, 33).

77) Bains *et al.*, *op.cit..* (1987,151).

78) Tadaka & Kanagawa *op.cit.* (2007,7) .

79) O' Shea *et al.*, *op.cit.* (2014,29).

80) Namazi, K.H. & Haynes, S. R. (1994). Sensory stimuli reminiscence for patients

with Alzheimer's disease. *Clinical Gerontologist*, *14*, 29-46.

81) 田高悦子・金川克子・立浦紀代子・和田正美（2000）. 在宅痴呆性高齢者に対する回想法を取り入れたグループケアプログラムの効果. 老年看護学, *5(1)*, 96-106.

82) 佐々木・上里, 前掲（2003, *21*）

83) 奥村由美子（2010）. 認知症高齢者への回想法に関する研究—方法と効果— 風間書房.

84) Orten, J.D. Allen, M. & Cook, J.(1989). Reminiscence groups with confused nursing center residents: An experimental study. *Social Work Health Care*, *14(1)*, 73-86.

85) Gibson, *op.cit.* (1994), pp.46-60.

86) 黒川由紀子(1995). 痴呆老人に対する心理的アプローチ. 心理臨床学研究, *13(2)*, 169-179.

87) Tabourne, C.E.S. (1995). The effects of a life review program on disorientation, social interaction and self-esteem of nursing home residents. *International Journal of aging and human development*, *41*, 251-266.7

88) 壽木てる子・下垣光・小野寺敦志（1998）. 回想法を用いた痴呆性老人の集団療法 心理臨床学研究, *16*, 487-496.

89) Goldwasser, A.N., Auenbach, S.M. & Harkins, S.W. (1987). Cognitive, affectictive, and behavioral effect of reminiscence group therapy on demented elderly. *International Journal of Aging and Human Development*, *25(3)*, 209-222.

90) Ashida(2000). The effect of reminiscence music therapy session on changes in depressive symptoms in elderly persons with dementia. *Journal of Music Therapy*, *37(3)*, 170-182.

91) Brooker, D. & Duce, L. (2000). Wellbeing and activity in dementia: A comparison of group reminiscence therapy , structured goal-directed group activity and unstructured time. *Aging and Mental Health*, *4(4)*, 354-358.

92) Serrano, J.P., Latorre, J.M., Gatz, M. and Montanes, J.(2004). Life Review Therapy Using Autobiographical Retrieval Practice for Older Adults with Depressive Symptomatology. *Psychology and Aging*, *19*, 272-277.

93) Wang, J.(2007). Group reminiscence therapy for dementia elderly in Taiwan. *Geriatric Psychiatry*, *22(12)*, 1235-1240.

94) Duru Asiret & Kapucu, S.(2016). The effect of reminiscence therapy on cogni-

tion, depression, and activities of daily living for patients with Alzeimer disease. *Jourarnal of Geriatric Psychiatry and Neurology*, *29*, 31-37.

95) Woods *et al*., *op.cit.*(2018).

96) Park, K., Lee, S.Yang, J., Song, T. and Hong, G.S.(2019). A systematic review and meta-analysis on the effect of reminiscence therapy for people with dementia. *International Psychogeriatrics*, *31(11),* 1581-1597

97) Huang, H., Chen,Y., Chen, P., Hu, S.H., Liu, F., Kuo, Y. & Chiu, H.(2015). Reminiscence therapy improve cognitive functions and reduces depressive symptoms in elderly people with dementia: a meta-analysis of randomized controlled trials. *Journal of American Medical Directors Association*, *16(12)*, 1087-1094.

98) Wang, J.(2007). Group reminiscence therapy for dementia elderly in Taiwan. *Geriatric Psychiatry*, *22(12)*, 1235-1240.

99) Bains, S., Saxby, P & Ehlert, K.(1987). Reality Orientation and Reminiscence Therapy: a controlled cross-over study of elderly people. *British Journal of Psychiatry*, *151*, 222-231.

100) Lai, C.K.Y., Chi, I. & Kaiser-Jones, J.(2004). A randomized controlled trial of a specific reminiscence approach to promote the well-being of nursing home residents with dementia. *International Psychogeriatrics*, *16(1)*, 33-49.

101) Hsieh, H.F. & Wang, J.J. (2003). Effect of reminiscence therapy on depression in older adults: a systematic review. *International Journal of nursing studies,* *40(4)*, 335-345.

102) Bohlmeijer, E. Smit, F., & Cuipper, P. (2003). Effect of reminiscence and Life review on late-life depression: a meta-analysis. *Geriatric Psychiatry*, *18(12),* 1088-1094.

103) 重度の人の方がより効果が高いという研究には、Perotta & Meacham, *op.cit.*(1982, *14*)., Fry, *op.cit.* (1983, *1*)., Arean *,et al. op.cit.* (2003, *61*), Hsieh & Wang. (2003, *40*) がある。

104) Goldwasser *et al. op.cit.*(1987, *25*)

105) Arean *,et al. op.cit.* (2003, *61*)

106) Chin, A.(2007). Clinical effects of reminiscence therapy in older adults: A meta-analysis of controlled trials. *Hong Kong Journal of Occupational Therapy,* *17(1)*, 10-22.

107) Fry, *op.cit.* (1983, *1*).

108) Bachar, E., Kindler, S., Schefler, G. and Lerer, B.(1991). Reminiscing as a technique in the group psychotherapy of depression: A comparative study. *Clinical Psychology, 30(4)*, 375-377.

109) Arean, P.A., Perri, M.G., Nezu, A.M. Schein, R.L. Christopher, F. & Joseph, T.X.(1993). Comparative effectiveness of social problem-solving therapy and reminiscence therapy as treatment for depression in older adults. *Journal of Consulting and Clinical Psychology, 61*, 1003-1010.

110) Serrano, J.P., Latorre, J.M., Gatz, M. & Montanes, J.(2004). Life Review Therapy Using Autobiographical Retrieval Practice for Older Adults with Depressive Symptomatology. *Psychology and Aging, 19*, 272-277.

111) Bohlmeijer, E., Kramer, J. Smit, F., Onrust, S. & van Marwijk, H. (2009). The effects of integrative reminiscence on depressive symptomatology and mastery of older adults. *Community Mental Health Journal, 45(6)*, 476-484.

112) Westerhof, G.J., Bohlmeijer, E.T. & Webster, J.D. (2010) Reminiscence and mental health: A review of recent progress in theory, research, and intervention. *Aging and Society, 30*, 697-721.

113) Korte, J., Bohlmeijer, E.T., Cappeliez, P., Smit, F. & Westerhof, G.J. (2011). Life-review therapy for older adults with moderate depressive symptomatology: A pragmatic randomized controlled trial. *Psychological Medicine, 42*, 1163-1173.

114) Lamers, S.MA, Bohlmeijer, E.T., Korte, J. & Westerhof, G.J.(2014). The Efficacy of Life Review as Online-Guided Self-help for Adults: A Randaomized Trial. *Journal of Gerontology, Series B: Psychological Science and Social Sciences, 70(1)*, 24-34.

115) Ren, *et.al., op.cit.* (2021, *50*).

116) グループで行われた RT の効果のメカニズムは、黒川由紀子（2005）回想法—高齢者の心理療法　誠信書房などの文献がある。また多様な方法については、梅本充子 (2011)，グループ回想法実践マニュアル，すぴか書房によって紹介されている。

117) Lopes, T.S., Afonso, R.M.L.B.M, Ribeiro,O.M., Quelhas, H.D.C.Q & Dora Filipa Cameira de Almeida (2015). The Effect of a Reminiscence Program in Institutionalized Older Persons with Dementia: A Pilot Study. *International Journal of Nursing, 2(2)*,59-71.

118) Stinson & Kirk, *op.cit.* (2006).

119) 統合感をもたらす観点としては、林智一, 前掲 (1999) , 西尾ゆう子 , 前掲書 (2018) がある。

120) Tavares, L.T & Barbosa, M.R.(2018). Efficacy of group psychotherapy for geriatric depression: A systematic review. *Archives of Gerontology and Geriatrics*, *7*, 71-80.

121) Jayasekara,R. *et al*.,(2015) Cognitive Behavior Therapy for older adult with depression: A review, *Journal of Mental Health*, *24(3)*, 168-171.

122) Bohlmeijer,E. Smit,F., Cuipper,P. *op.cit.* (2003)

123) Musavi, M., Mohammad, S. & Mohammadinezhad, B.(2017). The effect of group integrative reminiscence on mental health among older women living in Iranian nursing homes. *Nursing Open, 4(4)*, 303-309.

124) Watt, L.M. & Cappeliez, P.(1991). Integrative and instrumental reminiscence therapies for depression in older adults: interventions strategies and treatment effectiveness. *Aging & Mental Health, 4(2)*, 166-177.

125) Butler, L.D & Nolen-Hoeksema, S. (1994).Gender difference in response to depressed mood in a college sample. *Sex Roles, 30*, 331-346.

126) Cappeliez, P., O'Rourke, N & Chaudhury, H. (2006). Functions of reminiscence and mental health in later life. *Aging & Mental Health, 9(4)*, 295-301.

127) Brinker, (2013). Rumination and reminiscence in older adults: Implication for clinical practice. *European Journal of Aging, 10*, 223-227.

128) RTS (Ruminative thought style questionaire) の高齢者用日本語版は現在のところ作成されてはいない。レミニッセンスの実施前に「反すうの傾向を把握するための質問をさせていただきます」と導入し、「長い間、生じたことを繰り返し考える傾向にありますか」「言ったことやしたことを頭の中で繰り返すことが多いですか」「人生の出来事について、そこまで大切でもないのに繰り返し考えたりしますか」といった質問を行うことで反すう思考の傾向を事前に把握することを推奨します。

3-7

1) 矢部久美子 (1998). 回想法 河出書房 , p37.

2) 同前 , p.37.

3) Pam Shuweitzer *op.cit.* (2007).

4) 矢部 , 前掲書 (1998). pp.35-36

5) 飯田眞・長谷川まこと・森田昌宏・佐藤新・川端康弘・荒川育子（1991）老年期痴呆に対する心理学的アプローチ　老年精神医学雑誌　*2 (6)*, 746-753.

6) 矢部, 前掲書（1998）.

7) 野村豊子（1992）. 回想法グループの実際と展開；特別養護老人ホーム居住老人を対象として. 社会老年学, *35*, 32-46.

8) 野村豊子・黒川由紀子（1992）. 回想法への招待　筒井書房.

9) 矢部, 前掲書 (1998). p.113

10) National Archives : https://discovery.nationalarchives.gov.uk/ (2022.10.22)

11) 中村将洋(2022). 介護福祉士養成過程における回想法の教育. 野村豊子・伊波和恵・内野聖子・菅寛子・萩原裕子・本間萌編（2022）. ケアの現場・地域で活用できる回想法実践事例集　つながりの場をつくる47の取り組み. 中央法規出版, 中村将洋(2022). 介護福祉を学ぶ学生とボランティアグループとの合同研修〜グループ回想法の実践を通じた学生の学び. 野村他編　前掲書, 伊波和恵（2022）. 大学の教育場面における回想法の研修, 野村他編　前掲書, 内野聖子（2022）. 保健医療関連の大学院教育における認知症高齢者へのグループ回想法　野村他編　前掲書.

12) 後藤宏・長野恵子（2015）. 学齢超過者の訪問教育授業における回想法の試み. 西日本大学子ども学部紀要, *6*, 57-78.

13) 伊藤恵美・仙波梨沙・兼田絵美・松谷信也・上城憲司（2020）. 回想法のコミュニケーション技法を用いた教育的支援の有用性. *West Kyushu Journal of Rehabilitation Science, 13*, 15-19.

14) ICLIP（International Center for Life Story Innovations and Practice）:http://iclip.nursing.uconn.edu(2022.10.22)

15) Pam Shuweitzer *op.cit.* (2007).

16) Age Exchange : http://age-exchange.org.uk (2022.10.22).

17) Reminiscence Theatre Archives: https://www.reminiscencetheatrearchive.org.uk/

18) ERN(European Reminicence Network): http://www.europeanreminiscence-network.org/

19) 地域包括ケア研究会（2013）持続可能な介護保険制度および地域包括ケアシステムのあり方に関する調査研究事業報告書のなかで、「自助・互助・共助・公助」の概念が整理されている。

20) 来島修志・石井文康・山中武彦・水谷なおみ（2014）. 回想法を活用し

た認知症予防のためのまちづくりに関する研究—A市における人材育成に着目したアクションリサーチを通して— 日本福祉大学社会福祉学部『日本福祉大学社会福祉論集』, *130*, 117-144.

21) 野村豊子（2006）. 時・人・地域を結ぶつなぎ手の役割—思い出パートナー—. 上里一郎監修 野村豊子編 高齢者の「生きる場」を求めて—福祉、心理、介護の現場から. ゆまに書房.

22) 遠藤英俊監修 NPOシルバー総合研究所編（2007）. 地域回想法ハンドブック 地域で実践する介護予防プログラム 河出書房新社.

23) 矢部, 前掲書 (1998) によれば、Age Exchange で貸し出している「回想ボックス」のほか、「回想コレクション」「回想玩具箱」がすでに販売されていた。

24) 市橋芳則（2001）. 昭和裏路地大博覧会 河出書房新社.

25) 緒方 泉（2005）. 生活体験を語り描く高齢者たち—今の子どもたちの生活体験学習プログラムを考えるために— 日本生活体験学習学会誌, *5*, 21-29.

26) 鈴木尚子（2018）. 北欧の野外博物館における認知症高齢者と介護者を対象とした回想法事業の特徴—生涯学習の観点からみた我が国への示唆— 徳島大学開放実践センター紀要, *27*, 1-22.

27) 佐藤夕香（2020）. 地方博物館における介護施設等の利用の現状と課題について Musa博物館学芸員課程年報, *34*, 7-10.

28) 鳴瀬麻子（2013）. 回想法を用いた博物館の新たな機能に関する考察—シニア世代と若者世代の文化伝播を円滑にするための新たなシステムの構築にむけて—. 人間生活文化研究, *23*, 242-245.

29) 緒方 泉, 前掲書 (2005, *5*).

30) 波平エリ子（2007）. 沖縄県の高齢者福祉施設における回想法の取り組みについて—民俗学の視点から—. 地域研究, *3*, 37-48.

31) 金 春男・黒田研二（2008）. バイリンガルの認知症高齢者との母国語による個人回想法 老年社会科学, *30(1)*, 27-39.

32) VRを用いたレミニッセンス・セラピーの報告には以下のものがある。Sun, W.,Horsburg, S., Quevedo, A., Liscano, R., Tabafunda, A., Akhter, R., Lemode, M., Kapralos, B., Tokuhiro, A., Bartfay, E, *et al.*(2020). Advancing reminiscence therapy through virtual reality apprication to promote social con-nectedness of persons with Dementia., *Gerotechnology, 19*, 1., Tominari, T., Jordan,

T.R. Waite, P.J. & Tatchell, R.H.(2004). Transmissive Reminiscence Therapy with College Students and Institutionalized Senior Adults. *Journal of intergenerational relationships*, 1, 35-52.

33) Imtiaz, D., Khan,A. &Seelye, A. (2018). A Mobile Multimedia Reminiscence Therapy Application to Reduce Behavioral and Psychological Symptoms in Persons with Alzheimer's. *Journal of Healthcare Engineering, 1536316.*

34) Lancioni, G.E. Singh, N.N., O'Reilly, M.F., Sigafoos, J. *et al.*(2014). A computer-aided program for helping patients with moderate Alzeheimer's disease engage in verbal reminiscence. *Researh in Developmental Disabilities*, 35, 3026-3033.

35) Yamazaki, R. Kochi, M, Zhu, W., & Kase, H.(2018). A pilot study of robot reminiscence in dementia care. *International Journal of Biology and Biomedical Engineering*, 12, 257-261.

36) Morales-De-Jesus, V. Gomez-Adorno, H. Somodevilla-Garcia, M, & Virarno, D. (2021). Conversational System as Assistant Tool in Reminiscence Therapy for People with early stage of Alzheimer's. *Healthcare*, 9, 1036.

37) Sarne-Fleischmann, V., Tractinsky, N. Dwolatzky, T. & Rief, I (2011). Personalized reminiscence therapy for patients with Alzheimer's disease using a computerized system. *Proceedings of the 4 th International Conference on Pervasive Technologies Related to Assistive Environments.*, 25-27.

38) 北尾典子・牟田将史・内山俊朗・星野准一 (2014). 昭和ナンジャコリャ ―若者から見て馴染みの薄い昭和時代のモノに着目した、高齢者と若者が一緒に楽しむことができるゲーム― 映像情報メディア学会技術報告 , *38(16)*, 141-144.

4-1

1) Erikson, E.H. (1950). *Childhood and Society*. New York: W.W. Norton & Company, Inc. (E.H. エリクソン 仁科 1 弥生訳 (1977). 幼児期と社会 1. みすず書房.)

2) グループでの SR は以下の文献を参考に大幅に書き改めた。志村ゆず・鈴木正典（編）伊波和恵・下垣光・下山久之・萩原裕子（2004）. 写真でみせる回想法 弘文堂 , 志村ゆず（2006）. 回想法からのアプローチ 藤田和弘監修 山中克夫・飯島節・小野寺敦志・下垣光・高橋正雄・松

田修編　認知症高齢者の心にふれるテクニックとエビデンス. 紫峰図書.

3）志村ゆず, 前掲書 (2004).

4）その他、回想法に活用できそうな写真集には次のようなものがある。須藤功 (1988). 写真でみる日本生活図引 1〜5　弘文堂, 熊谷元一 (2001). なつかしの小学一年生　河出書房新社, 市橋芳則 (2001). 昭和路地裏大博覧会　河出書房新社, 小泉和子 (2002). ちゃぶ台の昭和　河出書房新社, 熊谷元一 (1994). 熊谷元一写真全集　郷土出版社, 須藤功 (2007) 写真ものがたり昭和の暮らし, 野村豊子 (2005). 回想法のための写真集: 思い出はみんなの宝　アテネ書房. 鈴木正典監修 (2014). 昭和の暮らしで写真回想法　農山漁村文化協会. 鈴木正典 (2019). 認知症 Plus 回想法　日本看護協会出版会.

4-2

1）Haight, B.K. & Haight, B.S. (2007). *The Handbook of Structured Life Review*. Baltimore: Health Professions Press. (B.K.・ハイト・B.S.・ハイト著　野村豊子監訳［2016］ライフレビュー入門　治療的な聴き手となるために　ミネルヴァ書房)

2）Haight, B.K., Coleman, P. & Lord, K.(1995). The linchpins of a successful life review:Structure, evaluation, and individuality. In Haight, B.K. & Webster, J.D.(Eds.) *The art and science of reminiscing: Theory, research methods and applications*(pp.179-192). Washington,DC: Taylor & Francis.

3）Haight & Haight　*op.cit.* (2007).

4）アレン E・アイビイ著　福原真知子・椙山喜代子・国分久子・楡木満生訳 (1985). マイクロカウンセリング　学ぶ・使う・教える技法の統合：その理論と実際. 川島書店.

5）Haight & Haight. *op.cit.*, pp.49-50.

6）Burnside, I. & Haight, B. (1994). Reminiscence and Life Review: Therapeutic Interventions for older people. *Nurse Practitioner, April*, 55-61.

7）志村ゆず (編) 伊波和恵・萩原裕子・下山久之・下垣光 (2005) ライフレビューブック　高齢者の語りの本づくり　弘文堂. pp.75-104.

4-3

1）Birren の代表的な著作には以下の文献がある。Birren, J.E. & Deutchman,

D.E. (1991). *Guiding autobiography groups for older adults*. Baltimore: Johns Hopkins University Press., Birren, J.E. & Feildman, L. (1997). *Where to go from here*. New York: Simon & Schuster., Birren, J.E. & Cochran, K.N. (2001). *Telling the stories of life through guided autobiography groups*. Baltimore: Johns Hopkins University Press.

2) Birren & Cochran *op.cit.* (2001). pp.153-177.

3) The Birren Center for Autobiographical Studies: https://guidedautobiography.com/ (2022.10.5 閲覧)

4) Reedy, M.N. & Birren, J.E.(1980). Life review through guided autobiography.Paper presented at the annual meeting of the American Psychological Association.Montreal.Quebec,Canada.

5) Reker, G.T., Birren, J.E. & Svenson, C.M.(2014) 'Self-aspect reconstruction through guided autobiography:Exploring underlying processes.' *International Journal of Reminiscence and Life Review, 2(1)* , 1-15.

6) GAB の教育的過程について大規模調査を行った研究には以下のものがある。Thornton, J.E.(2008) The Guided Autobiography method: A learning experience. *International Journal of Aging and Human Development, 66,* 2, 155-173., Thornton, J.E., Collins, J.B., Birren, J.E. & Svensson, C.M.(2011) 'Guided autobiography's developmental exchange: What's in it for me? *International Journal of Aging and Human development,73(3)* , 227-251.

7) Reker *et al., op.cit.* (2014)

8) Fagerstrom, K.M(2002). The Effects of Life Review on Wellbeing in The Elderly. Master's thesis for California State University, San Bernadino.

9) Birren, J.E. and Svenssson, C.M.(2013). Reminiscence, life review and autobiography: Emergence of a new era. *The International Journal of Reminiscence and Life Review,1,*1-6.

10) Birren の代表的なワークショップは、以下の著作に概要が示されており参照した。Birren & Cochran *op.cit.*(2001). ジェームズ・ビレンがガイド付自伝法をやっていることについては、1998 年頃「語りと回想研究会」(於早稲田大学) にて講演していただいた大阪市立大学名誉教授山本浩市先生の報告による。

11) ジェームズ・W・ペネベッカー著　獅子見照・獅子見元太郎訳　こころのライティング　書いていやす回復ワークブック　二瓶社.

12) Birren & Deutchman, *op.cit.* (1991).

13) Birren & Cochran, *op.cit.*(2001). pp.151-152.

5-1

1) GLAT と CGLAT の内容は、以下の内容を下地にしつつ、その内容や用語を大部分変更していることをお断りしておく．太田ゆず（2001）．高齢者に対する回想法の研究　早稲田大学人間科学研究科博士（人間科学）学位論文（未公刊）の第 7 章。プログラムは 1998 年～ 1999 年に実施した。

2) 本研究は、平成 27 年 4 月～平成 31 年 3 月までの独立行政法人日本学術振興会科学研究費助成事業（基盤研究 C）（一般）課題番号 15K04158 「軽度抑うつ症状を有する高齢者に対するライフレビュー法の効果に関する研究」の助成を受けて行ったが、その一部の内容を取り上げた。

3) この個人史記録用紙は以下の論文の資料を下地にしつつ戦後生まれ以降の高齢者を念頭に入れ、この書籍のために大幅に改訂して作成した。太田ゆず（2001）．前掲書（未公刊）資料.

4) 太田ゆず・上里一郎（2000）．高齢者用回想機能尺度作成の試み（3）―信頼性と妥当性の検討―　日本カウンセリング学会第 33 回大会大会論文集.

5) 表 5-1-4 は、太田・上里 , 前掲書（2000），や太田 , 前掲書（2001），を参考に、この書籍を利用する人のために表現を改めている。参考までに 2000 年の調査では年齢差や性差はなく、「積極的回想」の平均値は 30.3（*SD*7.03），「否定的回想」の平均値は 10.3（*SD*2.86）（*N*=501）であった。

6) 本研究では、以下の文献での項目を原版として 4 件法に修正し、609 名を対象にした調査結果をもとに 2 因子構造「人生全体への満足感」「心理的安定」の 10 項目の尺度として構成した（寄与率 43.29％）。原尺度は古谷野亘・柴田博・芳賀博・須山靖男（1989）．生活満足度尺度の構造―主観的幸福感の多次元性とその測定．老年社会科学 , *11*, 99-115.

7) 横山和仁・荒記俊一（1994）．日本語版 POMS 手引き　金子書房.

5-2

1) Nezu, A.M., Nezu, C.M. & Perri, M.G. (1989). *Problem Solving Therapy for Depression.* New Jerey: John Wiley & Sons, Inc.（アーサー ,M, ネズ・クリスティン ,M, ネズ・マイケル ,G, ペリ著　高山巌監訳 [1993]　うつ病の問題解

　決療法　岩崎学術出版社）.

2) Beck, A.T., Ruch, A.J., Shaw, B.E. & Emery, G.(1979). *Cognitive therapy of Depression*. New York: Guilford press.（A.T. ベック , ラッシュ , A.J., ショウ , B.F. エメリイ , G. 坂野雄二監訳　神村栄一・清水里美・前田基成訳［2007］新版うつ病の認知療法. 岩崎学術出版社）.

3) このプログラムは以下の論文を下地にしつつ、その内容や用語を大部分変更していることをお断りしておく．太田ゆず（2001）．高齢者に対する回想法の研究　早稲田大学人間科学研究科博士（人間科学）学位論文（未公刊）の第 7 章。プログラムは 1998 年〜 1999 年に実施した。

4) Beck, *op.cit.*(1979).

5) 山本真理子・松井豊・山成由紀子(1982)．認知された自己の諸側面の構造。教育心理学研究 , *30*, 64-68.

6) 中西信男・水野正憲・古市裕一他（1985）．アイデンティティの心理　有斐閣.

7) Goldberg, D.P. 著　中川泰彬・大坊郁夫（1985）．日本語版 GHQ 健康調査票（手引）日本文化科学社.

5-3

1) 島悟・鹿野達男・北村俊則・浅井昌弘（1985）．新しい抑うつ性自己評価尺度　精神医学 , *27*, 717-723.

6-5

1) 小泉和子（2000）．昭和のくらし博物館　河出書房新社.

2) 市橋芳則（2001）．昭和裏路地大博覧会　河出書房新社.

3) 兵庫県立歴史博物館編（2004）．図説　いま・むかしおもちゃ大博覧会　河出書房新社.

4) 伊藤遊・谷川竜一・村田麻里子・山中千恵（2014）．マンガミュージアムへ行こう　岩波書店.

5) 伊藤遊 他 , 前掲書（2014）

6) 江戸東京博物館：https://www.edo-tokyo-museum.or.jp/（2022.10.16）江戸東京たてもの館：https://www.tatemonoen.jp /(2022.10.16), 昭和館：https://www.showakan.go.jp/ (2022.10.16), あいち銭湯資料館：https://aichi1010.jp/public_bathhouse_exhibit/（2022.10.16）

7) 広島平和記念資料館：https;//www.hpmmuseum.jp / (2022.10.16), 長崎原爆資料館：https;//nabmuseum.jp/genbaku/ (2022.10.16), ひめゆり平和記念資料館：https;//www.himeyuri.or.jp/ (2022.10.16), わだつみのこえ記念館：https;//www.wadatsuminokoe.com / (2022.10.16), 東京大空襲戦災資料センター：https;//Tokyo-sensai.net/ (2022.10.16), 靖国神社遊就館：https;//www.yasukuni.or.jp/yusyukan/ (2022.10.16), ピース大阪：http;//peace-osaka.or.jp/ (2022.10.16), ピース愛知：http;//peace-aichi.com/ (2022.10.16)
8) 昭和の佇まいの残る場については、著者の体験の他に、以下の資料を参考にした。町田忍 (2002). 貧しくても元気だった懐かしの昭和 30 年代. 扶桑社. 名古屋タイムズアーカイブス委員会編 (2014). 昭和イラストマップ　名古屋なつかしの商店街. 風媒社. 平山雄 (2021). 昭和遺産へ巡礼 1703 景　47 都道府県 108 スポットからノスタルジックな佇まいを　303 Books. 溝口常俊 (2021). 愛知の昭和 30 年代を歩く. 風媒社.
9) 児童文学作品は、鳥越信 (2001). はじめて学ぶ日本児童文学史（シリーズ・日本の文学史①）. ミネルヴァ書房, 財団法人大阪国際児童館「日本のこどもの本 100 選 1946 ～ 1979」, http://www.iiclo.or.jp/100books1946/, 2022.10.17. を参考にした。
10) 外国文学は以下の資料を参考にした。川崎浹 (1988). 一冊で世界の名著 100 冊を読む. 友人社.
11) 日本文学は、次の資料を参考にした。当時のベストセラー作品や秋山虔・三好行雄 (2016). 原色　新日本文学（増補版）. 文英堂, 小林保治監修・酒井茂之編 (1988). 一冊で日本の名著 100 冊を読む. 友人社.
12) 鳥越信, 前掲書 (2001), 川崎浹, 前掲書 (1988), 秋山虔・三好行雄, 前掲書 (2016) 小林保治監修・酒井茂之編, 前掲書 (1988), を参考に作成した。
13) この内容は、志村ゆず (2022) 高齢者のためのレミニッセンス・ワーク—団塊世代の記憶の手がかりを中心として—　日本社会教育学会編　日本の社会教育第 66 集　東洋館出版社, pp. 154-155 を下地にしている。文章や表内容が一部重なっているが、大きく改めたことをお断りしておく。
14) ヴェネツイア映画祭で黒澤明、溝口健二が受賞している。カンヌ映画祭で衣笠貞之助が受賞した。詳細は、四方田犬彦 (2014). 日本映画史 110 年. 集英社.
15) 日本風俗史学会編 (1994). 日本風俗辞典. 弘文堂, p.50.
16) 1950 年から「白雪姫」、「バンビ」、「ピノキオ」「ファンタジア」などが

公開された。

17) 表 6-5-2 は、青木眞弥・アヴァンティ・プレス編（2022）．キネマ旬報ムック　キネマ旬報ベスト・テン 95 回全史 1924-2021．キネマ旬報社．を参考にして作成した。

18) ブギの代表的な歌として「東京ブギウギ」「銀座のカンカン娘」がある。

19) 歌声喫茶には、「山小屋」「アルプス」（東京都）、「ふるさと」（大阪府）がある。

20) 澤宮優（2010）．昭和の仕事　弦書房，p.71.

21) 表 6-5-3 は、志村，前掲書 (2022)，pp.156-157 や志村，前掲書 (2005)，pp.136-141 を参考に作成した。

22) 清水勲（2007）．年表　日本漫画史　臨川書店.

23) 表 6-5-4 は、清水，前掲書（2007）および京都国際マンガミュージアム（京都市）の展示を参考にして作成した。

24) アニメに関する内容は、津堅信之（2022）．日本アニメ史　中央公論新社．を参考にした。

25) 表 6-5-5 は、津堅，前掲書（2022）のほか、ウィキペディアフリー百科事典　日本のテレビアニメ作品一覧　放送開始年代別　https://ja.wikipedia.org/wiki/, 2022.10.16 を参考にして作成した。

おわりに

　「レミニッセンス・セラピー」を執筆するという作業は、自らのライフレビューの活動になりました。ライフレビューには葛藤の物語がかならずついてまわります。葛藤の物語の扱いには注意が必要だということもわかりました。まずはそのまま見るか、それともそれを思い出すのを一旦保留にするかです。また、信頼できるだれかと一緒に話し合うということも一つの方法です。あるいは日誌のように書いておき、その中での肯定的な部分にも光を当てられるように、見直すということもできます。辛い記憶にとらわれるようなときには、一度、それの正体をつきとめるか、それとも正体を暴かずにおき、すっかり気持ちを切り替えることも必要です。別の思い出に焦点を当てて、健康な記憶や快適な感情を増やしておくことも大切だということがわかります。また、その実態をよく見直したり、考え方を変えるということも一つの方法です。葛藤の処理方法には本当に多彩な方法があるものです。その時その時での自分に合った方法をとることが大切だといえるでしょう。

　本書に至るまでには本当に長い年月がかかりました。多くの方々へこの場をかりて感謝を申し上げる次第です。

　まず本書の中には早稲田大学人間科学研究科における博士（人間科学）学位論文（未公刊）の一部が含まれています。早稲田大学大学院人間科学研究科でご指導いただいた故上里一郎先生には東亜大学や広島国際大学にご移動後も、埼玉県所沢市のキャンパスに飛行機で来られてご指導いただきました。感謝の言葉しかありません。またその時に同じゼミ室に最後まで残り同じ年度に大学院を修了した川村（旧姓）由美子さんと片山（旧姓）弥生さんとは終生忘れる

ことのできない思い出を共有することとなりました。当時早稲田大学大学院人間科学研究科でご指導を担当された先生方のご指導のすべてが、この研究には詰め込まれています。例えば、行動療法では春木豊先生に学習理論や認知行動理論をご指導いただきました。また、学習する上でのセルフコントロール術である東洋医学の技法や呼吸法などもご指導いただきました。認知行動療法の分野では坂野雄二先生のご指導によって、アカプルコで開催された世界認知行動療法会議にも参加させていただき、アーサー・ネズ＆クリスティン・ネズの問題解決療法の研修に参加することができました。認知行動療法の基礎的な研究や研究方法については根建金男先生にご指導いただきました。また大学院での多くの諸先輩にもいろいろなことを教えていただきました。

　また、回想法に関して「語りと回想研究会」（於早稲田大学）で出会った多くの心理学の先生方に大変お世話になりました。山本浩市先生にはビレンの実施しているガイド付自伝法の存在を教わりました。長田久雄先生と由紀子先生には回想に関する丁寧な報告をされ、そこで多くの学びを得ることができました。また佐藤浩一先生にはピーター・コールマンの執筆された貴重な洋書をいただき、自伝的記憶に関して先生が当時行っていた研究の抜刷をいただきました。白井利明先生には時間的展望の研究を伺うことができました。また大橋靖史先生にはゼミの学生の菅寛子さんを紹介いただき高齢者施設のグループ回想法などを一緒に行うことができました。

　野村豊子先生には国際レミニッセンス・ライフレビュー研究会に参加することをお勧めいただきました。ロバート・バトラー先生、バーバラ・ハイト先生、ウェブスター先生、フィリップ・カペリエ先生、ピーター・コールマン先生、フェイス・ギブソン先生、ジョン・クンツ先生、パム・シュワイツァー先生にお目にかかることができました。貴重な思い出となりました。またエイジ・エクスチェ

ンジセンターでは、バーニー先生に描画法を使った回想法の方法を教わりました。

国立精神神経センターでは、川野健治先生にお世話になりました。自殺予防の研究を通じて地域の多くの精神保健の関連施設を見学することができました。自殺遺族の方のためのグループのことについてもお話を伺うことができました。また PTSD についての研修を受けることができました。レミニッセンス・セラピーの参加者に、深刻な精神障害をもつ人がいた場合にはより専門的な対応が必要だということを考える手がかりになりました。

長野県では長野県看護大学の心理系の教員として勤めさせていただき、スクールカウンセラーの経験をさせていただきました。その関連で、看護大学の先生方や地域の多職種の方、長野県の学校内の先生方との連携を通じて心温まる交流をいただくことができました。「写真でみせる回想法」の出版では、鈴木正典先生、下垣光先生、下山久之先生、伊波和恵先生、萩原裕子先生と交流でき多くを学ぶことができました。また、写真図版を通じて写真家の熊谷元一先生や須藤功先生と知り合うことができました。北名古屋市回想センターでの回想法については柴田悦代様や梅本充子先生や来島修志先生を通じて知ることができました。また市橋芳則先生には博物館と回想法とのコラボレーションについて教えていただきました。この地域のキーパーソンとしての遠藤英俊先生、水野裕先生、三浦久幸には多くのことを教えていただきました。壇渓心理研究所の故西村洲衛男先生と良子先生には心理相談の場におけるものごとのすべての考え方を教えていただきました。大阪教育大学の堀薫夫先生には研究を発表する機会や貴重な問をいただくことができ、研究意欲を高めていただき貴重な刺激を与えていただきました。

また、調査研究や実践研究をまとめるにあたり、埼玉県と東京都の高齢者施設の多くの介護職員の方々、長寿社会文化協会（旧）関

東ネットワークの皆さん、所沢市高齢者大学、彩の国いきがい大学、中野区高齢者大学、杉並区すぎの木大学、東松山生きがい大学、東村山市シニア学級や東村山市シニアささえ合いの会の皆さんや、特別養護老人ホームフラワープラム様、ワンダフルエイジングクラブ (WAC) のお力をお借りしました。また名古屋市高年大学鯱城学園や NPO 法人大阪府高齢者大学校、北名古屋市高齢福祉課の皆様、愛知県土地家屋調査士会の皆様にも多くのご助力をいただきました。研究にご参加いただき貴重なご示唆をいただきました。心より御礼申し上げます。

　貴重な執筆時間をいただけましたのも、業務を多方面で支えてくださっていた名城大学の教職員の先生方や事務の皆様のおかげです。また学生の皆様からも授業を通じて貴重な問いかけをいただきました。索引を作って頂いたり、家事を補助して下さった家族にも心より感謝を申し上げます。最後になりましたが本書を仕上げ出版までの道のりについて間違いのないご助言とコーディネートをしていただきましたカンナ社の石橋幸子様には大変お世話になりました。また青灯社の編集を担当してくださいました山田愛様には根気強く丁寧な作業をしていただきました。本書の刊行の機会を与えてくださった青灯社社長 辻一三様には心より感謝申し上げます。

志村ゆず

索　引

志村ゆず（しむら・ゆず）名城大学人間学部准教授。臨床心理士。公認心理師。早稲田大学大学院博士後期課程人間科学研究科健康科学専攻修了、博士（人間科学）。高齢者の心理学的援助、高齢者ととりまく人々に対するエビデンスに基づく援助方法、特に回想法の研究に取り組んでいる。編著書に『写真でみせる回想法』（弘文堂）、『ライフレビューブック——高齢者の語りの本づくり』（弘文堂）がある。

レミニッセンス・セラピー
——回想法による高齢者支援

2022 年 12 月 25 日　第 1 刷発行

著　者　志村ゆず

発行者　辻　一三

発行所　株式会社青灯社
東京都新宿区新宿 1-4-13
郵便番号 160-0022
電話 03-5368-6923（編集）
　　　03-5368-6550（販売）
URL http://www.seitosha-p.co.jp
振替　00120-8-260856

印刷・製本　モリモト印刷株式会社
©Yuzu Shimura 2022
Printed in Japan
ISBN978-4-86228-124-1 C1011

小社ロゴは、田中恭吉「ろうそく」（和歌山県立近代美術館所蔵）をもとに、菊地信義氏が作成